Heibonsha Library

モノと子どもの昭和史

平凡社ライブラリー

Heibonsha Library

モノと子どもの昭和史

天野正子
石谷二郎
木村涼子

平凡社

本著作は二〇〇七年三月、吉川弘文館より刊行された
『モノと子どもの戦後史』を改題したものです。

目次

Ⅲ　子ども期を彩るモノ

この本の扉に

自分を拡張していくモノ

自分の生きている環境を、子どもたちはどのようなまなざしで見ているのか。精神科医の野《の》田《だ》正彰《まさあき》は、幼稚園児から高校生までの子どもたちにフィルムを数本渡して普段の生活を自分たちの眼の高さで撮《と》ってもらうという独自な方法論（写真撮影法）で、子どもの内面世界に迫る試みをしたことがある。一九八〇年代に入る頃であった。その一つの象徴的な光景……。

（オーディオ、カセット、マンガ、アイドルのポスターなど）子どもたちは自分の好みにあったモノにこだわり、モノとモノとの組み合わせにこだわる。そして、自分をモノの方に転倒させながら、ぬくぬくとした自閉的世界＝個室を作っているようだ。その上で、外との人間関係はできるだけ避け、電話線でつながったささえずるようなコミュニケーションを好むのである。個室をもった子どもたちが、次に一番ほしいのは電話である。かわいい衣服を着せられ、まるで現代人のアニミズムを物語るかのように電話が座っている。

（『漂白される子供たち』情報センター出版局、一九八八年）

その子どもたちの個室は、まもなくコマ切れ化した生活時間を彩《いろど》る、ファミコンに端を発するコンピューターゲームとケータイの「城」に変わっていく。「他の子どもたちと一緒になって遊ぶまとまった時間をほとんど持たず、仲間たちで秘密の空間を作ることもできなくなっている」彼・彼女たちにとってそうした機器こそは、コマ切れ化した時間のなかで、皮肉にも自分と機械（ゲーム）との、そして気のあった仲間との「対話」的な関係を結ぶための貴重なメディアなのである。

さらに時代を遡って、それより三〇年以上も前に子ども時代を過ごした世代にとって、こうした光景は想像をこえるものであったとしても不思議ではない。

「学校から帰って、おふくろの〝明日のテストは？〟という言葉を追い払うようにカバンを放り投げると、友だちの家の前に立ち、〝遊ぼう〟と声をかける。今のようにケータイで前もって約束をとって遊ぶとか、それも〝遊べる？〟なんて聞くなど、ヤボなことはしなかった」と、あるベビーブーマー世代はいう（荒井光、聞き書き）。

八〇年代から〈いま〉に至る時期は、子どもの暮らしの舞台装置を根底から変える「消費と情報」の高度化の時代、その両者が相互に作用しあってつくりあげられたメディアの時代といってよいだろう。アニメやマンガ、ビデオ、CDやラジカセ、ポケベルからファミコン、コンピューターゲーム、ケータイ、インターネットまで、多様化し増殖しつづけるメディア環境の変化は、子どもたちの生活空間の新たな編成をもたらしてきた。

子どもたちが高度に発達したメディアをさまざまに使いこなし、楽しんでいること自体に問題はない。マーシャル・マクルーハンによれば、メディアとはそれを使う私たちの身体の一部を外の世界へと拡張していく「可能性としてのツール（道具）」である（栗原裕他訳『メディア論――人間の拡張の諸相』みすず書房、一九八七年）。たとえばケータイは、私たちの耳や口、そして目を、時空をこえて遠くへと拡張する。しかも、「もしもし」という媒介抜きに、「わたし」という身体を他者とダイレクトにつなぐ。しかし、同時にメディアは、それを使う子ども自身がそれと気づかぬうちに、彼・彼女らの身体感覚を変え、対人関係における感覚や心性《しんせい》を移動させ、さらには世界観を質的に変えていく。身体の外に自分を限りなく拡張していくツールは、メディアだけではない。多くのモノに共通する性格といってもよい。

モノと子どもの交渉史

この本のねらいは、「昭和」という時代に焦点をあて、生活世界のなかでの「モノと子ども」の相互の交渉の歴史を、時代の「気分」のなかで、可能なかぎり具体的にとらえることにある。モノに具象化《ぐしょうか》された子どもの暮らし、それを媒介にして〈子どものいま〉を再発見することにある。一九二六年に始まり八九年に幕を閉じた昭和の時代は、戦争と敗戦、占領、復興から経済大国へ、そしてバブル経済の崩壊へと、波瀾と起伏に満ちていた。その六〇余年の間に暮しの世界に登場してくるモノは、子どもの世界にも大きな足跡を残す。なかでも二十数年にわたってつづいた高度経済成長期の「奇跡」とそれにつづく安定成長期は、戦時期のモノ不足を無化するように、モノの種類と量が頂点にのぼりつめていく時代であった。

子どもたちの暮しにとって、日常の生活世界にあらわれるさまざまなモノとどのように出会い、どのような経験をするかは大きな意味をもっている。子どもたちにとって、経験とはモノとの相互的な応答、ないしは交渉の関係である。モノはそれ自体が、時代の像や時代の姿を語ることはない。しかし、暮しの世界にあらわれる一つひとつのモノ、そしてそれらのモノの「進化」は、子どもと出会い、子どもから働きかけられ、また子どもへの働きかけを通して、知らず知らずのうちに子どもの生活世界をゆさぶり、変容させていく。

ここで生活世界というのは、子どもたちの具体的な生活の諸領域、すなわち衣食住と身体、さらにそれらと切り離しがたく結びついている子どもたちの感覚や観念のあり方の総体である。その生活世界のなかで、モノに意味を与え、モノをツールとして、身体の外へ自分を限りなく拡張する手段として使いこなしていくのは、主体としての子どもである。そしてその交渉の過程で、モノは時代の姿や像をあらわす記号となり、歴史の深層のある断面を語りはじめる。

子どもの生活を彩るさまざまなモノの群は、とるにたらないように見えるかもしれない。しかし、その一つひとつに、その時代を生きている子どもの思考や感受性、欲望や経験までもが刻みつけられ、時代を映す鏡のように、私たちの〈いま〉を批評しているのである。

本書の方法――「あるべき子ども」像をこえて

この本で、私たちは子どもの昭和史をモノという「無生物」に具象化させてとらえることをめざす。なぜ、ことさらに「モノ」と子どもなのか。

日本の子ども研究の方法論に、フィリップ・アリエスの『〈子供〉の誕生』（杉山光信他訳、一九八〇年）ははかりしれないほどのインパクトを及ぼした。子どもとは何かという、近代社会で自明視されてきた「子ども」概念が、実は歴史的な、相対的な産物にすぎないことを明らかにしたこの本は、「子ども」とは、「大人」や「親」、「メディア」などさまざまなエージェントが「子どもだと思っているもの」をフィルターにしてみているものにすぎないこと、いいかえれば子どもという存在は、大人や親、メディアなどを包含《ほうがん》する時代との関係性の中でしか定義されえないことを、明らかにするものであった。

子どもは、そこでは多くの場合、客体として位置づけられやすい。それとは逆に、子どもたちを、大人や親、メディアや時代を照らし出す光源としてとらえようとする私たちの主題は、当然のことながら、子どもたちを単なる客体におしとどめようとする方法上の制約をこえなければならない。かつて教育社会学者の山村賢明《やまむらよしあき》は、その方法論的可能性として、第一に、大人として自分が抱く子ども観やメディアの描く子ども像を、可能なかぎり相対化していくこと、いいかえれば子どもをとらえる視点が避けがたく内包している「あるべき子ども像」という政治性に自覚的になること、第二に、子どもを社会化の対象としてではなく、ひとまず大人と同じように自らの欲望と意志をもって生きる生活者としてとらえることの二点をあげている(「メディア社会と子ども論のジレンマ」門脇厚司他編『「異界」を生きる少年少女』東洋館出版社、一九九五年)。

すでに常套句となって久しいが、何か事件があるたびに「子どもは変った」「子どもがヘンだ」「今の子どもは……」式の議論が氾濫している。一方で子どもの問題行動を扱う子ども研究も枚挙にいとまがない。それらの議論や研究の多くが「こうあるべき子ども像」を背後仮説として持っていることを考えれば、山村の指摘は今なおきわめて重要である。そうした「問題」として扱う議論や研究自体が、いまだに子どもに「こうあってほしい」という規範性から出発していることは明らかだからである。

それでは、社会や時代に流布する子どものイメージから抜け出し、可能な限り子どもの実態に近づくには、どのような手法が必要なのだろうか。その一つの手法として、私たちはモノに注目する。

無生物としてのモノ、無機質としてのモノは、その存在自体が何かを語りかけることはない。〈子どものいま〉を否定もしなければ、肯定もしない。ただ沈黙して、子どもに働きかけられるのを待っているばかりである。モノにとらえられ、飲み込まれてしまうこともあるだろう。一方、ツールであり、道具や手立てにすぎないモノを使いこなすためには、子ども自身もまた、主体性をもった存在としてふるまわなければならない。そうした日常生活の断面にあらわれるモノと子どもとの「とらえられ―とらえなおす」「飲み込まれ―飲みなおす」「働きかけられ―働きかえす」ダイナミックな相互交渉、その過程が織りなす人間形成空間の特徴、そして相互交渉の基底にある子どもの感性や感覚の変動をとらえることによって、「もう一つ」の子どもの日常史、昭和史をえがくことができるのではないか、という期待を私たちは抱いている。

モノと子どもとの交渉史を描くにあたって、重要なのは具体的なモノを選ぶ場合の基準である。消費社会が高度化していくなかで、次々とあらわれては消えていく短命なモノについて、活字化された情報はきわめて限られている。それぞれのモノについての資料的制約もある。すでにふれたように、子どもたちはモノというツールを使うことにより、自分をたえず拡張しながら生活している。そこで私たちがとりあげたのは、一つは子どもの衣食住と身体に深く関るモノ、もう一つは可能なかぎり時代性が刻印されるモノという、大きく分けて二つの選択基準である。

モノの配列は、まず子どもの身体をつつむ容《い》れものとしてのモノ（オムツ、校舎、子ども部屋）、その中のモノ（学習机）にはじまり、子どもと大人の関係を紡ぐモノ（育児書、制服、バリカン）、子ども期を彩るモノ（写真、わらべ唄、おやつ、マンガ）へとすすみ、さらに子どもの身体をつくるモノ（母乳とミルク、回虫、学校給食）へと、求心的にモノと関わる子どもの実像をさぐっていく方向をとっている。

記述の方法として留意したのは、(1)モノによって異なるが、戦後、とくに高度成長期を中心に、モノの起源、その後の変化、そして現在の問題までを視野に入れる、(2)年齢差や性別、地域差や階層差など子どもたちの多様性を考慮しながら、だれがどのような状況のなかでモノとどのようなスタイルで関わったかを、具体的に記述する……の二点である。

なお、ここで子どもとは、年齢段階で区切られる狭義の子どもだけでなく、若者までの年齢層を含めた広義のカテゴリーの形でとらえられている。

モノと子どもとの関わりのなかに「昭和」という時代をとらえようという野心的なねらいに比べて、とりあげることができたモノの数は多いとはいえない。しかし、その限られた数のモノと子どもとのやりとりのなかから、〈いま〉という時代と社会の基本的なかたち、そこでの「大人―子ども」のモノを媒介とした関係、さらには人と人の新たなつながりへの回路が見えてくるだろうことを……願っている。

（天野正子）

I　子どもの身体をつつむ容れモノ

1　オムツ——生と死の間際の必需品

「パン、パン……」、洗い終えたオムツを一枚ずつ広げ、叩いて伸ばす音。むずかる子を背にした母親が屈《かが》んで立ち上がるたびに、軒先《のきさき》や庭の物干し竿とロープにオムツが次々と並んでゆく。やがて立ち働く姿がオムツの行列の向こうに消えてゆくが、木綿が空中で打ち合わされる音は、その後もしばらく続く。

戦後七〇年。モノゴトの新旧が入れ替わるたびに、暮らしも変化を重ねてきた。母と子を結ぶおんぶ紐、人前での胸も露わの授乳、そして所狭しと並ぶオムツとその横に干された地図の跡形もくっきりと鮮やかなオネショ布団……、ほんの少し前まで当たり前であった日本の子育ての風景も次第に様変わりして、そして今では赤ん坊の泣き声も、「パン、パン」と小気味いい音も、すっかり聞こえてこなくなった。

ヒトはオムツをする動物

　上から入れて下から出す、これが生命の基本である。ヒト以外の動物は生後間もなく自力で排泄するか、あるいは短い子育ての間は親が舐めて排泄を促し、排泄物を処理するが、残念ながらヒトはそのような能力の具わった生き物としては造られてはいない。長期にわたる「子の下の世話」が親に課せられるのも、ヒトの宿命である。

　オムツの登場は、日本では江戸時代、西洋では一八世紀以降と、洋の東西を問わず、意外にもその歴史は浅い。それ以前は大小便を受け止めるオムツに相当するモノは特になく、西洋では「スウォドリング swaddling」、日本では「おくるみ」と呼ばれる大きな布に包まれるだけの、基本的には「垂れ流し」の状態で赤ん坊は育てられてきた。

　西洋の育児、特に生後直後から頸《くび》が座る四ヵ月位までにおいて何よりも重要視されたのは、赤ん坊の体温を保ち、体軀を整え、四肢の変形を防ぎ、そして安全を守ることであった。そのためにきつく硬くグルグル巻きにされた赤ん坊のスウォドリングは、排泄のたびに解かれることはなかった。またルイ一四世たちが初めて身体を洗ったのが、生後六週間目であったという記録があるように、産湯《うぶゆ》や沐浴の習慣もなく、あったとしても温かいお湯の中で新生児の柔らかい体のカタチを整える儀式であって、清潔さを求めたわけではない。むしろ乳垢《ちちあか》や脂漏《しろう》、瘡蓋《かさぶた》は栄養良好の証しであり、汚い子ほど元気に育つとされたのだ。しかし体の外部の汚れには無頓着である一方、体の内部の汚れを浄化することには熱心で、血液を浄化し、胃を強くし、そして腸を塞《ふさ》ぐ胎便の排泄を促す、とされる伝統的な解毒剤・滋養剤「テリアカ（蜂蜜、バター、砂糖、麦芽……）」を混ぜた赤ワインを一、二匙、新生児の口に流し込む儀式や風習は、西洋の各地に数多くあり、今でも残っている地方がある（入来典、二〇〇〇）。

せいぜい一日に一度取り替えられるかどうかのスウォドリング、今からみれば「汚物にまみれて育つ」となるが、そもそも「排泄物＝汚物」となるのも、近代以降になって成立普及した衛生や清潔の観念の所産にすぎない。一七世紀末「糞尿《ふんにょう》の都パリ（古名はリュテティア、泥を意味するラテン語のルテイム luteim に由来する）」を離れて郊外に建てられた、あの豪奢を極めた仏のベルサイユ宮殿にさえ特定の排泄場所＝便所がなかったように、当時の一般住居には便所はなく、「部屋の壺（おまる）、穴あき椅子」で用をたし、朝方に道端に捨てるのがフツーの暮らしであった。モリエールの『粗忽者《そこつもの》』などの芝居に度々登場し、爆笑を誘う場面、上の窓から壺の中身を投げ捨てて、下を通りかかった人は「黄金シャワー」を浴びることも現実の日常的なデキゴトであった。こうした西洋の「清潔、糞尿事情」のもと、まして赤ん坊の食べ物は主として母乳であり、下から出る「ピピ（おしっこ）とカカ（うんち）」は、決して「汚物」ではなかったのだ。

しかし一八世紀半ばになって、スウォドリングの育児法に批判が出始めた。J・J・ルソーは『エミール』（一七六二年）の中で次のように指摘する。

子どもが母の胎内をでるとすぐに……人は子どもに束縛をあたえる。産着にくるみ、頭を固定し、足を伸ばさせ……あらゆる種類のきれやひもを体にまきつけ、そのため体の向きをかえることが出来なくなる。息も出来ないくらい締め付けられていなければ幸せだ。……口からよだれがひとりでに流れでるというふうになっていれば幸せだ。……こうした縛りつけは血液や体液の循環を悪くし、その成長を妨げる。こんな習慣のある国には、あらゆる種類のできそこないの人間がうようよしている。（今野一雄訳、岩波文庫）

西洋の近代の夜明けは、スウォドリングからの解放、オムツの登場とともに始まった。

藁、灰、籾殻、海藻、そして木綿

「みそぎの国」日本の「清潔、糞尿事情」は、どうやらこの西洋に比べて一歩先んじていたようだ。「かわや（厠、河屋、側屋）」の表記が『日本書紀』や『万葉集』に見られるように、また「閑所《かんしょ》、雪隠《せっちん》、後架《ごか》、背屋《はいや》、御不浄《ごふじょう》、はばかり」などと、建築物の種類や場所に対応した異称が多いことからも、日本では古くから排泄のための特定の場所＝便所が住居の施設として用意されていたことがわかる。この便所の発達の要因は清潔さを保つというよりも、むしろ肥料となる人糞尿を大量に要するという実利的な目的のためであり、実際、一九世紀前半の江戸時代には、最貧層に属する大家族はその排出する糞尿量に応じて家賃が差し引かれたという。特に人口の集中する都市部においては各家庭ごと、また公衆用の便所が整備され、その近郊をとりまくように農村が拡がり、便所が排泄物と食物の有機的な結び目となるような「循環社会」が、見事に成り立っていた。江戸時代から幕末、明治にかけて「糞尿の国々」から日本にやって来た西洋人の多くは（宣教師のフロイス『日欧文化比較』、学者のモース『日本その日その日』らの探検家や外交官の「旅行記」や「日記」）、この国の都市の清潔さと、子を泣かさぬようにかいがいしく下《しも》の世話をする母親の姿に驚いている。

日本におけるオムツの登場、普及は、江戸時代に入ってから、といわれている。オムツは「オシメ（御湿）」ともいい、しばる紐の「繈《きょう》」と、くるむ布の「褓《ほう》」の組み合わせ、「繈褓＝むつき」に由来するコトバ。輪状に縫い合わせた長方形の木綿地《もめんじ》が多く、それも着古した浴衣《ゆかた》や着物などを主に用いたのには、経済的な理由もあるが、古い布地の柔らかさ、肌触りの良さに加えて、大人の身に付けた布の呪力で赤ん坊を災いから守るという信仰や（大藤ゆき、一九八九）、剥がれ落ちる古い皮（ぼろ布）の中から現われる新しい実（赤ん坊）と見立てて、生まれ出てきたアヤウイ生命のこの後の確かな発育成長を願うという通過儀礼があった。

昭和初期まで日本各地の農村では、「いずめ、えじこ、つぐら」という名の保育器があった。赤ん坊が入れる大きさの藁《わら》や竹で編んだ臼型《うすがた》の籠《かご》や木製の箱で、働く親の目が届くように家の内外に持ち運ばれ、寒い日にはふとんで包み、乳幼児が這い出すようになるまでこの中で育てられた。この籠の底には籾殻《もみがら》や藁の灰、砂、海藻、ぼろ布などが敷き詰められ、赤ん坊のお尻が直接触れるように、着物の裾をまくってその上に座らせるのが、この道具の使い方。排泄された大小便は天然の吸湿材に吸い取られ、随時それを取り替えるというオムツ、便器、運搬道具、寝床を兼ね備えた多機能の育児道具であった。

図１　いじこ（岩手県立博物館蔵、森口多里コレクション）

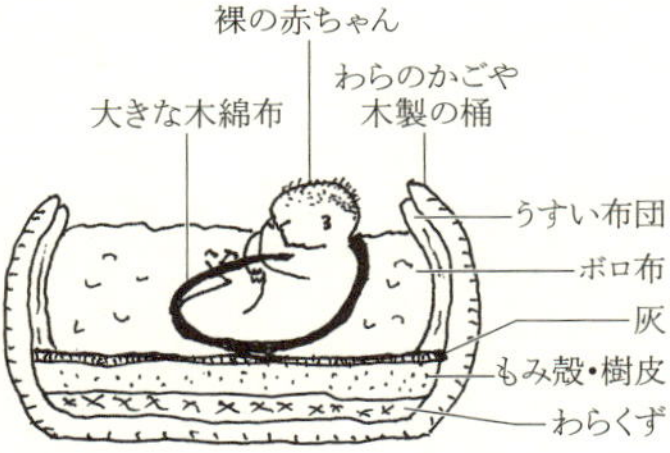

図２　いじこの内部（図＝筆者）

江戸時代の育児書『小児《しょうに》必用養育草《ひつようそだてぐさ》』（一七〇三年）に「小児の襁褓《むつき》、尻当ての類は、しきりに取り替えて、大小便の湿にあたらしめざるべし。しめりたる類、置くこと久しければ、必ず肛門……その汁のつく処、皆《みな》瘡《かさぶた》となりて……家内にうつり……よく心を付くべき事なり」(山住正己・中江和恵、一九七六)と、オムツかぶれの指南《しなん》も早くからあったが、排泄のたびに取り替えるのが望ましいことはわかってはいても、「貧乏人の子沢山」、農作業や商いなどの労働に加えての家事育児を担う母親にとって、その都度オムツを取り替える余裕はない。オムツに絹を用いる金持ちもいたが、一般庶民のほとんどは、布の端切れを重ねた刺し子、表と裏の間にぼろ布や綿を入れた布団状の「尻当て」と、吸収力を高める工夫を施したオムツを作ったり、また外への漏れを防ぐために油紙をカバーに用いたりと、取り替える回数を少なくする方に向った(堀切辰一、二〇〇三)。

オムツは大小便を受け止める布としての生理的機能だけでなく、人と人、家と家との関係性を示すバロメーターでもあった。嫁が実家で出産すれば、姑が「三日祝い」などに訪れる。その時に丁寧な仕上がり具合、多くの枚数のオムツが持参されれば、実家の者は喜んで近所親戚に見せ歩いたという。「子を産み、婚家に迎え入れられる」ことが何よりの「女の仕合せ」であった時代の習わしが、あった。

戦後——紙オムツの登場

第二次大戦後、世界中の赤ん坊の股間に紙オムツが当てられるようになった。脱脂綿やガーゼは戦争がキッカケとなって生み出されたモノだが、紙オムツも同様である。大戦末期、ナチス・ドイツの経済封鎖によって綿花の輸入が止まり、極端な綿布不足に陥ったスウェーデンでは、政府指導の下で自国の豊富な資源のパルプから紙オムツが考案された。

初期のモノは紙を何枚も重ね、外側をメリヤスの袋で覆った簡単な作りであったが、やがて吸収紙を防水シートでカバーする形に改良されながら北欧、西欧諸国へと広がり、戦後アメリカに渡った紙オムツはさらに工夫と改良が加えられ、代用品の域を超えてオムツの主流となって普及し始めた。

日本では一九五〇年代前半に紙綿を重ね布で包んだだけのモノが発売されたが、オムツカバーがなければ使用できないため、ほとんど売れなかった。六二（昭和三七）年には本格的な紙オムツより一足早く、布オムツの内側に敷く紙綿製の乳児用ライナーが売り出された。ちょうどこの頃、テレビ、電気冷蔵庫と並んで「三種の神器」といわれた電気洗濯機が普及しつつある時期で、水分を通して固形物、便だけが残るライナーを使用すれば「下洗いの手間が省ける」を謳って、その購入者層をターゲットにしたが、洗濯機の「月賦支払い」がある上に、「使い捨て」への抵抗感から広く普及するまでには至らなかった。続いて六三年には、肌に触れる部分に不織布、外側に防水紙、長方形のフラット型の本格的な国産初の紙オムツが、哺乳瓶のメーカー「ピジョン」から発売された。日本航空の国際線常備品にも採用されたが、当時の米一〇キログラムが九五〇円であるのに対して、一〇枚一組で三八〇円と高価な上に、オムツカバーとの併用が必要なために、外出用か雨で洗濯物が乾かない時の予備として使用された程度で、十数年後には製造中止となった。なお、病院や老人施設ではレンタルの布オムツが中心であったが、吸水力の高いクレープ紙を数枚重ねた大人用の紙オムツが使われ始めたのも、この頃である。

高度成長期の真只中の七〇年代半ばには、女性労働者の数は約一二〇〇万人。共働きの核家族も増えて、家の外で働く上に家の内の仕事を一人で担う母親にとって、電気洗濯機であっても、オムツ洗いは文字通り「洗多苦《せんたく》」であった。炊飯《すいはん》、掃除《そうじ》などの電化生活が定着し、さまざまなインスタント食品も食卓に並び始めたが、多忙な母親たちは家事労働のより一層の「省力化」を求めると同時に、「婦徳」の呪縛とせめぎあいながら、父親の家事育児への参加の声を上げ始めた（天野正子・桜井厚、二〇〇二）。同時期に一方では、布オムツによる横から腰の部分をしっかりと包み、足を伸ばす旧来の当て方が、赤ん坊の四肢の自由な動きを妨げ、「股関節脱臼」の原因の一つとの医学的な見地からの指摘が出始めた。こうした時代の気運の高まりの中、七七年に登場したのがアメリカのP&G社の紙オムツ「パンパース」（アメリカ本土では六一年から製造販売）であった。

長方形のパッドを股の部分で折り込んだ「ターンアップ型」と呼ばれる形状は、はきやすさの点で優れていて、また腰部分の二ヵ所をテープで止めるだけで装着でき、さらにオムツカバー不要という製品であった。アメリカの「使い捨て」の合理主義が生んだこの商品は、共働き家庭に急速に普及していった。P&G社が日本に参入した当時の市場規模一五億円は、二年後には一〇〇億円を突破した。

しかし画期的な商品にもまだまだ改善の余地が残されていた。この紙オムツは、肌に接する表面材、尿を吸収する吸収材、外への漏れを防ぐ防水材で構成されていたが、吸収紙と綿状のパルプで出来ている吸収材が押さえつけられると尿が逆流し、またポリプロピレンなどの防水材の通気性の悪さもあって、オムツかぶれを起こしやすいことが指摘された。そのためにいずれのメーカーも最適な吸収材となる素材探しに躍起になった。

紙からポリマーへ——高分子吸収材

一九七四(昭和四九)年にアメリカで「高吸水性高分子 super absorbent polymer」が開発された。これは水に溶ける性質を有する高分子(デンプン＋ポリアクリル酸)の分子間を「橋かけ剤(エチレングリコール)」を添加することで合成される物質で、ほとんどが「ポリアクリル酸塩」と呼ばれる白色、無臭の粉末である。この粉末とパルプを水に溶かし、乾燥させると、紙のなかに高吸水性高分子が微粒子状に分散した複合体となる。これは水なら自重の二〇〇～一〇〇〇倍、尿だと三〇～七〇倍と極めて高い吸水力を有し、一度吸水した水分を外からの圧力がかかっても放出しない高い保水力も併せ持っている。

七八年に生理用品「ロリエ」を実用化したメーカー花王《かおう》は、紙オムツに転用を試みたが、生理用品と比べて紙オムツに要求される吸収量は遥かに多く、さらに赤ん坊が寝返りをうつと、吸収材が圧迫されて尿が逆戻りして外に漏れる可能性が大きかったために、製品化までに予想以上の時間がかかった。各メーカーは試行錯誤を重ね、高分子吸収材の粒子の径を大きくすることで強度を増すことに成功し、その上、水蒸気の粒子は通るが水の粒子は通らない多孔の膜をもった防水透湿シートを採用し、八二年にはユニチャームより「ムーニー」、八三年には花王より「メリーズ」が、相次いで発売された（日刊工業新聞社、二〇〇二）。

この新しい素材の紙オムツの吸水保水性能は飛躍的に向上し、尿の漏れ、逆戻りも大幅に改善された。以前と比べて取替えの回数は減り、一日平均七・七枚使用していたのが、五・五枚へと減少した。その後も軽量化、立体裁断、男女別、月齢対応、パンツ型と改良が進み、八〇年代後半には紙オムツ派が半数を超え、布オムツに替わって主流となった。発売直後の八二年の子ども用の生産量五万トンが一〇年後には二二万トンにもなった。

病人や高齢者のための大人用の紙オムツも、子ども用と同じ経過をたどり、かつては大人の排尿量は多いために紙オムツを五、六枚重ねて、その上にオムツカバーが必要であったが、この新しい素材の登場によって一回の排尿を一枚で吸収できるようになり、カバーも不要となった。九四（平成六）年には「排泄自立」をテーマに軽量小型で動き易いパンツ型の「はく紙オムツ」が発売されて、本人のリハビリへの意欲を昂進させ、介護労力を軽減させるスグレモノとなった。現在ではライナーや補助パッドにも採用されて、それの交換だけで済むようになり、より一層経済的になってきた。

八二年からの高分子吸収材、テープ型の大人用の登場で在宅の寝たきり老人の使用も増えて、この年の大人用紙オムツの生産量一万トン。そしてそれが二〇〇〇年には、なんと一二万トンを超えた（社団法人日本衛生材料工業連合会）。

日本でも紙オムツを使用する方が多数派となったが、布オムツ派も健在である。もちろん、黄ばんだ白地、色あせた藍の文様、よれよれの年代物のオムツではない。ドビー織り、オーガニックコットン、マイナスイオンを発生するテピロン使用、ひょうたん型と素材や形状が進化した商品（一〇枚一組で二〇〇〇円位）が売られている。中には放湿性の高いウールのカバーと吸収体の綿布が一体成型されたモノもある。そして世は真に国際化の時代、ネットを開けば「うちの子はドイツ製の……」「いや、私どもではアメリカの〇〇社の……」と、外国製の布オムツの情報も数多い。水洗化、全自動洗濯機、乾燥機、コインランドリー、ライナー、パッド類の充実、そして何よりも少子化と、布オムツを使用することにおける労力は昔とは比較にならぬほど軽減された。そして戦後日本に駐留し、朝鮮戦争時の主要な出撃補給基地となった九州地域の在日米軍の将校の家庭を相手に北九州のクリーニング業者が始めた「貸しオムツ業」も、高度成長とともに参入業者も次々と増えて全国的に普及展開し、高まる需要に細菌処理の基準を確保した工場システムを採り入れてその規模を拡大してきた。紙オムツの大きな流れに押されながらも、オムツ本体、ライナー・カバーなどの形状や材質の改良を重ねてきた布オムツは、現在でもトラックで大量に搬入回収する病院や老人介護施設はもとより、個人客の要望に応じた枚数や種類のオーダーや宅配のシステムを充実させながら、共働きの家庭などの「布オムツ派」の固定客をつかんでいる。

地球の「オムツかぶれ」

私たちは「使い捨て文化」のオカゲで多くの「利便性」を手に入れた。紙オムツの出現が育児や介護を担ってきた女たちの労力を軽減し、またその簡単容易さが男たちのその場への参加を促したことは、確かだ（楽になってからの参加は、全幅の信頼はおけないが……）。しかし同時に、使い捨てられる紙オムツが「ゴミの山」を築いている、という困難な問題を抱え込んでしまったことも、確かなようだ。

「紙」といっても、その成分の四〇％がポリプロピレンなどの石油を原料とした「化学製品」である。ゴミとして出ると分離できずに、四〇％のプラスチック類もろとも焼却されることになり、加えて排泄物で濡れた紙オムツが焼却炉の温度を低下させ、毒性が強く分解されにくい「ダイオキシン＝環境ホルモン」を発生させるのだ。病院や施設から「産業、医療廃棄物」として出された紙オムツが、闇の処理業者によってアジア諸国に持ち出され、廃棄されているのも現実である。

紙オムツを競争相手にするレンタルオムツ会社の試算によると（株式会社ニック www.nic-ing.co.jp）、二〇〇万人の乳幼児が一日に一〇枚の紙オムツを使用し、使用後の排泄物を含む一枚の重量が一〇〇グラムだとすると、日本全国で子ども用の紙オムツだけで年間七三万トンのゴミが出ることになる。また一人の子どもが生後からオムツ離れまで一日一〇枚、二年間にわたって紙か布のいずれかのオムツを使った場合の両者の違いを比較すれば、「原材料コスト」（布の場合には水道や洗剤の料金を含む）は紙オムツの方が三・三倍、「処理コスト」は紙オムツの方が一一倍コスト高で、「環境負荷」はBOD＝生物化学的酸素要求量（水質汚染の指標の一つで、微生物が水中の有機物を分解安定化するのに必要な酸素量）でみれば、紙オムツの方の負荷が、四・五倍大きくなり、プラスチックのゴミが一四七キログラムも出る、という。これだと子ども用の紙オムツだけで年間約一五万トンのプラスチックが焼却され、日々その灰が地球上に蓄積されていることになる。

この環境に大きな負担となる紙オムツのゴミを少しでも減量するための施策として、現在、ドイツやイギリスなどでは布オムツを使う家庭に助成金を供与するようになった。また日本でも「紙オムツのリサイクル」の試みが始まった。回収した紙オムツから排泄物を分離し、酵素を加えて洗浄殺菌し、液状にした後に乾燥させた「再生紙オムツ」。多業種の企業が合弁会社を作り、実用化へ向けて走り出したが、このリサイクル事業も採算が合わなければ、きっと中断されるのだろう。

現在では全人口の二〇％近くを占める六五歳以上の高齢者が、二〇三〇年には三〇％を超えると予測されている。やがて十数年もすれば、「戦後ベビーブーム」の中で年間二七〇万人の出生数を数えた私たち「団塊の世代」が、年ごとに順次オムツを着用することになる。そしてＤＮＡの分析解明などの生命科学や医療技術の一層の進化によって、ますます「そう簡単には死ねない」という過酷な前途も待ち受けている。

地球の外のスペースシャトルでの船外活動に長時間従事する宇宙飛行士や、これから電気椅子・絞首台に向かうことになった死刑囚といったトクベツな人から、満員の通勤電車に乗り込む、軽い尿漏れを気にするＯＬや前立腺肥大の失禁に備える中高年、排出が意のままにならない入院患者、そして寝た切り老人といったフツーの人に至るまで、彼らの需要に応じての二〇〇三年の大人用オムツの出荷金額は、九五（平成七）年から横ばいを続ける赤ちゃん用の一三〇〇億円の七割近くに迫る約九〇〇億円に達し（『朝日新聞』二〇〇五年二月二五日付）、高齢化の進展とともにパンツ型や薄型といったメーカー側の商品開発と相まって、九五年以降、年率一〇%のピッチで増加する大人用オムツの出荷金額は、二〇一二年には約一六五〇億円になった。日々累々と積み重なってゆく紙オムツのゴミの山、川や海に流れ込む布オムツの洗剤液、今のところは「地球のオムツかぶれ」と診断される症状も、案外奥深くにまで病巣が進行しているかも知れない。取り返しが付かなくなる前に如何にして対処するのかが、大事な緊急の課題となってきた。

「つぐら」の中で「尊厳死」

「望ましいオムツは布か、それとも紙か」、我が子、我が親の日々の現実にかかわるモノゴトだけに、熱いオムツ論議が交わされている。しかし「出来る限り取り替えてやること、コレが優しい育児、手厚い介護」という前提は、いずれの立場にも共有されているようだ。またオムツ論議は、ややもすれば「愛情か利便性か」の対立軸の構図のなかで展開されがちだ。こうした前提と構図に基づく熱い論議の最中に、もしも「出来るならゴミとなりにくい布オムツを」とでも口走れば、たちまち「それこそ手作り、手間暇かけた愛情による育児と介護」と持ち上げられる一方、他方からは「だから女は家に、とでもいうの！　そうした立場が母性礼賛、婦徳復活に連なるのよ！」とお叱りを受けそうだ。勇気を出して、「布か紙か、オムツかぶれやオムツ離れにどちらが良いか、など大した問題ではない。いずれであれ、いつか治るし、いつか出来るようになる。多少の汚れで命がとられるわけでもない。地球や地球上の他の生き物、そして人間の未来のためにも、少しでもゴミや汚水を減らすため、オムツの取替えを二回、いや三回に一回減らしませんか。私たち人間は、自分や自分と同じもの、子ども、親、家族、地域、国家、民族などに、過剰なほどの愛情を内に向けて発揮しながら、その欲求を充たすための力を外に向けて見境なく発揮してきた。そう、肝要なのは、ほどほどの愛。度の過ぎた愛情は命取りとなる」と続ければ……？

ヒト（ホモ・サピエンス）の誕生以来、数万年という気の遠くなる程の長い歴史のなかで、オムツの歴史はたかだか二、三百年だ。しかし近代以降のこの短い間に生み出されてきた「清潔、衛生、健全、快適」の考え方とそれを支えるモノゴトに、私たちは全身ドップリと浸かって生きてきた。一度身に染み着いた習慣は、そう簡単には捨てきれない。オムツがこの時代を生きるヒトにとって、生と死の間際の必需品であることは、確かである。

食べる、着る、住む、働く、遊ぶ……糧を得て命を繋ぐ、このフツーの生活を送ることが即、地球への何らかの負荷を与えることになった。資源には限りがある。汚染も限界が近い。そして老人は増える一方だ。「オムツ問題」に有効な手立てが見つからない限り、「老いる」にもそれなりの覚悟が必要となってきた。

「現役」を退き、「世俗」を離れ、「現実」から解放される時、「老い」がいずれ訪れる。せっかく老いたのだ。この期に及んで「若さを保つ、美しく老いる」などに惑うことなく、最後のささやかな地球へのせめてもの恩返し、「不潔のススメ」を実践しよう。中高年の登山愛好者の急増で山のトイレは満杯でもう限界。子孫に「美しい日本」を残すため、「自然を愛でるオムツで登山！」は如何なものか。寝込む時がきたなら、それでゴミが減るならば、オムツの取替えも二回を一回に、できるだけ少なくしよう。目が見えなくなる、耳が遠くなる、鼻が利かなくなる、頭が呆けてくる……。そうだ、キッチリ老いれば、多少の汚れなど何も恐れることもない。

さあ、いよいよ「団塊の世代」が「オムツ世代」となる。老人で溢れかえる病院や施設、その中庭には所狭しと並んだ「つぐら老人」、大部屋の床や壁に列をなす「スウォドリング老人」、そのような「日本の介護の風景」が見られるようになるのも、そう遠い話ではなさそうだ。

出来ればポックリ往きたいが、思いどおりにならないのがヒトの死に際だ。余計な延命を拒絶して「小綺麗」に死を迎える「尊厳死」もあれば、キッチリ老いて「汚れたまま」ゆっくりと息絶えてゆく「尊厳死」もある。いずれも「良し！」である。

（石谷二郎）

2　校舎——子どもの居場所

遊びの時空

一日二四時間、春から夏、秋から冬の一年三六五日。歳をとるにつれて時間の流れがはやくなる。重ねてきた年月とともに何を失ったせいなのか、五、六年などあっという間だ。

小さい頃の時間の流れは緩《ゆる》やかだ。一九六〇（昭和三五）年前後、一日の大半を学校で暮らした私の「小学生時代」、その六年間は長かった。

眼が覚《さ》めると、朝飯もそこそこに学校に駆けつける。カバンを「靴箱」の前に放り投げ、朝礼前にひと遊びだ。

一学年一〇クラスの全校生徒約三〇〇〇人、「校庭」は芋の子を洗う混雑ぶり。裏庭に三階建の新校舎が増築中なので、中庭まで溢れ、「飼育小屋」の兎や鶏も始業のベルが鳴るまで落ち着けない。鉄棒、ブランコ、吊り輪、シーソー、ジャングルジム……校庭の南の中央にある石柱の「正門」を挟んで左右に並ぶ「遊具」は順番待ち。「朝礼台」は卓球台に、校旗・国旗の「掲揚台」は鬼ごっこのオニの見張り台に、「金次郎の立像」は脱ぎ捨てた上着掛けに早変わり、ゴム跳び、縄跳び、けんけん相撲、達磨《だるま》さん転んだ、押《お》し競饅頭《くらまんじゅう》、ハンドテニス、隠れん坊、長(胴)馬、手打ち野球と、いろいろな遊びが入り乱れていた。

「教室に入りましょう」、屋根上の大きなスピーカーから学内放送が流れると、潮が引くように子どもたちが校舎に吸い込まれてゆく。今度は「手洗い場」が渋滞の列、ハンカチの持ち合わせもなく、ズボンと上着がタオル代わり、しばらくは泥水で濡れたまま。擦り傷、鼻血、たんこぶ、朝の「保健室」は負傷者で満杯だ。常連は手馴れた様子でピンセットと脱脂綿で赤チン消毒、ついでに下級生の世話にと傷に沁みるヨーチンを塗ってやると、半ベソが全開。「コレッ、はやく教室に戻りなさい!」、保健の先生に怒鳴られる。

急いで「教室」に駆け戻る。「廊下」には「走らない、静かに右側通行」の貼り紙があり、「階段」の手摺は股すべりのため黒光り。教室の前後に引き戸の出入り口、一〇センチ程の隙間がある時は、仕掛けられたチョークまみれの黒板拭き爆弾に要注意。前の壁一面に「黒板」と時間割表、後ろには生徒の絵や習字の「掲示板」。床は所々継ぎ接ぎの油性ワックスの板敷、教室の前方には、床から二〇センチほど高くなった「教壇」があった。そしてチビもノッポも背丈に関係なく、全部同一寸法の木製の「机と椅子」がギッシリと並ぶ。一クラス約五五名、普段でも余裕がないのに、参観日になると前に思い切り詰めることになる。「背筋もしゃんと、よそ見もせずに、立派な学習態度」との父兄の賛辞に、満面笑みの先生、「動かれへんだけや」「アホやで」と小声で囁《ささや》き合った。

子どもにとって、学校はとてつもなく広い空間であった。一直線に伸びた廊下、向こうの端は遥か彼方。ある朝、校庭の端の砂場に置き忘れた算盤袋《そろばんぶくろ》、慌てて階段を飛び降り、誰も居なくなった校庭を駆け抜けて、また戻ってくる、その距離と時間の長いこと。

いろいろな建物や教室があった。薄暗く、だだっ広い「講堂」。舞台の左右には校章校名が刺繍された幕が束ねられ、奥の袖にピアノがあった。式典、学芸会、映画会など以外は立入禁止。隣の棟が「職員室」、ノックして重い扉を開けて一礼すれば、ポマードや化粧品の大人の匂いが鼻をつき、冬場には温風が顔の横をすり抜ける。昼休みには石炭ストーブを囲んで教師が談笑中、「オイッ見たか、あの教頭先生も大口開けて笑いよる！」「ホンマや、皆にいうたろ！」。廊下を挟んだ向かいに、半開きのドアから真っ白なカバーに被われた応接セットがみえる「校長室」があった。

昼前になると煙突《えんとつ》から今日の昼食の匂いを吐きだす「給食室」。畳敷きの「宿直室」。いつも大きなヤカンが湯気を立てる「用務員室」。入学時の学校案内以来、一度も入ったことがなかった「図書室」。血管や内臓、筋肉や骨が極彩色、精巧な作りの等身大の人体模型、ガラス棚に薬品、不気味な標本類が並ぶ「理科室」。コンロと調理台の「家庭科実習室」。大騒ぎしながらのカエルの解剖やカレーライス作り、あの触覚や味覚は今でも忘れてはいない。そして観音開きの木製の箱に入ったテレビがある「視聴覚室」。「この頃オトンの帰り遅いねん、駅前で「力道山《りきどうざん》」見てるらしい」「いっぺん動く「月光仮面」みたいなあー」。六〇（昭和三五）年前後、「三種の神器」の一つ、憧れのテレビの普及率は二五％以上といわれているが、地方都市のこの地では、クラスの中でテレビのある家は金持ちの三、四軒だけ。電気屋の子はクラスの人気者だった。学校で見せてもらった番組は覚えていない。

これ以外に、跳び箱や体操マット、各種のボール、野球用具、フラフープなどの遊具がギッシリ詰まった石灰の臭いがする「体育倉庫」。中庭の渡り廊下沿いに男女別に各二ヵ所、扉が閉まらない、キツイ臭いを放つ「汲み取り便所」。裏庭の隅に鉄製の「焼却炉」。そして校庭の南西の別棟にヤギ小屋を併設した「特別学級」があった。「体育館」も「プール」も無かった。

授業間の休み、給食後の昼休み、たとえ五分、一〇分でも貴重な遊び時間だが、放課後は本格的な遊びの時空となった校庭。場所が広くとれるから、バットを使った野球や大きいコートでのドッジボールも出来たが、それだけに陣取りをめぐるイザコザも多かった。やがて下校の合図「家路《いえじ》」の陰気なメロディーが流れると、「エーッ、もう終わりか？」、三々五々と子どもたちが消えてゆく。もちろんこれで終わりではない。同じ町内の近隣同士、自分たちのナワバりの野原や空き地でもうひと遊び。朝は駆け足で家を出るが、帰りの足取りは日が暮れるまで寄り道でブーラブラ。「明日何して遊ぶ?」、校舎を離れても、我が家に一歩踏み入れるまでが、「学校の領分」であった。

「学制発布」

「明治」の幕開けとともに、日本の近代公教育が始まった。一八六九(明治二)年、京都の「上京二拾七番組小学校」創立。同年中に京都では六四校が開校した。火《ひ》の見櫓《みやぐら》の望楼や高い時計台が設けられた小学校は、同時に役所、消防、府兵の駐在所を兼ねた地域の総合センターでもあった。その翌年に東京府、つづいて名古屋、大阪と都市部で小学校が次々と創立された。

七二年の「学制発布」。「学制」とは、日本の近代化の早急な実現のためにフランス、ドイツなど西欧を手本にして立案された教育制度法令の名称。そこでは従来の「封建教学」を否定し、個人の「立身治産昌業《りっしんちさんしょうぎょう》」を目的とし、「四民、男女平等」の教育理念を示すとともに、小学校は満六歳入学で尋常《じんじょう》、高等の上下各四年、中学は一四歳入学で上下各三年、これに大学、師範、専門学校などを加えた体系として、北は青森から南の鹿児島まで、一般の行政区画とは異なった学区制を設け、各学区に八大学、二三六の中学、五万三七六〇の小学校を設立する計画が示された(『学制百年史』一九七二)。

しかし具体的なビジョンも財政的な基盤もないまま、理念と計画だけで「やれ！」の号令を出した新米政府。「近代学校の何たるか」も分からぬままに、手探りの中で学校作りを進めたのは、その前年の「廃藩置県」によって生まれた、これまた新米の各自治体であった。模索しながら三年後には二万五〇〇〇未満の数の小学校が設置されたが（生徒数五〇名、教師一、二名ほどの規模が大部分を占める）、その施設はかつての寺子屋《てらこや》、寺院、神社、民家、教員の住居などの転用が多く、新築は二割にも満たなかった。なおこの頃、京都など関西地方の各地に、良家の子女を対象に「良婦」の養成を目的とする裁縫《さいほう》、手芸、料理の教場、「女紅場」が設置されて、所によっては洋裁教員の外国人による語学の手ほどきもあり、読み書き算術を教える事実上の女児小学校となった（坂本清泉他、一九八三）。

学校の開設に関する具体的な事柄の全てが地方の自治体に委ねられ、各地方は手探りでこの事業に着手せざるを得なかった。当然、校舎の建築に関しての全国統一の「標準仕様」もなかったが、しかしかえって個性の溢れる校舎が各地に生まれる結果となった。外国の建築家の設計によるモノ、その土地の名工によるモノが次々と新築された。建築を担った大工《だいく》棟梁《とうりょう》たちは、横浜、神戸などの大型の西洋風建築を見て回り、塔屋《とうや》、バルコニー付き玄関《げんかん》ポーチ、外壁や窓、出入り口の開口部の意匠《いしょう》に至るまで、学んだ成果と持ち前の木造工法の技量とにより、和と洋の材料やデザインを組み合わせて自分なりの学校、独特の風合いを持つ「擬洋風校舎」を作り

図3　明治の学校（松本市・開智学校）

上げた。例えば一八七五年頃に落成した山梨の「睦《むつ》沢《ざわ》」、松本の「開智《かいち》」学校のように、そこには新しい時代の精神を表わし、教育の象徴となる建物作りに、「おらが国の」と地域のエネルギーが注がれた。しかしこのことが建設費の高騰《こうとう》を招く結果となり、月々の学費に加えて建設費の負担がその地域の民衆の肩に重くのしかかることになった。

下等小学では「綴字《つづりじ》、習字、単語、会話、読本、修身《しゅうしん》、書牘《しょとく》、文法、算術、地学、窮理学《きゅうりがく》、養生法、体術、唱歌」の一四教科、上等では「史学、幾何学、博物学、化学」の四教科、これが八年間の履修課程。西欧の受け売りで何とか格好を整えたが、教える側の準備不足で中身が伴わない。貴重な働き手を奪われた上に、苦しいなかから捻出する金（学費月額五〇銭）、そのわりにはそれほど身につかない読み書き算術の能力、それでも強制される就学、そうした民衆の不満から「就学拒否」に始まり、「学校一揆、焼打ち事件」までもが各地で起きた。慌てた政府は、校舎建設に当たって「虚飾《きょしょく》を排し、質朴堅牢《しつぼくけんろう》を旨《むね》とすべし」の通達を出す一方、一八七九年に学費の値下げや資力の乏しい市町村には「教員巡回方式」を認める「自由教育令」を公布すると、たちまち就学率は低下し、各地で学校建設の中止が相次いだため、直ちに教育令の再改正に動いた。当時日本の各地では租税、農地、参政権などを巡って官と民が衝突する事件が起きていた。「文明開化」された民衆は数百に及ぶ政治結社だけでなく、自ら運営企画する学習結社も次々と設立した。政府はこうした反体制の動き、「自由民権運動」を強権で弾圧する一方、「仁義忠孝」の徳育によって従順な臣民育成、民衆教化の場として「学校」を位置づけて、そのための施策をとり始めた。

「四間×五間」角

もとは軍装品であったランドセル（蘭語 ransel ＝背嚢《はいのう》）が「学習院」で初めて用いられた一八八五（明治一八）年、初代文相に森有礼《もりありのり》就任。彼を長とする文部省によって地方の学務委員の「公選制」を「任命制」に、「教員心得」「教科書検定」「設備準則」、そして九〇年の「教育勅語《ちょくご》」の公布、九一年には「祝日大祭日儀式規程」が定められ、上からの教育の一元化が着々と推し進められた。紀元節、天長節や新嘗祭《にいなめさい》などには教員生徒一同が「御真影《ごしんえい》」の奉られた奉安殿や講堂などに参集して執り行われる最敬礼、勅語奉読、校長訓話、唱歌合唱などの一連の「儀式」が、他の何よりも大事な学校行事となり、「天皇制国家の支配原理」（藤田省三、一九七四）が反復される身ぶりをとおして幼い子どもの身体に浸透していった。

「学校のカタチ」についての「準則」が、しだいに「規則」によって全国的に統一されてきた明治中頃、一八九五年、文部省は『学校建築図説明及ビ設計大要』を刊行した。この内容はこれからの学校建築のあるべき姿が実例で示された、いわば「標準仕様書」であった。校地選定においては「喧騒《けんそう》ナル街衢《がいしょう》、演劇場其他遊興ノ場……墓地、火葬場、塵捨場《ごみすてば》又ハ河川池沼」を避け、敷地の広さは一人当たり二・五坪以上、耐震性のために強化された小屋組みの日本風平屋造《ひらやづく》り、採光通風飲料水の確保、天井高九尺以上、北側に幅一間以上の廊下、南面に窓を配した「四間（七・二メートル）×五間（九メートル）」角の教室の「北側片廊下一文字校舎」。当時の文部省内部でも、南北に長い日本の地形、気候風土を考慮した「北廊下」と「南廊下」の併用を主張する真っ当な意見もあったが、何故か「北廊下」に一本化。そしてこれが大正、昭和そして現在に続く「定型化された校舎」の源となった。

一九〇〇（明治三三）年の「小学校令」では一校当たり一〇〇坪（三三〇平方メートル）以上の「体操場（運動場）」の設置が義務づけられ、尋常《じんじょう》小学校では子ども一人当たり一坪以上、高等小学校では一・五坪以上という基準が指定された。もっともこれは子どもの遊び場の確保ではなく、将来の「皇軍の兵士」に相応しい強健な身体の基礎作りのためであった。「兵式体操」と「隊列運動」から成る「体操科」は必須教科となり、その成果を公表する機会として各校連合の「運動会」の実施が大いに奨励された。

日清、日露戦争に勝利して「列強に伍《ご》した」日本、さらなる発展をと「教育振興策」をとり、一九〇七年の「小学校令」で義務教育年限を四年から六年に延長し、窮困による就学困難児には「御下賜金《ごかしきん》」などの名目で補助があった。明治中頃では三〇％にも満たなかった女児の就学率も、統計上の数値では男女ともに九五％を超え、中学校の数は二九〇校、教員数は約一六万人となった。

自分たちの学校

「公教育」が始まって半世紀、大正中頃から吹き始めた「デモクラシー」の風のもとで、「自由、自律、個性、科学」を標榜する「新教育運動」の芽生えがあった。一九二二（大正一一）年、「我こそ正統フレーベリアン」の創始者、橋詰せみ郎によって大阪府池田市で産声を上げた「家なき幼稚園」、園舎を持たず、ゴザ、蓄音機、ベビーオルガンをリヤカーに積んで、野原や川辺での野外自然保育。大阪の各地に姉妹校ができ、中にはフォードの乗合バスで郊外を巡る自動車保育を試みる園もあった（海原徹、一九九五）。

画一的な官制のカリキュラムや教科書を離れて、子どもを中心にした授業、学校の在り方を模索、実践する動きが起きた。「実験モデル校」であった各地の師範附属小、都市やその近郊に開校した帝国小学校、日本済美、成城小学校、自由学園、文化学院、明星学園などの「私学」。これらが、少人数学級、自由研究、親自然、文化芸術を重視する、選良や富裕層の子弟を対象とする学校であるのに対して、もう一方では、国家からの教育の自由、自治を求める急進的、反体制的な動きがあった。一九一九年に結成された日本初の教員組合「啓明会《けいめいかい》」のリーダーであった下中弥三郎《しもなかやさぶろう》らの「教育の世紀社」同人が、二四年に東京池袋に開設したフリースクール「児童の村小学校」（中野光他、一九八〇）。あくまでも「生徒の自由、自主、自治」を旗印に、社会変革の拠点を目指したアナーキーな「私塾」である。これに続いて同人による目白、茅ヶ崎、関西の芦屋《あしや》などに姉妹校ができ、細々と運営されるなかで後の「郷土教育」「綴方生活《つづりかたせいかつ》」「障害者教育」などに連なる影響力をもった。

またこの頃、都会だけでなく地方の田舎においても学校をめぐっての新しい動きがあった。この国の「産業革命」の進行につれて、モノを生産する現場ではさまざまな「諸矛盾」が露呈し始めていた。「自由と平等」を求めて戦う労働者や農民による工場や鉱山での労働争議や農村での小作争議が全国各地で頻発し、それへの弾圧のなかで「家族ぐるみ」で抵抗運動を継続するために、同盟休校する子どもたちのための自主講座が各地にできた。その代表例が新潟県北蒲原郡《きたかんばらぐん》の「木崎農民小学校」である。大地主の支配に対抗する地元の小作農と、全国から集まった各分野にわたる支援者たち（宗教者の賀川豊彦やジャーナリストの大宅壮一や学生や教師たち……）に支えられて、「物置小屋に莚《むしろ》をしき、机にはみかん箱」で始まり、討論を重ねてカリキュラムを作成し、一二〇坪の校舎まで建てた「無産《むさん》階級のための小学校」が一九二六（大正一五）年に開校を迎えたのだ。しかし当局の強権的な弾圧により自主解散を余儀なくされたが、「国家によって制度化された教育」に根本的な問題を投げかけ、自分たちの手で「学校建築」にまでたどり着いたことの意義は極めて大きい（合田新介、一九七九）。

第一次産業から第二次、第三次産業へ向かう流れ、この国の産業構造の変化に対応するかのように、中学校や各種の実業学校、専門学校も増え、下から上へと縦に連なる学校制度が整備されてきた。より上級の学校を出ることが、その後のより高い社会的地位を約束するものとなり、「学力や学歴」が人々の生活に大きく関わるものとなってきたのも、この頃だ（天野郁夫、一九九二）。就学や進学率が高くなるとともに、村や町のフツーの学校のナカミにも変化が現れてきた。学用品も毛筆和紙から石盤石筆《せきばんせきひつ》、鉛筆と練習帳へ、掛図《かけず》や標本、地球儀などの教具の種類も増え、理科の実験、野外の観察、子ども用の移動黒板や掲示板、校庭の遊具、雨天体操所、図書や楽器、クレヨンで描く絵……、そして何よりの変化は、教壇から降りてきて机の間を巡回する教師が増えてきたことだ。しかし日本のあちこちの校舎に吹き始めた微かな自由の風も、校庭で遊ぶ子どもたちの楽しそうな声も、一九三一（昭和六）年の「満州事変」から長い戦時体制に入るやいなや、すぐに止んだ（石附実他、一九九二）。

同じカタチ、三階建て鉄筋校舎

一九二〇（大正九）年、日本の公立学校で初めての鉄筋コンクリート（RC造）の校舎が、神戸と横浜に建った。明治初期に建築された木造校舎も老朽化し、二三年の関東大震災や昭和初期の相次ぐ台風によって大きな被害を出した。耐震耐火性の強化とともに、都市部への人口集中による敷地の有効活用と収容力の点からも、構造体はRC造の三、四階建て、床、階段、扉等の内装は意匠の施された木製の校舎が建てられたが、戦争の気配が濃くなるにつれ、意匠が省かれ、次には不燃化の徹底によって木が省かれていった。三四（昭和九）年には「学校建築物の営繕《えいぜん》並に保全に対する訓令」が出され、あくまで「標準仕様」の定型化から、北から南「全部同じ」の画一化への道が推し進められることになった。

一九三八年「国家総動員法」、四一年「国民学校令」、「皇国ノ道ニ則リテ……国民ノ基礎的錬成ヲ為ス」ために、貧困によって就学を免除、猶予されていた子どもまでもが全員、「国体ニ基ク施設」＝「学校」に収容された。

一九四五年の「敗戦」。校庭に整列した生徒の前で「鬼畜米英」を叫んでいた校長が、夏休

図４　戦争直後の沖縄の学校（那覇市企画部市史編集室編『那覇百年のあゆみ』1980年より）　日光と雨を避けるだけの屋根の下で机・腰掛けも空箱を利用している。

みが明けると、「でもくらしい」を叫ぶようになり、戦災で焼失した都会の校舎跡地ではキャッチボールが始まった。四六年、「日本国憲法」制定、四七年、教育の機会均等、普通教育の向上と男女差別の撤廃、学制の単純化、学術文化の進展を柱とする「学校教育法」公布。義務教育九年の六・三制、管轄の地方分権化、国定教科書、修身の廃止、国史から社会科の新設、「体錬科」から「体育科」へ、そして保健室、音楽室、図書室ができ、ムシ歯、ツベルクリン、検便などの学校検診や身体検査、パンと脱脂粉乳の学校給食も始まった。戦前戦中の勅語奉読《ちょくごほうどく》の声が響く「皇軍の兵舎」から、健康、発達、民主、平和、科学、子どもの「生活の拠点」となるべく、学校はその姿を大きく変えていった。

校舎の造りも同様に、旧来の木造がRC造に生まれ変わる。発足当時全体の一五％ほどしか独立校舎をもたなかった新制中学校をはじめ、戦後復興とともに幼稚園、小、中、高校の校舎の新築、増築、建替えの建築ラッシュを迎えた。文部省は「日本建築学会」に調査研究を委託し、一九四九年に「RC造の標準設計」、五四年に「鉄骨造JIS規格」を設けた。その結果、同じような形状、色調の「陸屋根箱校舎《りくやねばこごうしゃ》」が日本全土に建てられた。そして高度成長期の真只中の六三年「経済審議会」の「人づくり政策、国民体力強化」の答申、六四年の「東京オリンピック」を契機に、体育館とプールが国庫補助によって次々と設置され、戦後直後にはほぼゼロが、七〇年には全国の中学校の八〇%には体育館、小学校の四〇%にはプールができた。現在ではいずれもの施設がほぼ揃ってきた。なかには館内のバスケットのリングボードやプールの床が、低学年、高学年用と用途に応じてボタン一つで昇降するスグレモノもある。

「新しいカタチ」、希望の空間？

戦後のベビーブームのなか、「多く、安く」の行政と「公共工事」の業者で次々と建てられたRC造校舎。亀裂、雨漏り、歪みとその多くが本来の耐用年数を待たずに寿命を迎え、また過疎化や少子化による統廃合のために、日本の各地で校舎の建替えが始まっている。

「新しい時代へ」を合言葉に、数十台のパソコンが並ぶ「コンピュータールーム」、バイリンガル、英会話のための「視聴覚教室」、花柄の壁紙の「ランチルーム」、ベッド数の増えた「保健室」、予め用意された「学童保育室」、汚れの目立たぬカラー便器の「水洗便所」、安全確保の「監視カメラ」、水はけの良いゴム舗装、人工芝の「校庭」、自然に親しむ「ビオトープ」、そして移動しやすい軽いパイプ脚の机と椅子、一クラス三五名前後だからスペースに余裕はできた。学校は確かに大きく変化してきている。しかし学校の基礎となる教室のカタチ、「四間×五間角、西壁黒板、北廊下の教室」、そしてその教室が羅列された校舎の基本は変わってはいない。明治以来、大正、戦前、戦後そして現在に至るまで変わらずに踏襲されてきた、教師を中心にした一斉画一の授業に対応したカタチである。

「教育、学校の変革」が問われて、随分の時が経った。個性、想像力、思考力に結びつかず、落ちこぼれ、イジメ、不登校、自殺と「子どもの不幸」を生み出してきたこれまでの一斉画一の知識の詰め込み教育にかわって、子ども一人一人の違いに配慮した、あくまでも子どもを中心にした教育の個別化、学習の個性化への転換が求められている。それは個別速度で組まれる学習計画、課題に応じて弾力的に編成される学習集団、大小さまざまなスペースで営まれる学習活動となるが、従来の固定化した学級単位や教室のカタチでは対応しきれないのが、実情である。

「新しいナカミに相応しい新しいカタチを!」、そんな試みが現実のものとなって、日本の各地に「新学校」ができ始めた。天井からの大きなパネルや可動壁で広さを自在に設定できる教室、南面に廊下を兼ねた広いサンデッキ、子どもが使いやすいように配置された教材や機器のラーニングセンター、重い扉の職員室は作らずに各フロアーに職員コーナー、劇場にもなる半円形の階段フロアー、大きな円卓といろいろなデザインの椅子が並ぶランチルーム、清潔さへの自覚と責任のために男女ともに真っ白な便器、ソーラーパネルに床暖房、広いロビー、それに従来の学校のもつ「効率第一」のイメージから脱却を図るために敢えて配置された「無駄な空間」のオープンスペース……。そして構造体もRC造とは限らず、体育館の大屋根のアーチも鉄骨に替わって集成材が使用され、すべて木製の校舎の学校もできている。

学校は子ども、教師、親だけでなく、その地域の住民にとっても関わりのある施設でもある。災害時の避難所となり、時には長期にわたる生活の場所ともなる。地域に開かれた施設、そうした役割や機能を前提に、設計の段階から地域住民も参加して、設計家、教師、行政、業者が討議を重ねて最終プランにたどり着く、というあるべき姿が実現しつつある。しかしせっかく建替えのチャンスを迎えたのに、従来の「標準仕様」で行政と業者だけでタンタンと建てられているのが、現状だ。建築費の坪単価、美術館や博物館は二〇〇万円を超えても、何故か学校は六〇万円。「学校は低コスト」、さらには「格差を生じない平等主義」、いつしかこれらが文部行政の側では動かし難い「常識」となっている（工藤和美、二〇〇四）。

もちろん、新しいカタチが、新しいナカミを保証するものではないし、それが即「子どもの楽園」となるわけでもない。高額の予算と長い時間を費やして「新学校」を建てたのも、新興住宅地の「目玉商品」、あるいは村興《むらおこ》し、地場産業の「広告塔」、わが自治体の「文化都市宣言」のための手段という大人たちの思惑も見え隠れする。そして現実の社会の能力主義に基づく受験競争は依然として激しく、「子どもにはユッタリと」などと、早期決着を目論《もくろん》での競争の低年齢化が起きている。

一九九〇年前後から従来の「詰め込み教育」の見直しが始まり、〇二年には「学校週五日制」が実施され、「総合学習」を核とする「ゆとり教育」への転換が図られた。しかしその後の各種の国際調査によって「日本の子どもの学力低下」が報じられるにつれて、「総合学習」の削減、教科の授業時間の増加を推進する「脱ゆとり教育」への路線変更が、第一次安倍政権の下で、〇七年に着手された。「再生・改革」という名の下、時の政権の思いつきや思いこみで短期間のうちに次々と変更改正される「学習指導要領」。長期の展望に立てないこの国のことだから、すぐに右往左往、方向転換するのだろう。「日の丸、君が代の強制」「検定教科書」「教員の研修検定」「科学よりも先ずは躾《しつけ》」「性教育無用論」「男の子に家庭科は必要か?」「少子化は結婚しない女が増えたからだ」などの粗雑な考え方、乱暴なやり方、戦後教育の指針となった「自由・平等・平和」を理念とする「教育基本法」の改正も、現実の政治課題となってきているように、これが教育をめぐる日本の政治、文部行政の現在だ。どんな新しいカタチ、ナカミであれ、そこがこの国の学校である限り、「新学校」も子どもを選別し、社会の支配的価値や国家のイデオロギーを指導教化する装置であることは免れ得ない。

しかし一世紀以上もの永い間、変わらなかったカタチが、変わったのだ。変革への確かな一歩だ。新しいカタチが旧い習慣を変えて、新しい習慣に導き、新しいナカミを引き出すかもしれない。「遊ぶ、休む、食べる、語る、交わる、そして学ぶ」、この子どもの居場所＝「新学校」が、子どもにとっての「希望の時空」となるか否かは、大人たちがこの新しいカタチから何を学習するか、にかかっている。

二〇一四（平成二六）年度の『文部省統計要覧』では、「不登校（病気以外の理由で年間三〇日以上の欠席数）」は、小学生は二万四〇〇〇人、中学生は九万五〇〇〇人だという。今後「脱学校」をひそかに願う子どもの数はどうなっていくのだろうか。

（石谷二郎）

3　子ども部屋――子どもの目線がつくる空間

子どもによる家作り

「子どもに個室を！」……。住宅購入や家作りの動機として、子ども部屋の確保が不動の第一位を占めるようになったのも、実際に子どもが当たり前のように個室をもつようになったのも、戦後になってからのことだ。

「近代的自我」や「個性」が育たないのは、個室という自分だけの専有空間を子どもに与えないからだというまことしやかなイデオロギー。そしてなによりも個室がないと学校の成績は伸びない、という大人の幻想が「子どもによる家作り」（藤原智美、一九九八）を促し、子ども部屋を急激に普及させてきた。一九六〇年代半ば頃からである。父親の書斎や母親の個室？そんなものはあとまわし。まずは子どもに個室をという「子どもの個室」信仰が、家の中で一番よい部屋を子どもに与える動きを強めていった。

その一方で八〇年代に入る頃から、子ども部屋無用論や個室弊害論を主張する声が高まっていく。子どもの不登校率の上昇や「引きこもり」現象、さらには子ども部屋を舞台とした「事件」の多発が社会問題化し、一転してそれらの原因を子ども部屋に求める言説が登場してくるからである。

「子どもの成長に個室は必要だ、でも親の目がとどくようにしたい」。そうした大人のアンビバレンツな思惑を、かつて今和次郎《こんわじろう》は「子どものプライバシーを尊重する」ために「空間的にはプライベートにしておいて、精神的にはのぞき屋になる」と表現した（今和次郎、一九六九／七二）。プライバシーとは「他者との関係において自己をいかに守り、自己との関係において他者をいかに認めるか」（北浦かほる、二〇〇四）の権利概念であるが、それを空間的にどれほど取り入れようと、他者関係の実質において「上滑り」である限り、子ども部屋が個室の機能を果たし難いことを指摘した意見として、興味深い。しかし、いずれにせよ、子ども部屋をめぐって大人の側の意図ばかりがクローズアップされ、子ども自身にとって子ども部屋がどのような意味を含んだ空間なのかは、今ひとつ明らかではない。

子ども部屋の原風景

子ども部屋（専用コーナーなど準子ども部屋も含む、子どもが自由に使える空間）くらい、世代や年代、地域によってその記憶がくっきりと色分けされるものはない。一九三八（昭和一三）年生まれの、いわば戦後「焼け跡派」の私に、子ども部屋と呼べるような空間があったのだろうか。戦災を免れた我が家には、一応、通学用バッグや本をおく専用スペースとして、玄関に通じる廊下の隅におかれた座り机があった。しかし、宿題をしたり本を読むのは日当たりのよい縁側や茶の間、コタツのある座敷であり、足の向くまま、気の向くまま、狭い家のなかをジプシーのように移り歩いた記憶がある。周囲の遊び仲間を見渡しても、状況は似たり寄ったりであった。

　自分の空間を求めはじめたのは中学校に入学する頃、まだ敗戦の影が色濃く残る一九五〇年前後である。三畳の部屋が与えられたというより、古ダンスや不用品が詰め込まれた物置を自分で整理して勝手に占拠したのは中学二年の頃。ようやく「自分探し」が始まっていた。自分探しが始まると、一人になれる個室がほしくなる。個室という空間を手に入れると、誰にも侵《おか》されたくない「自分」という存在を意識するようになった。この二つが一体化して進んだ。北西向きの部屋は、夏は風通しが悪く、冬は寒い。それでも小さな窓にブルーのカーテンをつるし、カベにアメリカ映画のポスターをはり、本箱にお気に入りの少女雑誌『ひまわり』を並べ、自分の匂《にお》いのするモノを周りにはべらせて自分のテリトリー（領分）に浸っていたことを思い出す。

ささやかなモノを通して、自ら成長していくのに必要な物語を自分の手で編み出そうとしたのかもしれない。苦労して獲得した「わたし」だけの占有空間、自分が選んだモノを通して自分の存在を確認する場所、自分が自由に仕切れる小さな空間。それが、私の記憶に残っている子ども部屋の原風景である。

日本のルーツは勉強部屋

子どもに与えられる空間という「文化的記号」（インゲボルク・ヴェーバー＝ケラーマン、一九九二）は、その時どきの社会が子どもをどうとらえてきたのかを示す一つの指標である。子ども部屋不在の歴史も含めて、子ども部屋の歴史は、その社会の住宅というハードのあり方（建築史）だけでなく、「住まう」というソフトのあり方（家族史や居住史）、さらにいえば、その時代と社会の「子ども観」と深く関わっている。

子どものための独自な空間として、子ども部屋が提案されたのは大正期になってからである。安部《あべ》磯雄《いそお》が著書『子供本位の家庭』のなかで、封建的な家族制度上の「家」に対して平民主義的な「家庭」の重要性を説き、家庭の目的は「家庭全体の幸福を謀《はか》る」ことであり、それに適合するのは夫本位や妻本位ではなく、それをもっとも必要とする子ども本位の家庭だ、と主張したのは一九一七（大正六）年のことである（安部磯雄、一九一七／一九八九）。子どもを一個の人格として認め、生活する権利を保障しようという大正デモクラシーの、住まいにおける具体的目標の一つが子ども部屋の提案だった。住宅改善のテーマとして、それまでの「接客本位、家長本位」から「家族本位、子ども本位」への空間の充実と整備が唱えられ、大正文化住宅という新しい居住スタイルが提案された。

とくにこの時期、新中間層のための「中廊下型住宅様式」と呼ばれる住宅が、大都市を中心に普及し始める。それは、家の真ん中を貫く廊下によって各部屋に独立性が与えられ、玄関からまっすぐ行ける応接間、いいかえれば住宅内部の公的空間と私的空間が分離される点に特徴をもつ、新しい居住スタイルである。それ以前の日本家屋が、畳敷きの部屋と部屋でつながれ、主にふすまで仕切られているだけだったのに対して、それは欧米的な個人主義思想の日本社会への移入の一つの表れとみることができる。中廊下によって独立性が与えられた部屋の一つが、やがて個人のための個室、子どものための専用室になっていくのである。

子ども部屋の提案は、大正デモクラシーの影響だけではない。それは新たな子ども観の登場を告げる文化的記号でもあった。それまで単なる養育の対象としての子どもが、意図的に「教育される対象」として新しく理解され始めた大正という時代……。子どもに特別な関心が払われなかった時代に、子ども部屋など問題にはなりえなかった。

第一次世界大戦後、産業化の急速な展開とともに、企業や行政組織のなかで管理的業務や専門職を担う俸給生活者が多数生み出された。これら新中間層に特徴的な性別分業型の近代家族の出現と広がりは、家政と子どもの教育に関心をむける専業の母を生み出し、子どもの扱いをそれまでの社会とは大きく変えていく社会心理の素地をつくった。子どもの教育的成功を重視し、その教育環境の整備に細心の関心を払う親（母親）の登場である。彼女らの教育意識は、家庭教育と学校教育とを一つながりのもの、というより家庭教育は学校教育を補完するものとみなす点に大きな特徴がある（小山静子、二〇〇二）。それは、中等教育への進学者が増加し、受験勉強が一般化したのが大正期であることからも知られる。

一九二〇（大正九）年から二四（大正一三）年の五年間をとっても、中学校への入学者が一・五倍、高等女学校への入学者は二・〇倍に急増している（『文部省年報第56年報』一九二九年／深谷昌志、一九九六）。こうした意図的な教育の対象としての子どもの発見は、子ども部屋＝勉強部屋という新しい居住領域を生み出す大きな力となったとみてよい。

教育する母の出現

この時期における新中間層の「教育する母」と勉強部屋について、子どもの視点から描いた作品に、作家・井上靖の『しろばんば』（一九六二年）がある。一九〇七（明治四〇）年生まれの井上が自分の五歳から一三歳までを描いた自伝的作品である。主人公の洪作は五歳の時から両親のもとを離れて、おぬい婆《ばあ》さんと天城《あまぎ》山麓《さんろく》の村の土蔵《どぞう》のなかで暮している。おぬい婆さんは、かつて曾祖父《そうそふ》の妾であったが、事情があって戸籍上は祖母となっている。洪作の両親は軍医である父の任地、豊橋《とよはし》に住んでいる。母の出産（洪作の妹）をきっかけに洪作はおぬい婆さんに預けられたのだ。たまにあえば「勉強していますか」「なにごともしっかりね」が口癖の母の指図で、土蔵の二階の窓際に机が置かれ、勉強コーナーがつくられた。

両親宛に出した洪作の手紙を取り出して「嘘字《うそじ》や文章のおかしなところを直してあります。あとでよく見ておきなさい」と説く母。対照的に五年生になって中学の入学試験を意識しはじめる洪作に、「あまり勉強せんとき、体がもとじゃ」「洪ちゃ、遊んでおいで。そんなに精出して勉強ばかりせんでもええが」と声をかけるおぬい婆さん。そのおぬい婆さんとの堅い「同盟関係」のもとで、洪作は母の干渉をうまくかわし、集落の仲間と心置きなく遊ぶことができた。

しかし、両親が住む豊橋では、そうはいかない。学校の休暇に豊橋の親のもとを訪ねた翌日にはもう、母の命令で奥の個室で午前中二時間ずつ学校の勉強を「させられた」。六時に起床、七時に朝食、七時半に父を玄関で送り出すと、すぐに洪作は机にむかう。急ごしらえでしつらえられた勉強部屋も机も身体になじまず、長居のできる自分の空間にはならなかった。洪作にとって勉強部屋は母の監視下にある拘束空間であり、「解放される」九時半が待ち遠しかった。

一九〇二（明治三五）年、福井県坂井郡高椋《たかぼこ》村の自作農（旧中間層）の次男として生まれ、井上靖とほぼ同じ一九一〇年代に子ども時代を送った中野《なかの》重治《しげはる》も、尋常小学校の一年生から中学入学までの幼少年時を素材にした自伝小説『梨の花』のなかで、自分の机、自分の部屋についてふれている（一九五七年）。旧中間層の彼の家には、自分の机というものはなかった。小さな箱のような机が一つあるにはあったが、家中、だれでもが使うから、自分専用ではない。本箱もないし部屋もない。だから気の向くままにどこででも本を読む。そんな彼に、母は「あんまり本ばっかかし読みなんや……」と声をかける。その彼が、自分の机、自分の専用空間を初めて意識したのは小学校高学年の頃である。金沢《かなざわ》の高等学校に通う兄が送ってくれた『読書法』という本のなかに、「少年読書」というタイトル付きの写真を見つけたのだ。かすりの着物を着た自分と同じ年頃の子どもが机の上で頬杖《ほおづえ》をして本を読んでいる。そこには、自分にはない「机」と空間がある。机に「頬杖をして」だれにも邪魔されないで読書に浸《ひた》ることのできる部屋、読書を通して自己とむきあえる空間。中野にとって自分の部屋とは、そうした憧れの読書空間だった。

西欧のルーツは生活拠点

自分の部屋をもつことができたのは、中産階級といっても新中間層の子どもにかぎられ、しかも、子ども部屋が他でもない学習机に代表される勉強部屋として始まったという事実は、日本社会に独自な現象として興味深い。そこには子どもの社会化における自立と「プライバシー」とを関連づけた、個室としての子ども部屋という発想はない。

家族史・児童史の専門家、インゲボルク・ヴェーバー＝ケラーマンによると、西欧社会での子ども部屋は中産階級の子どものための「寝室」として一九世紀に誕生した。より具体的にいえば、一八世紀以降の「子どもの発見」（フィリップ・アリエス）に促されて、西欧の中産階級以上の家庭で、子どもから老人、奉公人もひっくるめて起居・生計を共にする従来の居住方式に「子ども独自の空間を」という動きが生まれた。子どもの生活時間が大人のそれによって乱されないためである。さらに子どもの願望や欲求、興味など子どもの「発達」への関心が増すにつれて、子ども部屋は単なる寝るための部屋からおもちゃのある「遊び」の空間へ、さらには子どもの「自立」の達成に必要な空間（一人で考えるための場所、他人の侵入から自分を守る場所、行動を選択できる場所、自分で管理する場所）へと発展していく（インゲボルク・ヴェーバー＝ケラーマン、一九九一／一九九六）。つまり、子ども部屋は「小さな住民」の自立を促す空間として、いいかえれば生活拠点として展開していくのであり、日本のように勉強部屋として始まったのではない。

もう一つ重要なのは、日本社会で子ども部屋をもつことができたのは、上級学校への進学が約束されるごく限られた中産階級以上の子どもたちだけという点である。もの心がつくかつかない頃から子守や使い走り、農作業、家事の手伝いなど労働過程に組み込まれ、遊びと学習の時間を奪われた圧倒的多数の子どもたちにとって、子ども部屋など夢のまた夢であった（小川太郎、一九五二／宮本常一、一九六九）。農家を中心とした大多数の家庭にとって、子ども部屋の不在は戦後の高度成長期までつづいた。

子ども部屋はからっぽ？

敗戦後の経済的貧窮のなかで、子ども部屋への要求は影を潜めていた。敗戦後の一室一灯、その一灯のもとに七、八人もの家族が布団を重ねるように寝ていた、厳しい子どもの住環境では、それは夢に等しかった。しかし、アメリカ型の民主主義と個の自立を重視する思潮が浸透するなか、一九五〇（昭和二五）年頃から西山《にしやま》夘三《ぞう》らによって子ども部屋の研究が始まった。

西山らの調査によれば、一九五〇年当時の一般の住まい（戦災にあっていない京都・金沢・奈良の地方都市）二〇五六世帯のうち、子ども部屋として独立しているのは三〇％、他の用途にも兼用されるもの一八％、場所だけがきめられているものが三〇％を占めていた。戦災にあわなかった都市部の住宅では、大半の家庭が何らかの形で子どものための空間を設けていたことがわかる。また、西山は子ども部屋に対する親の意識についてもふれ、「家族の公室に対する私室の確立」という近代主義的発想より、「勉強部屋＝子ども室」という形で、「家族生活全体から子どもの場所を隔離したいという傾向が強い」とも指摘している（西山夘三、一九五九）。子どもたちにとって、子ども部屋とは自分たちを居間の家庭的な空間から「勉強部屋」へと追い払う、親の教育意識を体現するものであった。こうした勉強部屋から始まる子ども部屋の伝統は、戦後も引き継がれていく。

ただし、子ども部屋を与えられた子どもたちがそこにどれだけ留まり、「勉強」していたかは疑わしい。札幌市北九条小学校は、一九五四年に子どもたちの生活調査を行っているが、家庭学習を「毎日する」子どもは六〇％、それも時間にしてせいぜい「三〇分くらい」の子どもが三六％を占めていた。一方、映画が好きな子どもは四九％、三六％の子どもが「月一、二回」映画をみている。紙芝居の好きな子どもは二九％。紙芝居を見るのを「喜んで許す」親は一七％、逆にはっきり禁止する親は少ない（深谷昌志、一九九六）。

こうした数値をみるかぎり、子どもたちの生活は「のんびりしてい」た。新教育にともなう子ども中心的な考え方の導入により、農作業や家事の手伝いから解放される一方で、能力と成績の向上を目指して「がんばる」という業績主義的文化は未だ強まっていなかった。子ども部屋があってもそこに留まる時間は短かったとみてよい。高度成長への離陸以前の五〇年前後は、子どもたちが「のどかに」子ども期をすごすことのできた「束の間」の時代といえるかも知れない。

食寝分離と就寝分離

「もはや戦後ではない」と経済白書が高らかにうたったのは一九五六（昭和三一）年。その前年に日本住宅公団が発足し、ようやく日本の住宅の「戦後」がスタートした。明治末期から大正期にかけて誕生した近代家族が急速に一般化しはじめたこの時期、公団住宅の間取り第一号ともいうべき「2DK」スタイルが登場する。それは、五人家族、一三坪という厳しい制約から、いわば苦肉《くにく》の策として生み出された居住スタイルであった。しかし、それは同時に、畳敷き六畳間と四畳半は寝室、食事はDKという「食寝分離」を、さらには四畳半の子ども部屋につながっていく親たちとの「就寝分離」という欧米の近代的な概念を、生活のなかに持ち込むうえで一定の役割を果たした。この2DKが、六〇年代から七〇年代への「豊かな」社会の到来とともに、2LDKや3LDKという居間中心型居住スタイルへ移行していくのである。

LDK、いいかえればリビングルーム中心の住宅の提唱は、今和次郎によれば、一七世紀のクエーカー（プロテスタントの一派）信徒の「人類はすべて兄弟姉妹」という主張を具現化したものである。「兄弟姉妹のために特別な客間や、客を招ずる食堂などは必要でない」のだ、と（今和次郎、一九六九／七二）。欧米社会の一般家庭でのリビングルームは、家族にとっての居間であり、同時に客にとってもオープンスペースとしての半公共的な位置を占めていた。LDK

居住方式が日本社会に導入されたとき、そうした公私の行き交う境界空間という発想は、日本人にとって無縁のものだった。狭いスペースをいかに広く使うかを至上命題とする当時の日本人にとって、「LDK」ほど便利な空間はなかったろう。一つの空間で料理も食事も家族団らんも接客もできるのだから。こうして2LDK、3LDKという居住形式が広まり、さらにLDKの間取りの構成が、核家族の各成員に個室化を促すまでに普及していく。この個室化が、六〇年代から七〇年代にかけての子ども部屋の確立期を用意するのである。

そして子ども部屋の確立は、同時に納戸、物置、仏壇の間、階段の奥、廊下の隅、縁の下、屋根裏といった、それまでの住まいにあった闇や暗がりを喪失《そうしつ》させた。それは、子どもたちにとって「大人のコントロール」の及ばない「もぐりこみ空間」の喪失を、いわば子どもが最初につくる「自立」世界としての「秘密基地の喪失」を意味するものでもあった（藤原智美、二〇〇三）。

ベビーブーマー世代の戦略

子ども部屋は、戦後のベビーブーム期生まれ（一九四七〜四九年）の子どもたちが一斉に中学ないし高校への進学期を迎える一九六〇（昭和三五）年頃から、急速に一般化していく。すでにふれたが、それまで子どものための専用部屋は、限られた階層だけの一種の「特権」だった。

狭義の子ども部屋、いいかえれば親にしつらえてもらった子ども部屋を当然のことのように与えられるようになったのは、ベビーブーマー世代からである。

ベビーブーマー世代が育った一九五〇年代から六〇年代は、農村から職を求める人びとの都市部への大移動が起こり、日本社会が自営業中心から勤労者中心の社会へと変わっていく大きな転換期であった。団塊世代が生まれてから成人するまでの二〇年間に、自営業就業者の比率は約三分の二（一九五〇年—六〇％）から三分の一（一九七〇年—三五％）に激減し、企業に雇用される勤労者＝サラリーマンが就業者総数の三分の二を占めるに至った（総理府『労働力調査』各年度）。ベビーブーマー世代は、「大きくなったらサラリーマン」を当然のことと考えるようになった最初の世代である。親から引き継ぐ家業や家産をもたないサラリーマンにとって、職業につく手段は学歴しかない。六〇年代に入る頃から、しだいに子どもの生活領域に浸透しはじめた「学校的まなざし」（学校の成績、それも主要科目の成績によって「出来のよい子と悪い子」とを振り分けていく視線）のもとで、子ども部屋への要望は急速に高まっていく。ただし、きょうだいの多いベビーブーマー世代（一九四七年の合計特殊出生率—四・五四。厚生省『人口動態統計』）にとって、子ども部屋といえば聞こえはよいが、きょうだい共用の、畳敷きの多段式ベッドの「かいこ」部屋というのが実態だった。

また、この時期、子ども部屋がつくられていくのは、必ずしも子どものためだけではなかった。テレビの受信契約台数が一〇〇〇万台に達し、二世帯に一軒の比率で普及したのが一九六二年（ベビーブーマーが一一～一四歳頃）。一九六九年頃までにほとんどの家庭の食卓風景に、テレビが入り込む（経済企画庁『国民生活白書』各年度）。受験勉強にはテレビの音に邪魔されない空間が必要とされる。他に娯楽の少ない当時、仕事が終ったあとのテレビ視聴のひとときは、親にとって貴重な活力源であった。子ども部屋を設けるのは、テレビをみたい大人が子どもを「追い払う」騒音対策の一環でもあり、大人・子ども双方による生活防衛から生まれた戦略といってよい。

では、ベビーブーマー世代は、親がしつらえたその勉強部屋で「勉強」に専念したのだろうか。今は六〇歳代の後半になったこの世代は、路地や道路の遊び、紙芝居の終焉に立ち会った世代であり、塾通いの第一世代でもあった。教育界では全国一斉学力テスト（一九六一～六四年）が実施されていた。六〇年代のはじめ、川崎市の臨海工業地帯に近い小学校の卒業生は、当時はやった「五万節《ごまんぶし》」（ハナ肇とクレージーキャッツ）の替え歌を歌って去っていった。「おぎゃあと生まれて一二年／今じゃ小学六年生／テストテストのあけくれで／とった〇点が五万枚」。受験体制ということばが広まり始めたといえ、「いくらかヤケ気味にサラリーマンのカラ元気を歌った元歌（「学校出てから十余年、今じゃ……」）よりもパンチが利」いている（村田栄一、一九八四）。少なくとも六〇年代半ばまでは、自分のおかれた状況をハスにみて歌い飛ばすゆとりが、子どもの世界にはまだ残されていたのである。

それを裏うちするように、私がヒアリングしたベビーブーマー世代には、子ども部屋に閉《と》じこもっていさえすれば勉強していると思って安心している親の目をかいくぐって、「勉強」以外の多機能的空間として子ども部屋を活用し、楽しんでいた形跡がある。というより、平均して四人か五人の子どもを育てるベビーブーマー世代の母親は、家事が電化によって省力化される直前の、また経済的にも「豊か」とはいえない暮らしのなかで家事労働に追われ、「教育ママ」になれる「ゆとり」はまだもてなかったのである。

「個室―居間―コミュニティ」の三項関係

第一に、ベビーブーマー世代が子どもの頃（一九五〇年代）の日本の家族は、ある種の「安定」を保っており、家族内コミュニケーションと、子どもが好きなときに「一人でいられる」個室文化とのバランスがとれていた。その多くが大正から昭和初期生まれのこの世代の親の家庭におけるしつけは、戦前的な家父長的・良妻賢母的価値観を部分的に引き継いでいた。経済の高度成長が始まったとはいえ、朝食も夕食も家族全員がそろう食卓は、まだ十分にリアリティをもつ風景であった。食卓や居間での家族団欒を求める心情と、自分の部屋をもちたいという欲求とが、子どものなかで矛盾なく接合されていたことが、この世代の聞き書きから読みとれる。

第二に、子ども部屋はなによりもモノの収集と保管の場所だった。集めたモノはプラモデル、古切手やコイン、ミニチュアカー、プラスティック製の小さい乗り物玩具《がんぐ》やお菓子メーカーのオマケ、幕内全力士のメンコ、野球選手やテレビ人気漫画のキャラクターのシールやワッペン、チョコレートの包み紙など。それらを整理して机の引き出しや箱にしまったり、幕内力士を部屋別や番付順に入れ替えたり、アルバムに張ったり、やることは沢山あった。

モノがむやみに子ども部屋に入り込んだのではなく、選択的に取り入れられていた点が重要である。そこにモノの交換価値が介入する余地はなかった。こうした子どもたちの収集熱を、多くの親が評価したわけではない。子どもにとって集めたモノが彼らの「分身」であることさえわかっていない。何週間もの小遣いをためてやっとの思いで手に入れた収集物に敬意を払うどころか、子どもの留守に捨ててしまう親さえいた。「今もって、あの悔しさは忘れることができない」（著者の「聞き書き」）。子ども部屋とは、市場を支配する交換価値から解放され、子どもが自分の分身であるモノと戯れる暮らしの化合物の場、夢のアマルガム空間の別名であった。そうしたモノの収集と保管場所としての子ども部屋の伝統は今もつづいている。

第三に、子ども部屋は、当時人気を集めたマンガ（『鉄腕アトム』『鉄人28号』『オバケのQ太郎』など）や少年・少女漫画雑誌をもって仲間が集まってくる、読書をかねた社交空間、いわば

「子どもサロン」(仲間社会)だった。「学校から帰って、おふくろの〝明日のテストは?〟という言葉を追い払うようにカバンを放り投げると、友だちの家の前に立ち、〝遊ぼう〟と声をかける。今のように前もって約束をとって遊ぶとか、〝遊べる?〟なんて聞くなど、やぼなことなどしなかった」と、あるベビーブーマーはいう。当時はまだ仲間同士で漫画や雑誌の貸し借りが盛んに行われていた。手ごわい仲間と貸し借りするにはそれ相応の戦略を必要とする。その過程で仲間関係の厳しさと楽しさを体得することができた。

地域差はあるが、六〇年代半ば頃までは、隣近所の家庭と家庭の間での「おすそわけ」の慣習や、洋服のお下がりのやりとりも残っており、地域のコミュニティは健在であった。地域の教育機能の中核として、学校や教師への信頼も大きく、子どもたちの不登校率がもっとも低い時代であった。そこでは、子ども部屋文化がコミュニティ文化とも直結していたのである。

個性や自我は、他者のいない個室や閉ざされた空間で自動的に育つのではなく、他者の集ってくる公的空間との往復運動のなかで育まれる。「外部」の世界に子どもたちが居場所をもてた時代は、同時に子ども部屋がもっとも活況を呈《てい》した時代というべきかもしれない。

部屋から「城」へ

一九七〇年代は、日本の住まいにリビングルームがゆき渡り、一般家庭に電話のある風景が定着した時代である。一方、都市化と郊外化がすすむなかで従来のコミュニティがくずれ、近隣とのつきあいや「おすそわけ」の慣習も消滅していく。それぞれの家族が地域社会から閉ざされていくとともに、電話機やテレビによって外部の情報社会とつながっていく。それは一九六七（昭和四二）年に誕生した「リカちゃんハウス」（暖炉付き応接間のみ）が、一九七一年には応接間、子ども部屋、ベッドルーム、ダイニングキッチンの四室を備えた「リカちゃんマンション」へ、一九七七年にはさらにモノがあふれる3ＬＤＫの「リカちゃんニューマンション」へと急速に格上げされていく時代でもあった（増淵宗一、一九八七）。そのニューマンションにはベッド付き子ども部屋と電話機が備えられていた。現在の子ども部屋の原型をそこにみることができる（藤原智美、一九九八）。六畳一間に親子がひしめくように暮していたバラック住宅から、ベッドのある洋間の子ども部屋という新しい空間が全国各地の家庭に誕生するまでに、約二〇年の時の経過と所得の増加が必要だったのである。

それを裏打ちするデータがある。千葉大学工学部の服部岑生《はっとりみねき》研究室が一九七五年から七九年にかけて、「住宅の近代化」を主題に、東京、千葉、神奈川、静岡、秋田などで調査した結果によると、①家族の個室化傾向が進行し、②「必要な部屋」として、かつて第一位を占めてきた客間が姿を消し、代わって子ども部屋が浮上し、③食事室・子ども部屋の「洋間化」（九〇％以上）がすすんでいた。住宅の間取りは個室をつなぐ形式に人気があり、どんな狭い住宅でも、子どもの個室（洋間）が優先され、その傾向が地方まで浸透していた（前田尚美、一九八五）。子ども中心という近代家族のライフスタイルの定着である。

興味深いのは、子ども部屋を与えられる時期が年々、低年齢化していった点である。ベビーブーマー世代の多くは、小学校高学年から中学校入学時までに自分の個室を与えられていた。一九七九年に日本青少年研究所が日本、アメリカ、イギリス、イラン、フィリピン、シンガポールの小学生を対象に実施した「国際児童調査」によれば、日本の小学生の七六％が自分の個室をもっており、その比率はアメリカをはじめとするどの国よりも高い（千石保・飯長喜一郎、一九七九）。当時、「ウサギ小屋」並みと揶揄された日本の住宅事情からすれば、小学生ですでに個室の保有率八割という数字は外国人の目には奇異に映ったことだろう。

図５　リカちゃんマンションの洋間（増淵宗一著『リカちゃんの少女フシギ学』新潮社，1987年より）

一九八三（昭和五八）年、東京、千葉、埼玉、茨城の小学四・五・六年生（一六三四名）を対

象にした調査によると、子ども部屋を与えられる時期は小学校に入学した時期が四八%ともっとも多くなっている。その子ども部屋にあるものは、クーラー二九%、セントラルヒーティング一〇%、ラジカセ三四%、ベッド四五%、ステレオ一二%、テレビ二〇%、双眼鏡一四%、ピアノ八%など、設備や持ち物も飛躍的に「向上」した（『モノグラフ・小学生ナウ』四―一、一九八四）。それは、「部屋」というより「城」に近い。一九六七年、「リカちゃんハウス」が誕生して以来、少女たちの多くが夢見た「洋間」の子ども部屋と、その空間を彩るさまざまなモノが、現実のものになったのである。

一方、その立派な「城」を、子どもが自分で掃除するのはわずか九%、「たいてい子どもがする」を合わせても三分の一でしかない。こうして母親の世話型管理下にある子ども部屋で、カギのかかる部屋はわずか一九%、ノックをせずに子ども部屋に入る親も八割にのぼった。そこでは子ども部屋は個室としての機能を果たしていない。期待さえ、されていないのである。

家出から「部屋入り」へ

子ども部屋が約八割の家庭に普及した一九八〇年代、子ども部屋批判の火の手があがる。『子ども白書　一九八〇年版』（羽仁説子編、草土文化）での子ども部屋批判につづき、一九八三（昭和五八）年、住宅メーカーの出資による住まい文化キャンペーン推進委員会が子ども部屋に関する調査を実施して、子ども部屋は親とのふれあいやコミュニケーションを奪い、そのために消極的・依存的性格を育て易いという結果を公表した。それを契機に、子ども部屋無用論とでもいうべき論調が勢いを増す。それまでにも今和次郎の「子ども部屋不要論」（今和次郎、一九六九／七二）などがあった。しかし、この時期にその声が突如高まってきたのは、当時、自閉症や不登校、さらには「ひきこもり」現象が社会問題視されはじめ、それらの原因を子ども部屋に求める言説が勢いを増し始めたからである。子ども部屋が外部の緊張から逃避し、ひいては閉じこもる「アジール」や「シェルター」の役割を果たしている点が批判の的になったのである。

さらに一九八九年に起こった「女子高校生監禁、コンクリート詰殺人事件」は、カギをかけて親を入れない密閉空間としての子ども部屋の問題性に人びとを注目させた。東京の足立区に住む少年四人が女子高校生を一ヵ月以上監禁し、暴行を加えて殺害した事件である。女子高校生がコンクリート詰めされたドラム缶は、「〝住居〟が事件として露出してきたことを告げ」る記号であり、「露出したのは女子高生が監禁されたヘヤ、つまり子ども部屋」である（米沢慧、一九九〇）。一戸建ての家の一階に両親が住み、二階に事件の犯人である少年が住んでいた。親と子をつなぐ心理的「階段」はすでに切断され、監禁中も家族は二階で何が起こっているかに気付かなかったという。そのあと、「幼女連続殺人事件」「目黒区両親、祖母殺人事件」など、一〇代から二〇代の個室を舞台とした事件がつづく。

詩人の寺山修司が「母をすてよ」と少年少女世代に「家出のすすめ」を説いたのは、高度成長期の暮《く》れ方《がた》であった。「僕の家には仏壇も暗い田もありません。それに世間一般の親とちがって家の親は特別に理解があるから、家出する必要もないのです」と話す「孝行息子」に、寺山は迫った。自分の家に対する批判も絶望もなくて、何が青春の自己確認だ、と（寺山修司、一九七二）。この時点ですでに寺山が、平成の世（九〇年代）の「家出」の困難さを、「家出」がもはや個室に閉じこもる「自分の部屋入り」でしかありえなくなった状況を、明確に見通していたことに気付かされる。

子どもたちのコミュニケーションの貧しさや「外部」の世界への無関心、少年犯罪の増加の原因を、子ども部屋や個室の存在に求めるのはあまりにも短絡的である。むしろ、その因果関係は逆だと理解した方がよいだろう。なぜなら子ども部屋をめぐる現象や事件は、子どもの社会化のエージェント（家族や学校、地域やメディア環境など）の変化とその問題性を映すものであり、子ども部屋は単にそれを表徴する記号にすぎないからだ。

家族関係を映す鏡

子ども部屋無用論が勢いを増した一九八〇年代は、日本経済の未曽有の繁栄のなかで、それを支える役割を果たしてきた、心情的安定の基盤としての近代家族がさまざまなゆらぎを経験し、人々の切実な関心を引きつけ始めた時期でもある。それまでゆるぎないものと思われていた男と女、夫と妻、親と子、個人と家族、家族と国家との間の「秩序」がくずれはじめたことへの不安。子ども部屋をめぐる問題と、家族の危機や崩壊を声高に唱える論調とは、その基底において連動するものであったといってよいだろう。

一九八三（昭和五八）年の映画『家族ゲーム』（監督・森田芳光）は、ベビーブーマー世代が親となった家族の風景を象徴的に描いた作品である。舞台は夫婦と受験期の子どもからなる、典型的なサラリーマンの都市家族の家庭。かつて夫婦を固く結びつけたのは、結婚のあるべき姿としての「恋愛」だった。しかし、その結婚生活は、夫と妻の対等性の深まりの過程ではなく、結婚という制度と性別分業を基盤に物質的な安定をめざすものに変容してしまっている。この家族を辛うじて結び付けているのは、今では子どもの受験を契機に外部からやってきた家庭教師という、家族にとっての異人＝ヨソ者である。２ＤＫの住居は「城」と化した子ども部屋で占有され、夫婦の寝室は後景に退いている。家族が囲むヨコ並びの食卓は、夫婦から親子へという家族の「成長」、いいかえればファミリーサイクルの展開が生み出した居住スタイルである。そしてそれが、家族の親密性を深める空間にはならなかったことを鮮やかに映し出す（米沢慧、一九九〇）。

確かに子ども部屋の向こう側に家族の顔が見え、学校や地域の顔があらわれ、ついで社会の支配的な文化が二重映し三重映しになり、ひとつながりの世界をつくっている。しかし、それはあくまでも大人の目からみた子ども部屋の姿である。子どもの目からみるとき、子ども部屋のありようは予想以上に健康的だという現実が、いくつかの研究で明らかにされている。

子どもの目線がつくる容器

その一つ、東京都内の小学校五・六年生を対象に一九八〇年に実施した小川信子らの調査結果は、次の点で示唆的である（小川信子、一九九二）。

第一に、平日、子ども部屋で過ごす時間は平均六四分（家庭で過ごす時間の四分の一）にすぎない。一日の多くの時間を費やす生活拠点は居間や茶の間、寝室となっており、これらの生活拠点と子ども部屋を行き来しながら学習や遊び、テレビ視聴などを行う、行為の自在性、場の流動性が特徴的である。つまり、子どもは思ったより子ども部屋に閉じこもっていないし、カギのかかる部屋は少ない。第二に、子ども部屋を「好き」かどうかの回答は大きく二分される。子ども部屋への帰属感は、部屋の利用やデザインを子ども自身が「生き生きと書き込むことのできるしつらえがなされる」時に高くなる（図6）。第三に、子ども部屋のある子どもとない子どもを比べた場合、子ども部屋のない子どもはテレビのある茶の間的な空間への強い帰属を

図６　Ｔ君（６年男子）の描いた「ぼくのへや」（小川信子編『子どもと住まい』勁草書房，1991年より）

示す。対照的に、子ども部屋のある子どもは茶の間的な部屋を好む一方で、自分の部屋への関心を強める傾向がみられる。つまり、住まいに対する子どもの関心がテレビというモノから空間へ、家族が集ってくる部屋から自分ひとりの空間へと移行していく過程で、個室としての子ども部屋は意味をもつ。それは同時に、子どもの発達段階・成長段階に合わせて子どものための空間のありようが変わっていくことを意味する。

親からの自立を発達課題とし、また実際に自分の生活領域を押し広げていこうとするこの時期の子どもたちにとって、子ども部屋は必要不可欠だとするこの調査の結論は、それ以降の研究によっても確認されている（北浦かほる、二〇〇四）。

しかし、この調査の結果で見逃せないのは、「豊かな子ども天国」といわれる今も、子ども部屋はもちろん他の部屋と兼用の準子ども部屋も「ない」子どもが二割を占めている事実であり、子ども部屋の「ある」「なし」が、家族数や、子どもや家族の意思ではなく、単純に居室数（子ども部屋「あり」の世帯＝平均居室数三・七四室＞二・五八室＝子ども部屋「なし」の世帯）が少ないという物理的条件に規定されている点である。子ども部屋を「与えすぎ」てはいないのだ。腹が立ったり悲しいとき、あるいは一人になりたいとき、閉じこもれる空間のない方が問題ではないのか。一連の研究で明らかにされた、子どもの社会化に果たす子ども部屋の重要性は、逆に今も子ども部屋をもてないでいる多くの子どもたちにとって、何が問題なのかという疑問へと私たちを誘う。それはまた、一人で閉じこもれないような子ども部屋なら何のための子ども部屋か、という子ども部屋不要論への問いかけでもある。

いずれにせよ、子ども部屋は子どもがそこから出て大人の部屋へと移行するための、「中継ぎ」の部屋ではない。子どもの目線がつくる子ども部屋のあり方を求めて、私たちの模索は続けられるのだろう。

（天野正子）

4　学習机——机に向かう人

希望の春

季節ごとの「旬の商品」がある。正月気分も抜ける頃になると、この春に新入生となる親子に向けた「学用品」の新聞広告が増えてくる。この商戦の皮切りとなるのが、「学習机」である。前年の秋口に注文を受けて年内納入が第一期だが、売り場の最盛期は一月となるらしい。メーカーや販売店が違っても店頭に並ぶ姿かたちはいずれも似通って、「謳い文句」は共通の「マルチ・ファンクション」。ツルツルに光る天板、本立て書棚、小物の文具を仕切るトレイの付いた、プリントがファイルしやすそうな引き出し、調光式蛍光灯、電動鉛筆削り、ペン立て、時間割表、時計、温度湿度計、カレンダー、増設コンセント、選べる絵柄のデスクマット、そして成長に合わせて高低を調節できるガス圧昇降式回転椅子と、なるほど多機能である。もちろん、この世の原則どおりに値段に応じてピンからキリまであるが、一応一揃いで平均価格は八万円前後。最近では「パソコン一人一台の時代」なのか、ツインデスク仕様も多い。見栄えのするように天板や引き出し前面には「天然ムク板材使用」やアレルギー対策として「自然塗料使用」を謳うモノもあり、また上部にはベッド、その下に机や収納家具が置けるようなトータルなシステムとなったモノも用意されている。

売り場で楽しそうにアレコレと使い勝手を試す親子連れにも、いろいろあるらしい。祖父母たちや親戚連れ立っての大勢一組もあれば、一人で来店し、吟味もせずに一見して「コレ」と即決する母親もいる。「コチラにしたら」と高額な方を勧める親に、「我が家の台所事情」を知ってなのか、それとも肩にかかる重圧を少しでも軽くするためにか、「アレでいいよ」と安い方を指差す子。デラックスの方にしがみつき「絶対コレ！」と言い張るガキに、「毎日机に向かうのヨ！　ホントに約束デキル？　勉強してエライ人になれる？」と、我が子である限り自分の血が半分流れていることも忘れて、そう確かめる親。

「カタログからもお取り寄せできます。大体高い方から品切れになりますので、この品物なら在庫もあります。正しい座面の高さは身長の四分の一、足が地につかないブラサガリの状態では太ももの裏の血流量が少なくなってしまいます。つまり頭への血のメグリも悪くなるんです。机と足の間にこぶし一つが入る位が理想的、そう、コチラの方ですと微調整ができます。何しろお子様にとっての大事な学習用品、長い間毎日使われるモノですから。もっとも、高額の方をお買いになられたからといって成績の方は保証しかねますが……ハイッ、ではこちらのデラックスの方をお買い上げということで、ところでランドセルはもう御購入済みで？　それなら私どもの〝天使のはね〟シリーズを御覧下されば……あっ、いらっしゃいませ」と、応対に忙しいベテラン販売員。それでも「年々暇になって行きます。売り場の割り当ても年ごとに縮小しています。もちろん売り上げも、こういう少子化の時代ですから、ネット販売とかリサイクルとかがありますからね」。そうらしい。

どこの家でも「幸せ家族」の絶頂期は、ちょうどこの頃だ。後は家族の歴史が積み重なるほど、親は子の、子は親の、互いに「正体視たり」、失望、絶望、ヨソのお宅を羨望と、我が家の希望は下降線をたどる一方となるのは確かなのだが。今しかないか、「家族であること」を楽しむのは。

つくゑ、几、机、案、机案

日本語「つくえ」は「食器を載せる台」を意味する「つくすゑ・杯居」に由来するコトバ。漢字では「几、机、案」となり、「几」は両端に足のある台、「机」は木製の台、そして「案」はもともと食盤用の足のあるもの（足のないものは「槃《はん》」）を指し、関連する用語の「事案、考案、案件、案内……」は、いずれも「案」の上でよく考えられ、先例、前例に通ずる意となる（白川静、一九八四)。

『古事記』や『日本書紀』には大陸からの使者が天皇に奉上した国書が置かれた「机」がよく登場する。おもに文書などを置く「文机《ふづくえ》」だが、飲食用、神祭の儀式用などの「百取机《ももとりのつくえ》」「白木《しらき》八足机《はっそくづくえ》」「黒木(樹皮つき)机」もあり、用途に応じた足の高さの「高机《たかつくえ》や低机」、天板の大きさが違う「小机や長机」と種々のモノがあったようだ(物集高見、一九一六)。やがて平安時代に入ると、筆や硯石などの文具、花器、洗面道具などを置く机、書や絵などの手習い用の机、脇息用《きょうそくよう》の机などが貴族の身近な生活調度品となったが、一般庶民の生活に机が定着するのは、江戸期以降のことだ。

　文月《ふみづき》七日の日、一年の埃《ちり》に埋もれし金あんどん、油さし、硯石、机を洗ひ流し、澄み渡りたる瀬々も芥川《あくたがわ》(汚れた川)となしぬ

と、井原西鶴《いはらさいかく》の『好色一代男《こうしょくいちだいおとこ》』には当時の七夕の行事の一つ、「水浴《みずあ》み」が描かれている。穢れを清めるミソギは自らの身体だけが対象ではなく、ふだん使用する生活用具の汚れも水に洗い流す町衆の風習があったようだ。またこの物語の主人公の世之介《よのすけ》が通い詰めた遊郭《ゆうかく》の位の高い太夫《たゆう》が使用する机もたびたび登場する。高級な唐物《からもの》の筆や硯が置かれた、きらびやかな彩色

文様の四尺余の「長机」。遊女はこの机の上で何枚もの「起請誓紙《きしょうせいし》」を書き連ね、そして書状を送り付けられた多くの男がこの机のせいで財を失い、家を傾け、身を持ち崩したのだ。

「立机《りっき》」というコトバがある。俳諧《はいかい》の世界で認められ、「宗匠《そうしょう》」として独立することだから、机は俳諧そのものを意味したのである。漂泊の旅に生きた清貧の俳人松尾芭蕉にとって、目の前の机は常に「仮の宿の仮の机」だが、

　閒《しずか》なる時は、ひぢをかけて、嗒焉吹嘘《とうえんすいきよ》（静かな心境）の気を養ふ。閑なる時は、書をひもといて、聖意賢才の精神を探り、静なる時は、筆をとりて、羲・素の方寸に入る（王羲《おうぎ》之《し》や懐素《かいそ》の書を習って、その心を学ぶ）、たくみなす几案《おしまづき》（巧みに作られたこの机）、一物三用をたすく……

と、創作に欠かせない「几案」の大事さを説く。芭蕉に限らず、俳人や漢詩の文人の多くが、「……金《きん》の間《ま》何《なん》ぞ書生の几《つくえ》に及《しか》ん　千聖万賢日々搶《せんせいばんけんにちにちあつま》る」「……明窓浄几《めいそうじょうき》、風月を好む　我《わ》が得んと欲する所、自然に在り」などと、喧騒で汚濁の世俗を離れられる数尺四方の小さな世界、「机に向かう」高邁な心境を述べている（秋山忠彌、一九九七）。

大人たちの前だけでなく、江戸の子どもたちの前にアラワレたのが、「学習机」である。室

町時代の末期に寺院のなかに設けられ、江戸後期から幕末にかけて普及した私設の民間教育場の「寺子屋」、そこに置かれた机である。

都市ができ、交通網が整い、新しい商売が起こり、市場の規模も大きくなるにつれ、人の移動が盛んになり、世に出て成り上がるチャンスも増えてくる、「江戸」とはそういう「時代社会」であった。勤勉と節約だけでなく、幅広い教養と先を見越す才知を兼ね備えて財を成す商人を西鶴が『日本永代蔵《にっぽんえいたいぐら》』で描いたように、こうした時代においては「無学文盲」は致命的、サクセスへのキーワードは「学」となって「教育熱」は上がる一方。奉公に出た丁稚《でっち》が子守の傍らで「砂盆や地算（砂や地面に指でなぞる）」で「読み書き算術の手習い」に励んだように、一般庶民の間では多少の無理をしてでも「我が子」を「寺子屋」に送り出した。

我々の子供は始めに読むことを習い、その後で書くことを習う。日本の子供は、まず書くことから始め、後に読むことを学ぶ

とL・フロイスが述べるように（原著一五八五、和訳『ヨーロッパ文化と日本文化』岡田章雄訳注、一九九一年）、この国の「公教育」は当初から「書く」に重きが置かれたため、「手本」を置いて「習字」を書き重ねる「机」は欠かせない学習用具であった。もちろん、我が国は「坐の文

化」、寺子屋の学習姿勢は「坐机に正座」が基本となり、狭い空間の有効利用のために机に求められる性能は、堅牢にして小型軽量、部屋の隅に積み重ねやすい形状の「坐机」であった。ちなみに寺子屋の机は、「学問の神、菅原道真《すがわらのみちざね》」にあやかってか、それとも横から見た形が鳥居《とりい》に似ていたからなのか、「天神机《てんじんづくえ》」との名称がつけられていた。

二人用机席

一八七二（明治五）年の「学制」発布以降、新設の小学校では「机・腰掛」方式が採用されたが、明治一〇年頃の東京府下の私学についての調査では、寺子屋や私塾の系譜をひく私学においては従来の「天神机」を使用する小学校がまだ大半を占めていた。

「西欧列強に伍する」を目指す政府が「国づくり」の基礎を西洋スタイルに求めたのは、当然のことだ。とくに教育の分野では政府によって招かれた「外人《がっかん》」が、この国の「学校制度」の具体的な在り方に果たした役割は大きい。その一人の文部省学監、D・マレーは一八七七年の東京府下の『学校巡視報告』で、「机席ハ生徒ノ日々数時間身体ヲ委托スヘキ所ナレハ其製造配置ノ際特ニ注意シテ務メテ安泰便利ナラシムルハ生徒ヲ遇スルノ仁慈請フヘク且ツ其学業ヲ進歩セシムルニ於テモ亦小補ナキニアラス」と、校具《こうぐ》の中で最も注意すべきものとして「机席」をあげて、子どもの発育と健康に「大害ヲ引起ス根基」とならないように年齢に応じた机と椅子の高低、机間の距離と通路の確保、安全堅牢《けんろう》な製法などについて進言した（石附実、一九九二）。もちろん、力を尽くしたのは外人マレーだけではない。一八六七年の小学校設立のサキガケとなった京都府学務課や各自治体の担当役人、医学を修めた後に文部省学校衛生主事として全国的な調査に携わり、「脊椎湾曲」防止のために細かな寸法までこだわって考案した三島通良《みしまみちよし》、そして見慣れぬ「西洋式天神机と腰掛」作りに精を出した各地の家具木工職人たちによって、「机席」が現実のモノとして具体化された。

かくして「二人用・天板上蓋式《てんいたあげぶたしき》収納付き学習机」が日本の小学校の標準仕様となった。日本の子どもにとっては初体験となる「立机・腰掛」は「西洋式」には違いないが、多くの点で「日本式」の名称が相応《ふさわ》しいモノとなった。西洋の学校では主として鉄製の脚部が床に固定された一人用の「独立机席」、あるいは多人数用の「長机・長椅子」であり、またロッカーが設けられているために、机に収納部は不要であった。ではこの「二人掛け」が「日本式標準仕様」となった根拠（理由）とは一体何だったのだろうか。

図７　明治の学習机　三島式机・腰掛
（三島通良『学校衛生学』博文館，1897年より）

矢野裕俊の『教室の道具立て』（石附実、一九九二）によると、その根拠は、まずは「コスト」であり、次にはこの

図８　国民学校の授業風景（1944年。昭和館提供）

国の「儀礼」にあったようだ。財政的基盤のない政府は「口を出すだけ」で、学校建設のための「金を出す」のは地域住民。負担が重い故に反対運動も起こり始めた中、何よりも我が国の学校作りは「安上がり」が目指された。マレーが当初推奨した案は「一教員ノ引受ク生徒ノ員数ハ三十名ヨリ五十名迄」「教室ノ広サハ、生徒一人毎ニ半坪ノ割合」であったが、実際に施行された「学校令規則」や「設備準則」では「学級規模ノ上限八十名」「生徒四人ニ付凡一坪ヨリ小ナルヘカラス」となり、これに基づいて生徒一人当たりの座席の占有面積は半畳分＝九〇センチ四方となった。

また教科ごとの特別室やロッカーを設ける余裕もなく、一つの教室が用途に応じて多目的スペースとなるには、「机席」の移動配置が容易でなければならなかったし、同時に「書く」に重きを置く学習では筆、硯《すずり》、水台などが日々の授業に欠かせぬ学用品であったために、収納つきの「机席」が求められた。そして一人用の購入費は二人用の二倍もする値段。その点では「長机・長椅子」は割安だが、移動も大変で通路の確保も難しくなる。「安上がり」でかつ「通路の確保」、これがこの国の役人たちの頭を悩ませた。「通路の確保」といっても、西洋のように生徒の余裕ある動きや学習の落ち着いた雰囲気のために設けられるユトリある机間でもなければ、教壇を降りて生徒個別の進み具合を巡視するための机間でもなかった。その目的は授業の開始と終了時、級長の号令の下で一斉に教師に向かっての「立礼《りつれい》」や授業中に指名された生徒は「起立」で応答するというこの国の「風習儀礼」を守るための「通路の確保」であり、この「起立・着座・離席ニ支障ナキ」を叶える「二人掛け」、両端が左右に容易に出られる机席が、「日本標準仕様」の決定的要件となったのである。

明治、大正、昭和、そしてつい最近までの一〇〇年もの間、日本の学校はこの「二人掛け」と共に歩んできた。一九五六（昭和三一）年、小学校入学の私も六年間の日々、この「机に向かう人」であった。机のほとんどが黒光りする「年代モノ」、凸凹の表面、反った天板で給食の時は汁物をこぼさぬように一苦労、錆び付いた蝶番《ちょうつがい》、天板の裏は落書きや彫刻刀で刻まれた代々の使用者の氏名、クラスの誰かが上蓋で指を挟んで血豆を作ってベソをかくのは毎日の出来事。高学年になるにつれて机や椅子の高さがどれほど変わったのかは記憶にないが、初潮を

図9　現在の教室（筆者提供）

迎えて成育著しいノッポの女たちは脚の置き所に困っていたようだ。見下ろされるのが悔《くや》しくて、チビの男たちは机の横へはみ出た長い脚の持ち主に「ガニ股」とあだ名をつけたことは、覚えている。そして学校営繕の仕事も任されていた用務員室の前にはいつも修理を待つ机が積まれていたが、その中に寿命が尽きたのか、「ハイキ」と白墨で印が付けられたモノがあった。

現在では「二人掛け」は姿を消した。スチールやアルミパイプの一人用の「机席」となり、天板や座面もずいぶん高くなった。指を挟んだ上蓋式の収納部も天板下のボックスとなった。少子化で「一人当り半坪」も可能となった。「机間」もさらにユトリができ、「起立・立礼・着席」のための「通路の確保」も、思惑どおりに充分すぎるほどとなった。最近の「新学校」では、ランチルーム、PCルーム、オープンスペースなどにいろいろな形や色のモノも置かれるようになった。向かい合って食事ができるテーブルにグループ学習に見合った大きなデスク、角度がつけられた背もたれに湾曲した座面の椅子もある。「座り心らない。そして昔より「血のメグリ」が良くなったのかどうかも、わからない。

地」は確かに良くなったのだろう。しかし「学校の居心地」が良くなったのかどうかは、わか

マイルーム・マイデスク

「机と椅子」が日本に入ってきたのは明治だが、フツーの家の暮らしの中に入ってきたのは、戦後以降である。それは「学ぶ」ためのデスクとしてではなく、「食べる」ためのテーブルとして、である。

敗戦で焦土と化した戦後日本。復興とともに労働力として都市部に流入する人口は急激に増加するが、需要に見合うだけの住む家がない。必要とされたその数は四〇〇万戸以上にも及んだ。この住宅不足を解消するために「日本住宅公団」が一九五五（昭和三〇）年に設立され、全国各地の都市近郊部に団地が次々と造成され、鉄筋コンクリート五階建が並び始めた。占有面積四〇平方メートル（一二坪）の2DK、六畳と四畳半とバス・水洗トイレ、加えて六畳ほどの広さの「食事のできる台所」。「食寝分離、就寝分離」こそ「モダン&ニュー・ライフ」と、住宅公団が捻り出した和製英語の「DK＝ダイニング・キッチン」の謳い文句が当って入居希望者が殺到した。これが平均世帯人数五人の「核家族」に用意された家のカタチであった。

「合理的機能的DK」は次々と出現した電化調理器具と相まって、あたかも「台所革命」で

あるかのように都市部の団地を皮切りに農村部にまで瞬く間に普及していった。北隅の薄暗いカマドから窓の下に光るタイルやステンレスの流し台、そしてそこにはチャブ台と座布団と入れ替わりに食卓と椅子が置かれたのだ。祖母たちは椅子の上に正座し、祖父たちは何処が上座に当るのか探しあぐねて、いずれも落ち着かない様子。和裁机から足踏み式ミシン台、和のしゃがむ便器から洋の腰掛け便器、「床座」から「椅子座」へと、日本人の暮らしの中の「身体技法」は大きく転換した（山折哲雄、一九八一）。

「DK」に置かれた食卓は用途に応じて多くの機能を果たす道具となり、その家の中心となった。腹を充たす場はもちろんとして、母はその上で料理書を開き、家計簿をつけ、裁縫、アイロン、内職をし、父はその上で持ち帰った伝票を計算したり、酔ってグチをこぼしたり、転職に備えて履歴書を書いたりした。また時には一家揃ってトランプなどの遊びに興じ、時には思わぬ難儀に一家揃って頭を抱え込む場となり、そして子どもはその上でテレビの合間に宿題を片付けた。食卓は家族の学習机も兼ねることになった。

時代は真に急激な右肩上がりの「産業化社会の到来」を迎えていた。経済大国に向かって成長する企業や肥大する官僚役人の組織は、「役に立つ優秀な人材＝高等教育修了者」を競って大量に求め始めた。戦後の「六・三制」義務教育の出発で教育を受ける「機会の均等化」も実現し、後は個人の努力次第で「資格認証や卒業証書」を手に入れさえすれば、「豊かな生活」

が保証されることになった。たとえ下々の者でも「成り上がる」絶好のチャンス、「競争の自由」が平等に与えられたのだから、人々の「教育熱」は高まるのは当然。「立身出世」する男子はもちろんのこと、「良縁」あわよくば「玉の輿《たまのこし》」に乗れる女子と、「男女等しく高学歴」を志向《しこう》する親がフツーとなった。「新制高校」が発足した戦後直後の高校進学率の四〇％は、第一次ベビーブームの「団塊の世代」が押し寄せた一九六二（昭和三七）年には七〇％と増加した。

我が家の将来は我が子の「成績の出来不出来如何」となれば、少々無理をしてでも教育には「金をかける」ことが当たり前となる。かくして子どもが家の暮らしの中心に位置づけられ、「机に向かう」ことが子どもの仕事となった。「2DK」の一部屋は子どもの「マイルーム」にあてがわれ、そしてそこに二段ベッドと一家に無くてはならない必需品としての「マイデスク」が置かれるようになった。

木から金属へ、そして再び木へ

一九五〇年代後半にもなると、会社や役所のフロアーには従来の木製事務机と入れ替わりにスチール・デスクが置かれるようになった。木製に比べて耐久性に優れ、レールで軽く動く引き出しや同一規格を大量に配置できるという利点があったと思われるが、書類のファイリングができる引き出しが、当時ブームとなっていた「事務合理化、効率化」に対応していたことが、スチール・デスク採用の最大の理由だろう。

一九六二（昭和三七）年、今後の需要増を見込んで新工場を建設した事務用家具メーカーの「伊《い》藤《とう》喜《き》工《こう》作《さく》所《じょ》」が、「新たな市場」としての「一般家庭」に向けてスチール製の「ホーム・デスク」を売り出した。普及タイプのオフィス用片袖机の基本を踏襲し、天板に木目調のフィルムを貼り、本体をツートンカラーの色合いに変更したモノ。それに続けて、脚部のパイプを二重にし、内側に数センチ刻みのクボミを付け、そこに外側からストッパーをはめ込むことで天板の高さを調節できる「ジュニア・デスク」を発売した。これが我が国最初のスチール製「子供用学習机」である。

しかし当時の木製学習机の値段は四〇〇〇円前後であったのに対して、コチラは倍額の約一万円。「冷たい、重い」の金属へのイメージもあって発売当初は苦戦を強いられたが、百貨店の家具売り場での委託販売、月賦販売、幼稚園の卒園式でのチラシ配布、団地集会室での販売説明会などの営業努力で、初年度に七〇〇〇台の販売実績を上げた。続いて一九六四年頃からはテレビや雑誌を使っての広告宣伝を展開し、なかでも「家の内の統治権」を手にした「主婦」向けの月刊雑誌『主婦の友』や『婦人倶楽部』などに広告を集中させて大きな効果を上げた。当初の「冷たい、重い」のマイナスイメージも次第に「丈夫で機能的」のプラスに転換し、「DK」のテーブル&チェアーの椅子座にすっかり馴染んだ「身体技法」と年々烈しさを増す

「受験競争」が、「子どもの小学校入学時には新しい学習机を購入すること」が「親の務め」という「常識」をいつしか定着させた。

一九六七年には蛍光灯や書棚つき、動きやすい四本から太い二本足の脚部、回転椅子をセットにした現在の原型となる「学習机」が発売された。カタログには「四畳半を二人の勉強部屋に」を見出しに、さまざまなアイデアを紹介した写真が並んでいる。このメーカーは六九年のTVコマーシャルに当時二〇%の高視聴率を誇る「ジャンケン・ケンちゃん」の主演子役を起用して大当たり、売れ行きは右肩上がりの急上昇となった。あっという間に巨大マーケットに成長した「学習机市場」に他の家具メーカーも次々と参入し、時計、鉛筆削り、時間割を付けたり、天板の大型化と新しさを競い、七一年にはスチール製が全体の九〇%以上を占めるようになった。

図10　家庭内の学習机（筆者提供）

しかし、流行はウツロウのが原則。一九七〇年代半ばになると、漫画やアニメなどのキャラクターをあしらったモノが全盛になる一方で、「もう少し落ち着けるモノを」の声に応えて、手や眼に触れる部分は木製、隠れた部分の引き出しはスチール製といった混合型の登場や購入の選択肢を広げるためのユニット化の動きが出てきた。八〇年代に入ると「バブル」と後で名づけられるほどの「浮かれ好景気」を背景に「値は張っても本物」が志向され、高級感溢れる「全木製学習机」が復活して、スチール製はしだいに姿を消すことになった。そして九〇年代以降は、時代を反映してなのか、実にさまざまな謳い文句、「個性」「ユトリ」「総合」「パソコン対応」「健康」「環境」「手作り」「シンプル」「輸入物」「セットフリー」を冠する「学習机」、中には〇〇大学医学部××教授・監修の「脳を育てる」と銘打つモノまである。色、形状の異なった三台を「コの字型」に配置して、「右脳を育てる――読み書き用」「左脳を育てる――お絵かき図工用」「左右を総合するPC用」と、締めて価格は椅子抜きで二〇万円強。日毎「脳が衰える」私にも効くのかしら、この先は縮んでゆく一方なので、ちょうど高さ調節もあることだし。

店頭に、カタログの紙面に、ネットの画面に色とりどりのモノが並べられているが、そのいずれもが一九六〇年代に登場した「多機能学習机」の原型を踏襲し、売る方も買う方も「子どもは机に向かう人、一家に欠かせない必需品」というその基本姿勢は変わってはいない。

「机上の空論」を踏み台にして

「豊かな生活」を求めて田舎から都会に出て、一つの家庭を持つ。運良く抽選に当って大喜びでスタートした団地暮らしも、やがて子どもが大きくなるにつれて、モノが増えて手狭になり、試験前になると襖の向こうに気遣って会話やテレビも控えめの窮屈な暮らし。「金を貯めて広い持ち家を」の夢も、中小企業の安月給、「学歴」のない父では「部長の椅子」もほど遠い。削るどころか増える一方の「教育費」。家計の足しに母はパート、父は残業、そして子は学業にと、ココを出る日を夢見て一家揃って「もっと豊かな生活」に向かってしゃにむに頑張ったのだ。もしも当初の「占有面積四〇平方メートル」の「日本標準仕様」が「六〇平方メートル」であったなら、この国が短期間にこれほどの高度成長が可能であったかどうかは、疑わしい。なるほど「ウサギ小屋」は「エコノミック・アニマル」の「国策住宅」であったのだ。そして「一人当たり一平方メートル弱四方」に置かれた学校の、我が家の「机席」は、戦後日本の国づくりの拠点となり、充分に「国策机」としての機能を果たしてきた。

一家の「希望の星」となった子どもは、親との約束どおり「エライ人」を目指して、学校、塾、我が家でも毎日「机に向かう人」となるだろう。「天使のはね」が一向に舞い上がる気配がなければ、親の願いは「エライ人」が無理ならせめて「フツーの人」に、となるのだろう。そして「エライ人、フツーの人」のナカミを分かりかけた子どもは、疑いながらもそれでも自分の居場所を求めて毎日「机に向かう人」となるだろう。もちろん、内側からの鍵を忘れないで。

やがて数年も経てば、そのうち机の引き出しは口紅、アイシャドウ、マスカラの化粧品、ピアスにリング、手鏡やドライヤー、プリクラ写真、漫画やゲームソフト、CD、iPodに携帯電話、煙草の空き箱やチューハイ缶、ヌード雑誌やエロDVD、避妊具と、大人たちが用意した商品の品々で満杯となる。紛れもなくそこは「この社会の引き出し」。これも「成長の証し」と納得の仕様もあるが、親、学校、友人を「罵る、呪う」走り書きのメモや分厚い日記帳、パソコンの書き込みを見かけたならば要注意。さていよいよ、どこかのオヤジの名刺にブランド小物、睡眠薬やシンナーに覚醒剤、ナイフや火薬が出てくれば、もうこうなったらお手上げで、内々でカタがつく話ではなくなってくる。いつ我が子が警察の取調室や病院の診察室の「机に向かう人」となってもおかしくはない。抵抗や反抗も露わにせずに黙って毎日「机に向かう人」には、知らずの内に抱え込んでしまった「闇の深さ」を自分ではつかみ切れていないため、何かのハズミで暴発してしまう「アヤウサ」が付きまとう。「フツーのウチの子」も、充分に恐いのだ。

古代ギリシアでは、「机に向かう人」とは、金融業や両替商人のことを指したらしい。ソクラテスを代表とする当時の「哲人」たちは、決して個室や書斎に一人籠って「机に向かう人」ではなかったようだ（海野弘、一九八七）。彼らは「モノゴトの真理」について立って考え、歩きながら考え、横に寝そべりながら考え、人と喋りながら考えた。都市の中心、アゴラ（広場）やストア（柱廊）に集まるいろいろな人々の輪の中で、「書きコトバ」によらずに「話しコトバ」で会話と問答を重ねて思索を深めていった。「思索を深める」とは予め用意された「客観的な真理」を持出すのでもなければ、そこに到達することを目指すものでもなく、それぞれの「主観」のチガイを確かめながら、その「主観」の「間」で互いに納得しあえる小さな合意を積み重ねることだ。「学習机」がいろいろな人が行き交う「アゴラ、広場」になればいい。もちろん、行き交う人々は昔の「聖人賢人」ばかりではなく、今を生きる親、教師、友人、恋人をはじめ、漫画の主人公、イケメンアイドル、ヌードの女神、奇人変人、挫折者、犯罪者、種々雑多な「俗人」も欠かせない。

「机上《きじょう》の空論」というコトバがある。現実を見ていない、役に立たない、実利的でない、ただの理想論という意味のケナシコトバだ。子どもや若者に向けて親や大人がしばしば発するコトバだが、長く生きてきた年長者であるからといって、多くのモノゴトに通じた「知恵者」であるとは限らない。フツーを当たり前に生きてきた人の世界は狭く、その一つの世界でエラクなるために苦労を重ねてきた人ほど「この道こそが絶対正しい」と確信に満ち溢れている。それなりの真理はふくまれている、だからこそ、話は厄介だ。知ったかぶりの生意気な口を叩けば、「世の中はそういうワケにはいかない。それは「机上の空論」！　あくまでもフィクションの世界だ」と返ってくるだろう。「おっしゃるとおり、御尤《ごもっと》もだ」が、フィクションというなら全てフィクション、「貴方が信じて止まないこの現実の世界も一つのフィクション」に過ぎない。また「そうはいかないワケ」も、一つのフィクションを守るために誰かが作り出したキマリである。「そういうワケ」は常に「我に在り」なのだ。

親や大人が勧める道に納得同意するなら、その道を歩めばいい。もしそれとはチガウ世界が開かれて、そこに行きたければ、そうすればいい。ソレが自然の成り行きだ。「一つの家、社会、国家」に生まれついたからといって、同じ方に向かって進む必然はない。「分かってくれない」といじけて、内鍵かけて「引き籠り」を決め込んだところで、いつまでたっても「埒《らち》」のトビラは開かない。幸いなことに「タダで衣食住の面倒を看てくれる身分＝子どもで在る間」に、壮大な構想と緻密な計画に基づいた「机上の空論」を打ち立てるべきだ。そして親がせっかく買い与えてくれた「学習机」、これを「踏み台」にして、この家に別れを告げて目の前の窓から「希望」に向かって飛び立とう。グッド・ラック！

（石谷二郎）

Ⅱ　子どもと大人の関係を紡ぐモノ

1　育児書――「親と社会」を映す鏡

実用と非実用の間

私の子育て期は一九六〇年代の後半だった。一番目の子どもの時には少しでも熱があると、うろたえて育児書の頁をめくり、最悪の病名をさがしだしては医者に駆けこんだものだった。それが子どもも二番目になると変わってくる。熱があっても機嫌がよい、どうせ時間がくれば治るのだから、様子をみてみよう、と。一種の「自信」と居直りの度胸ができたからである。逆説的にきこえるかもしれないが、実は育児書はこの段階になって一番役にたつように思う。読んでも「フンフン、なるほど」とよくわかる。自分なりの育児のカタ（育児方式、育児法）ができたということかもしれない。

このように自分の経験を振り返ってみると、育児書は二つの期待を背負っているように思われる。一つは、実用性である。問題解決に即効的に役立つことで、親に安心感を与えなければならない。おしゅうとめさんの育児の「知恵」(カンやコツ)、小児科医や心理学者など「専門家」の「科学的知識」の総集成としての育児書である。それは、「異常」と「個人差」(それに基づく個性)との微妙なバランスのうえで、ややもすれば「おかしいのでは?」と「異常」に傾きそうになる親を、「個人差」の方に引き戻してくれる貴重なモノである。

しかし、育児書にはそれだけではすまされぬもう一つの何かがある。そこに描き出されるのは、著者の育児に対する姿勢や思想(「あるべき子ども像」)と、多かれ少なかれ、その時代や社会が育児の担い手に求める「あるべき親像」や「あるべき母親像」、いいかえれば「あるべき育児」をめぐる「政治学」(隠れた権力作用)である(天童睦子、二〇〇四)。こうして育児書は、単なる実用書をこえた、その社会の育児規範や人間観を敏感に反映する多層的なテクストとなり、それゆえ子どもにとってあるべき子ども像を強いるメディア・ポリティクスの一つの表現といってよい。

その育児書は、戦後、どのように変わってきたのか。

情報洪水のなかの孤立育児

久しぶりに本屋の実用書の棚をのぞいてみる。なんと育児書の種類の多いことか。私が現役の母親であった頃とは、比べものにならない。

表１　出生数と育児雑誌年間発行部数の推移

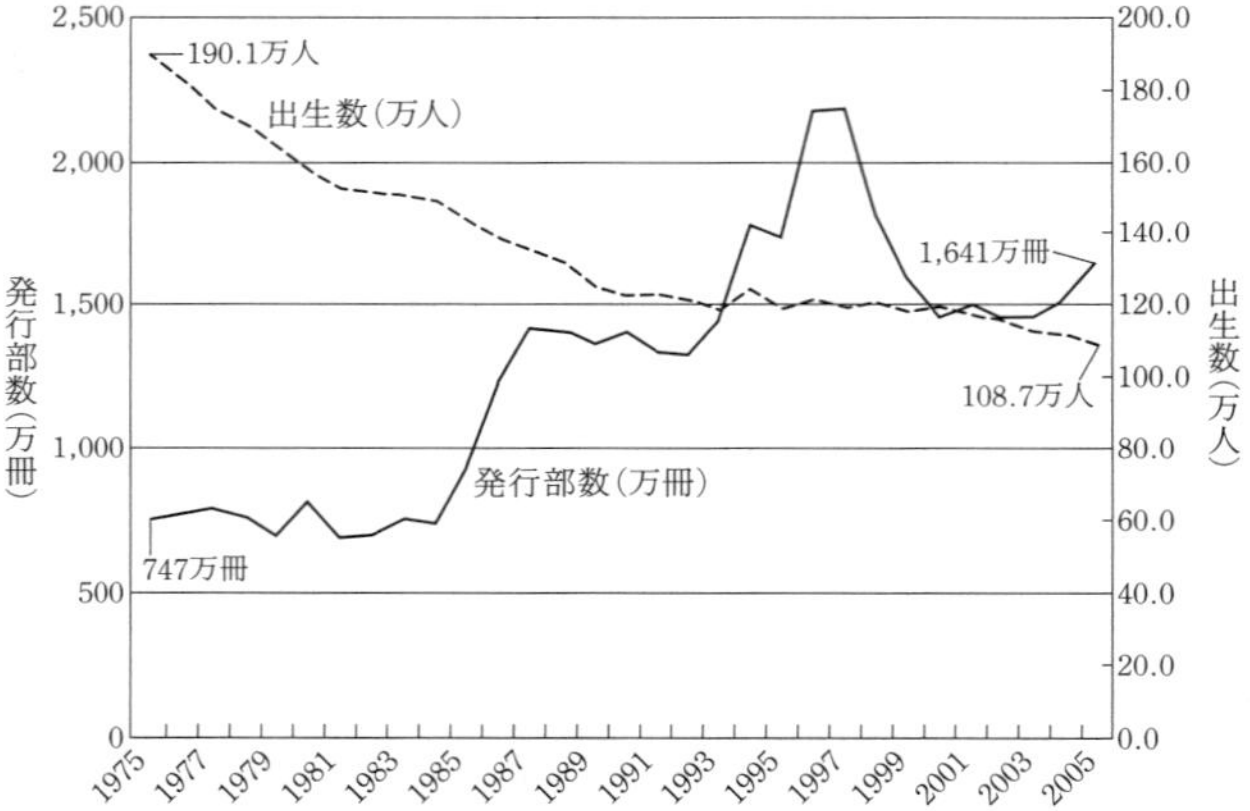

（育児雑誌発行部数は全国出版協会・出版科学研究所編『出版指標年報』1975〜2005年度版から，出生児数は厚生労働省『人口動態統計』各年度より作成）

育児書だけでなく、『赤ちゃんとママ』『ひよこクラブ』『たまごクラブ』『日経Kids＋』などカラフルな育児雑誌（マタニティ雑誌も含む）も刊行された。二〇〇五（平成一七）年創刊の、ワーキングマザー向け育児雑誌『bizmom〈ビズマム〉』もある。テレビとマンガ、アニメで育った親向けの育児マンガの類も、かなりのスペースを占める。一九七五（昭和五〇）年以降、出生率と出生数の著しい減少傾向にもかかわらず、育児雑誌の発行部数は年度により変動はあるものの、一貫して伸びている。

『出版指標年報』（出版科学研究所）によると、育児雑誌の年間発行冊数は、一九七五年の七四七万冊から一九九〇年の一三九六万冊へ、さらに二〇〇五年の一六四一万冊へと着実に部数を増やしていく。その間、年間出生数は一九〇・一万人から一二二・四万人へ、さらに一〇八・七万人へと大きく減少した。出生児一人あたりの購読数は、一九七五年に四・一冊であったのが二〇〇五年には一五・〇冊に上昇し、毎月一冊か二冊の育児雑誌が読まれている計算になる(表1)。出産や育児の不安の解消を求めて、あれこれ育児雑誌を渡り歩く「育児雑誌ジプシー」の親も少なくないだろう。

ちなみにこうした育児メディアの隆盛ぶりは、他国と比べても劣らない。育児メディアへの依存度は主として二つの要因によって規定される。一つはその社会の支配的な家族形態(子育てに親・きょうだいが協力する親族ネットワーク型か近代家族型か)、もう一つは子育てを、次の世代を育てる公的営みとみる文化と私事とみなす文化との違いであり、その両者をつなぐ特徴としての、子育てが親(とくに母親)に特化しない文化なのか、特化する文化なのかと深くかかっている。未曽有の少子化時代における育児メディアの隆盛や育児情報の洪水は、子育てが親に特化する日本社会の、親たちの「孤立育児」の状況を際だたせているようにみえる。

育児書前史

育児書の氾濫は、戦後、それも高度成長期以降に顕著になった現象である。

日本経済が高度成長への途《みち》をかけのぼり始めた一九六〇(昭和三五)年、『暮しの手帖』は

「育児ノイローゼ」特集というタイトルで、育児書についての興味深い数字を紹介している。「はじめて赤ちゃんを産むお母さんの数はおよそ一年に五〇万人くらいではないかと思います。一九五四年の一万部、五八年の二二万部から今年あたり育児書が四〇万部をこすとしたら、およそ一人に一冊は、なにかしら、育児書と名のつく本を買っている計算になりましょう」と。「生きた人間を育てることを書いた本」というより、「なにか試験管をふりまわす化学の本」というのが、市販の育児書を買い集めて分析した『暮しの手帖』の結論だった（『暮しの手帖』第五七号、暮しの手帖社、一九六〇年）。

振り返ってみれば、育児書の歴史は古く、平安時代にまでさかのぼる。当時の医書『医心方《いしんぼう》』（九八二年）には、「小児方《しょうにぼう》」の章が設けられていた。印刷技術の発達と一定のリテラシーをもつ読者層の形成を背景に、『小児必用養育草《しょうにひつようそだてぐさ》』（一七〇三年）や『和俗童子訓《わぞくどうじくん》』（一七一〇年）をはじめ、育児書が数多く登場してくるのは近世以降である。『子育ての社会史』の著者、横山浩司《よこやまこうじ》によれば、江戸期の育児書の読者は武士階層の父親であった。家の継承者としての子どもの養育は、家長としての父親の公務とされていたからである（横山浩司、一九八六）。家長を養育責任者として一家が協力して育児にあたった近世に対して、近代以降の育児書は、一つは育児方式の西欧化、もう一つは社会化エージェントとしての母親役割の強調という方向へむかう。

明治以来の文明開化の波のなかで、わが国最初の翻訳育児書といわれる『子供《こ》そだて草《ぐさ》』（一八七四年）を含め、さまざまな欧米の育児書が翻訳出版されている。しかし、その内容が「わが国の社会の実状より先行しすぎていた」ために、一握りの社会の「上・中」階層をのぞいて、広く「国民」の育児行動に実質的な影響を与えるまでには至らなかったといわれる（小嶋秀夫、一九八九）。育児のカタは、基本的に人びとの生活の知恵に根ざした、伝統的なものであるだけに、民族により社会によってきわめて変わりにくいものだからである。それだけに生活スタイルが表面的にどれほど西欧化されようと、育児のカタが根こそぎ変わってしまうということはなかったのだ。

一方、「臣民《しんみん》・赤子《せきし》」という「国家」のための子育てを強調する明治期の育児書に代わって、都市部の「上・中」階層の母親むけに、「母の愛の力」や「合理的な愛」といった表現が盛り込まれた育児書が登場してくるのは、大正期から昭和の初期にかけてである（横山浩司、一九八六）。近代化の担い手となる人材の養成には、なによりも女性の「母性」（＝女性なら誰もが母として当然もっているとみなされる性質）を強調しなければならない……「母の愛の力」「合理的な愛」を強調する育児書が、具体的な育児行動や、子どもを育てるときに抱く「かわいい」「いとおしい」というような子どもへの実感を大きく離れて、「子のためにわが身を犠牲にしてもいとわないもの、そうあるべきもの」という抽象的観念（母性イデオロギー）、いいかえれば社会統合の価値概念と軌を一にして登場してくるのは、偶然ではない（江原由美子、一九九一）。近代以降、育児書の内容が圧倒的に女性（母親）向けで、男性（父親）の不在を前提として編集されていくのである。

育児書氾濫の舞台装置

子どもをどう「育てる」か。変動の小さい社会では、そんな問いが生まれることはほとんどない。育児は日常的な生活の営みの一部として、自覚化されることもなく安定的に繰り返される。生まれた子どもが成長し育っていくのは、自然の過程であった。

近代以降、とりわけ第二次大戦後、日本社会はそうした育児の安定した基盤の大きな崩壊を経験する。「封建的」なイエとムラの否定は、同時にそれを具体的な宿り場として世代から世代へと伝承されてきた育児の知恵の否定を含むものだったからである。急速に都市化がすすむなかで伝統的な家族自体が近代家族化し、育児の伝承ルートを失っていく。育児の安定的なカタのゆらぎ、母親たちの不安、そこに生じた一種の真空状態を埋めるべく、育児法を「権威」をもって説く育児書が大量に出現したのである。それだけではない。高度成長が次々とニュービジネスを生む中で、育児も一つの有望産業として新しい市場を形成していく。育児書の大衆化の背後には、そうした社会構造の大きな変動があった。

育児の知恵は、科学思想家の武谷三男《たけたにみつお》流にいえば「主観的な法則性の無意識的適用」としての「技能」に近いものである（武谷三男、一九七六）。経験の中で積み重ねられたカンやコツが「母子相伝」されていく。そこには理屈抜きの合理性がある。しかし、育児書となればそうはいかない。育児書は一つの「技術」として「近代科学」の成果に根ざした、それゆえに合理性をもつものとして説かれねばならない。小児科医や心理学者が育児の専門家として登場するようになったのは不思議ではない。育児期の不安な母親たちは、「失われたカタ」を求めて育児書を買う。しかも日本の近代に種をまかれ、時代と社会の要請のもとにその意味をふくらませてきた母性尊重の文化が、そうした母親たちの不安をさらに高めるうえで「貢献」する。しかし、母親たちは育児書のなかに、自分流儀の育児のカタを見出すことができたのだろうか。

指導される母——敗戦から一九五〇年代

結婚・出産ブーム（第一次ベビーブーム）、その一方での生活の窮乏と食糧難。子育ての歴史の中で敗戦から一九五〇年代にかけての時期は、もっとも苦難にみちた時代だった。この時期を、横山は「皇国の子」育てから「科学的」育児への転換期と位置づけている（横山浩司、一九八六）。ここでいう「科学的」な育児が、他ならぬアメリカ型育児法の導入であったことは明らかである。それは医師や保健所依存の育児の「制度化」の時代であり、それを推し進めたのはアメリカ占領軍の「威光」と、それを背景とした日本の医師たちの「努力」であった。

当時の代表的な育児書『育児全書』(斎藤文雄他著、主婦之友社、一九五二年)には、正しい育児知識は、育児の本を読み、医師に相談し、保健所を利用することで得られること、したがって「自分の経験だけから割り出した」子どもの扱い方を「親切そうに教えてくれる、いわゆる物知りのおばさん」に相談してはならないと書かれている。子育てが医学・生理学の強いコントロールのもとにおかれていく契機は、この占領期にあった。

「科学的」な育児法の導入が、衛生に対する人々の共通認識を高め、乳幼児死亡率を急激に低下させる上で大きく貢献したことは否定できない。しかし、他方でそれは、母親を育児の専門家や専門機関から「指導される」存在として位置づけることにも、一定の役割を果たした。専門家としての医師は育児書を通して、新米の母親と育児のエキスパート「物知りのおばさん」との間の、伝統的なコミュニケーション・ネットワークを切断する役割を果したのである。

ただ、こうした「権威ある」育児書が、親の育児行動に実際にどこまで影響を及ぼしたのかは疑問がある。一九五八(昭和三三)年から六一年までの三年間、東京近郊のM町に住み、「日本の新中間階級」のライフスタイルを内側から探ったアメリカの社会学者E・F・ボーゲルは、近代的育児知識の影響をもっとも直接に受けているはずのサラリーマンの主婦が、「依然として堅固に、おそらくもっとも沈着に伝統的な型をそのまま守りつづけ」ており、「絶対に子どもを負うまいなどと決めていた人でも、ついそれが便利なために、いつのまにか背負うようになって」いるさまを観察している（E・F・ボーゲル、一九六八）。

育児書や厚生省発行の資料を読んだ母親たちが、それらを鵜呑みにせず、「自分が育った子ども時代の社会とはまったく違った、たえず変動する社会のなか」で、おおらかな子育てを試みる姿を、ボーゲルは好意的なまなざしでみつめている。そこにはイエの嫁としてではなく、近代家族のなかの母親として、基準化された指導書などにとらわれず新しい時代の子育てを模索する、女性たちの自律的な営みがみられたのである。

群雄割拠時代——一九六〇年代

一九六〇年代の家族像を象徴するのは、歌謡曲「こんにちは赤ちゃん」（作詞・永六輔、作曲・中村八大）だろう。本格的な近代家族時代の「赤ちゃんとママ」の登場であった。「マイホーム」の幸せムードにあふれたこの歌は、高度経済成長政策のもと、ようやく「豊かな社会」の暮らしの仲間入りをしはじめた都市中間層の「気分」にぴったりマッチするものであった。

ただ、その近代家族大衆化時代の到来は、幸せムードにみちたママ像を創出しただけでなく、その裏返しとして、近代家族のなかで子育ての責任を一身に担う母親の「孤立育児」状況を生み出すことになった。その背景には女性の生活構造をめぐる大きな変化と、母性イデオロギーの根強い「持続」があった。

なによりも第一に、受胎調節や計画出産により、子どもの存在が「さずかりもの」から「つくる」対象に変わった。第二に、女性の出産パターンとして、長い生殖年齢のなかで時間をかけ多くの子どもを産む分散的出産パターンから、二〇歳代のうちに少数の子どもを産み終えてしまう集中的出産パターンへの転換が定着した。第三に、少ない子どもを生んで、一人当たりに配分するお金、時間、関心という資源を最大限に活用し、「よい子」を育てるという少数精鋭主義の育児観が支配的になるなか、子育てに専念し、それが一段落したあとで再就職するという子どもの成長過程に見合った現代女性のライフパターンの原型が形成されはじめた。第四に、所得倍増の時代に家庭の幸せは「モノ」の獲得に求められ、必要な所得を得るための父親不在が完全に一般化した。そして、消費革命により家事労働の肉体的負担は解消したが、「手をかけるのが子どもへの愛情の証し」という近代家族規範が定着するなか、子育ての責任を一人で背負う女性の精神的負担はむしろ大きくなった……などの変化がそれである。

その「勢いのある」時代の多様な選択を反映した、一九六〇年代の育児書に特徴的なのは、育児思想や育児法の多様なベクトルがほとんど出揃い、それぞれに独自の育児法を主張し、激しく競いはじめた点である。大きく三つのタイプをあげることができる。

一つの典型として、それまで医学中心であった育児指導に「しつけ」や「教育」を加味し、「からだ」の発達だけでなく、心理や知能という「こころ」の発達を重視した育児書があげられる。このタイプの育児書は「からだ」から「こころ」まで、赤ちゃんのすべてを扱うことから百科スタイルをとり、多様な分野を数多くの執筆者が分担して書くという形式をとっている。『赤ちゃんの育て方百科——家庭の医学百科シリーズ1』(保健同人社、一九六七年)はその代表的なものである。表紙の中央に「厚生省推薦」と書かれたこの本には、「よい子を産むための条件」「知能と知能テスト」といった章が設けられ、「よい子」を産むための胎教にも力点がおかれた。全体として、赤ちゃんを「丈夫に」育てること以上に、素質的な知能を早く知って指導する「早期教育」や「頭のよい子」を育てることにねらいが定められている。「あるべき」母親像の焦点を、「育てる母」から「教育にいそしむ母」へとずらしていくこの育児書の姿勢は、高度成長期を支配しはじめた「業績と競争」重視の社会的な価値観と呼応しあうものであった。

ユトリの哲学

第二のタイプとして、五〇年代の欧米一辺倒への反省として、日本の風土のなかで受け継がれてきた育児法を重視する育児書がある。日本の文化と社会が生んだ育児の知恵の総集成として、松田道雄《まつだみちお》が『日本式育児法』（講談社）を書いたのは一九六四（昭和三九）年、つづいて一九六七年には『育児の百科』（岩波書店）が刊行された。

新米ママはいつも非常事態にある。育児にかかわる雑務の連続、睡眠不足、気ぜわしさや不安、「手をかければかけるほどよい母親だ」という思い込み、しかも完ぺき主義になりやすい。身も心も疲れ果てている。そんな母親に、たとえば離乳食について、小鳥のすり餌のようなものをつくらないでもいい、親の食べるもののなかから子どもの好みにあうものをやればいい、つまり「ありあわせ離乳」でいい、と著者はいう。「ありあわせ離乳」は、長い歴史のなかで、無数の親が経験を通してつくりあげてきた育児法である。「古い」といって捨てきれぬものがある。日常生活から離れた育児法ほど無意味なものはない、自分の暮らしにあう「楽な方法でよいのだ」と。

「手抜きの母親だったわたしが二人の子を事故もなく育てられたのは松田先生のおかげ、足を向けては寝られない、という思いが今もある」という大学教員・秋山洋子の言葉は、当時、大学院生で時間に追われながら育児をしてきた私にも痛いほどよくわかる（秋山洋子、二〇〇三）。

育児をめぐる母親の自信喪失は、育児知識の不足よりも、心身の疲労困憊に関係している。育児に必要なのは、「手をかけることが子どもへの愛情」という近代家族規範をぶちこわし、労働量を軽減し、ユトリをもたせることである。ユトリをもってはじめて、わが子の成長のペースや偏りを「異常」としてでなく「個人差」としてとらえる冷静さを取り戻すことができる、と松田は主張する。いいかえれば松田は「小児科医」の知恵よりも「おばあちゃん」の知恵を、ユトリの哲学とともに新米ママに伝えようとしたのである。

もう一つ、この育児書が「集団保育」の項をおいている点も、見落としてはならないだろう。産休明けとともに子どもを保育園に頼んで仕事にでかける、継続型の共働き第一世代の女性たちが一つの「層」として登場してくるのが六〇年代である。そうした母親たちにとって最大の不安は、集団保育が子どもの発達や成長にあたえる影響にあった。当時、保育園は、保育に欠ける「かわいそうな」子どもを預かる場、というのが一般的なまなざしであったからである。

そうした働く母親の不安や緊張に対して、松田は乳幼児の母子関係は大切だが、安定した人間関係が築かれるなら集団保育はむしろ、子どもの自立心や社会性を育てるうえでメリットがあることを具体的にあげ、働くママにエールを送る。就労する母親にとどまらず、「そとで働かない母にも集団保育の場として保育園を必要とする時代」が来ているとも予言する。そう言い切ることで、松田は一方で「誰も母親の身代わりにはなれない」という母親自身の排他的な意識を切り崩し、他方で「家庭ではやれないことを保育園でやってもらう」ことで、子どもは豊かな人間関係のもとで健全に育つという近代以前の日本にあった、「子やらい」の思想を再生させようとしたのである。

『育児の百科』初版の「あとがき」で松田はいう。「この本は、内容では日本の個性を守り、姿勢ではうえからのおしつけに対するささやかな抵抗をしたつもりである」。松田にとって育児という場は、あらゆるレベルで画一化がすすむ高度成長時代に子どもと親の「自由」を、育児の「カタくずし」を、社会習慣（習俗）として不断に根付かせていく営みであったといえるだろう。

寛容の哲学

アメリカ生まれの心理学的な育児書『スポック博士の育児書』（ベンジャミン・スポック、一九四六／一九六六）は、第三のタイプの、見落とせない一冊である。アメリカでベビーブームが始まった年に刊行されたこの本は、さまざまな国で翻訳され、いわばグローバルな育児書として広く読まれ、日本でも息の長いベストセラーになった。実用面からいえば、この本はあまり役に立たない。家庭医の存在が前提とされ、また、家族それぞれの部屋が独立した個人主義的な家屋構造のもとでの育児法だからである。重要なのはその「非実用性」であり、この本はいわば「バイブル」として読まれたのである。「バイブル」を生活に直接役立てるために読むものはいない。

この本の特徴の一つには、育児の担い手としての読者への呼びかけが、「母親」や「おかあさん」ではなく、つねに「親」や「お父さん・お母さん」になっている点にある。そう呼びかけることによって、子どものために、いや、それ以上に自分自身の人間的成長のためにもっと育児にかかわれと父親に語りかける。今では当たり前の「子育ては父母のものだ」が、それまでの日本の育児書には、正面切って書かれることはなかった。「滅私奉公」型の親像・母親像は危険であり、子どもにとって有害だという第二の主張も大きな特徴である。ほとんどの育児書は、当然のことながら「世話をされる側」の子どもに焦点をあて、育児の主体としての親、とりわけ「母親する」側の視点にふれることは少ない。母親は一人の人間や女である以前になによりも母親なのであり、その愛情は「汲《く》めども尽《つ》きぬ泉のごとく湧いてくるもの」という前提に立っている。

松田が、世話をされる子どもの側から、その自立をはばむ母子密着の弊害を説いたとすれば、スポック博士は母親の側から子どもへの一体化と依存、母親役割への執着のもつ問題点を指摘したといえるだろう。そして両者に共通するのは、子どもとは基本的に底知れぬ自己成長力を秘めた存在であり、したがって一人ひとりの子どもの自然な成長に寛容になれと、子どもの社会化過程における「寛容」という価値を強調した点である。ちなみにアメリカでは、ベビーブーマー世代（とくに中流階級の）の社会的性格とみなされる「ミーイズム」（自己中心主義）や「甘え」などのマイナス・イメージが短絡的にスポック博士の育児観との関りで語られるほど、この育児書は大きな影響力をもった。一方、日本では七〇年代から八〇年代にかけて登場する毛《もう》利《り》子来《たねき》の一連の育児書（『いま、子を育てること』筑摩書房、一九七七年など）は、地域保育や共同保育の意義を説く点で松田の、親自らを生かす育児法の大切さを説く点でスポック博士の育児書の延長上に位置づけることができる。

　ところで重要なのは、六〇年代のこれら三つのタイプの育児書が、親たちにどう読まれたかである。七〇年の時点で、①『赤ちゃんの育て方百科』は一〇〇版、②『育児の百科』は一六版、③『スポック博士の育児書』は一七版と、いずれも育児書のロングセラー、ベストセラーになっていた。これらの育児書はけっしてランダムに選択され、購入されていたわけではない。当時の書店主を対象にした筆者のインタビューの結果によれば、育児書の場合、出版社と読者層の結びつきによる一種の「系列化」が強くみられた。

　『赤ちゃんの育て方百科』は他の育児書に比べ、盛《も》り沢山《だくさん》のカラーグラビアや写真、カット、図解が挿入され、視覚に訴える工夫がこらされている。即効的に答えを求める母親にとって、できるだけ文字を節約して感覚的に判断させるこの育児書の形式は、読み手にいかにも役にたちそうな「気」にさせる。雑誌の編集技術をそのまま生かした育児書である。書店主によれば、実用シリーズの一冊という感じで、本屋でパラパラと立ち読みして買っていくという。

『育児の百科』は、『スポック博士の育児書』と同様に八〇〇頁をこえる大冊である。「見る」

だけでなく「読まねば」ならない。それに、思想家・松田道雄と、「高級性・進歩性」という「岩波書店」のイメージの二つの組み合わせが予想させる内容から、「アレコレと品定めをしないで、まっすぐに近づいて買っていく、まあ、浮動層の少ない本ですね」と店主は話す。『スポック博士の育児書』は出版社の「暮しの手帖社」のもつイメージ（商品テスト―生活合理化―都会的なセンス―ミドルクラスという）から、「出産祝いのしゃれたプレゼント、贈答用としてよく出ます」とも。

そこには育児書を選ぶものの「好み」があり、その背後には一定の人間観がひそんでいる。自ら選んだ、あるいは人から贈られた育児書をいかに使いこなすかも、その人間観によって大きく左右されることになるのだろう。

「三歳児神話」説――一九七〇年代

女性雇用者のうち、既婚者比率が五〇・五％と未婚者のそれをこえたのは一九六九（昭和四四）年、この趨勢《すうせい》は一九七〇年代に完全に定着する。六〇年には、既婚女性の比率がまだ三割強にすぎなかったことを考えれば、一〇年足らずのうちに働く母親が大幅にふえたことがわかる（総務庁『労働力調査』）。といって、それは、乳幼児は母親の手で育てられねばならないとする伝統的な母親の「本分」観が否定されたことを意味しない。むしろ、母親規範は女性の社会進出が不可逆的となる七〇年代に強まっていく。

この時期、非行少年や施設児の研究で知られる小児精神医学者J・ボゥルビィの、「母性剥奪」理論（＝発達初期に形成された母子の愛着関係の欠如が将来の人間関係の質を決定するという考え方）が日本に紹介される（J・ボゥルビィ、一九五一／一九六七）。厚生省を中心に母乳重視のキャンペーンが開始され、母乳バンクづくりが提案されるのが一九七六年。そうした動きに後押しされ、「少なくとも三歳までは母親の手で」という、乳幼児期の母子関係の絆を強調する説が「三歳児神話」として確立していく。子育て中も働き続ける母親は「うしろめたさ」の意識から解放されることはなかったのである。実際に、七〇年代なかばの時期、日本女性の年齢階層別労働力率に特徴的なM字型カーブの谷間の部分（二五〜三四歳）がもっとも低い数値を記録する。

母子一体化を強調する一連の政策的な動きのなかで登場してくる代表的な育児書の著者として、平井《ひらい》信義《のぶよし》（『失われた母性愛——子育てを楽しむために』黎明書房、一九八一年など）をあげることができる。平井の育児書の内容的な特徴は、子どもの「自然」の重視、乳幼児と母親との密度の濃いふれあいやスキンシップの強調にある。内容それ自体は、安易に人工栄養に依存したり、欧米模倣の早期「しつけ」を急ぐ一般的な傾向への警告として、もっともな主張である。しかし、そのもっともな主張も、母性を過度に尊重する日本社会の風土のなかで微妙に屈折し、結果として母子一体化をすすめる政策的な論調に歯止めをかけることにはならなかった。

子育ては楽しくない！

母性イデオロギーが強調された一九七〇年代のもっとも象徴的な育児論は、『母原病』（久徳《きゅうとく》重盛《しげもり》、サンマーク出版、一九七九年）である。久徳は、ボゥルビィの「母性剥奪」理論の延長上に自らの育児論を展開し、「母親が原因でふえる子どもの異常」を「母原病」と呼んで、わが国の子どもの病気の半数以上が、それによって起こった病気であることを指摘した。子どもが「幸せな」一生を送ることができるかどうかは、三歳までのスキンシップ如何によると警告したこの本は、伝統的な母性愛を説く形をとらず、医師としての「科学的な」語り口のゆえに説得力をもち、ベストセラーになった。

しかし、初期の母子関係のみを過剰に重視する、単純で因果論的な早期決定論に拠る考え方を受け入れるかぎり、母親は継続して働くことをあきらめねばならない。実際にこうした論調が、一方では女性を職業から遠ざけ「母親専業」の道を選択させ、他方では父親の育児参加や子育て支援体制の整備の遅れを結果するうえで、一定の働きを果たすことになる。

といって、子育てへの「全力投球」が風通しのよい母子関係を結果したかといえば、そうではない。『母原病』の登場と同じ頃、「子どもを生み、育てることの意味」をめぐり実施された

表2　子育てを楽しむ欧米の母親
「あなたにとって子供を生み，育てるということはどのような意味を持っていますか（3つ選択可）」

項目（日本において割合が高い順）	日本	アメリカ	イギリス	フランス	韓国
次の社会をになう世代をつくる	**61.7**	**52.6**	29.9	25.0	**48.4**
家族の結びつきを深める	50.7	44.9	48.9	46.6	24.8
自分の生命を伝える	42.4	40.8	23.3	49.3	34.0
出産・育児によって自分が成長する	38.2	44.2	35.7	32.4	13.5
子供を育てるのは楽しい	20.6	48.6	**70.7**	**76.6**	19.3
家の存続	19.3	23.1	15.7	12.4	48.3
子供をもってはじめて社会的に認められる	19.2	4.0	2.9	3.0	29.3
自分の志をついでくれる後継者をつくる	18.7	10.9	6.7	3.5	43.2
老後の面倒をみてもらう	11.6	5.8	5.1	9.4	26.8
子供は働き手として必要である	4.9	2.6	1.5	0.9	2.2

1）総務庁「児童の実態等に関する国際比較調査」（1979年）より作成。
2）太字は各国において一番割合が高い項目を示す。
（経済企画庁編『国民生活白書』1992年版）

国際比較調査（一九七九年）は興味深い結果を伝えている（表2）。それによれば、日本の女性にとって子どもを生み育てるのは、もはや「家の存続のため」でも「老後のめんどうをみてもらうため」でも、ましてや「働き手として必要なため」でもない。子どもを育てる個別の意味、いいかえれば動機付けの供給が必要となる。その点では欧米並みとなり、同じ東アジア圏の韓国とは違った傾向を示している。すなわち子どもの存在は「家族の結びつき」を深め、「自分が成長する」うえで大切だという点でも、欧米と共通する。その一方で欧米諸国との違いが際立つのは「子どもを育てるのは楽しい」という回答の極端な少なさであり、それとは対照的な「子どもをもってはじめて社会的に認められる」「自分の志をついでくれる後継者をつくる」という回答の多さである。この点に関する限り、韓国とピッタリ重なる。韓国との違いは、子どもを育てる意味が特定の「家」のためか（韓国）、「人並み」であることの存在証明か（日本）にある。

欧米社会の母親は、子どもを生み育てることで自分自身の存在価値を確かめる必要はない。それとは対照的に、子どもが自分自身のアイデンティティを確立するためになくてはならない存在である日本の母親にとって、子育ては「楽しい」どころか、たえずある種の「緊張感」にさらされる営みに他ならなかった（田中喜美子、一九八八）。

母から母へ――一九八〇年代から九〇年代へ

こうしたそれまで隠されてきた孤立育児の状況が白日のもとにさらされ、それを克服するための育児ネットワークづくりの動きが母親の間から起こってくるのが、一九八〇年代である。さまざまな調査によって、育児で夫をわずらわすことなく、社会活動に参加したり友人とつきあうために外出することもせず、ひたすら母親役割に忠実に生きる女性たちの方が、育児不安やノイローゼ状況に陥り易いという事実が実証的に明らかにされた（牧野カツコ、一九八一）。子どもと「離れる」こと、「距離」をおくことのメリットの発見は、従来の母子関係論の問い直しをせまる貴重な発見であったといってよい。

国際婦人年（一九七五年）以降の女性問題の解決をめざす世界的な運動を背景に、日本女性の生き方の「カタ」をめぐり、「女は母になって一人前」という伝統的な価値観に対して、「女の人生は母として生きることだけにあるのではない」という新たな価値観が台頭し、相互にせめぎあい拮抗しはじめる時代状況が、女性たちを新しい試みへと押し出す方向へ働く。

孤立した母親同士が密室保育から抜け出し、わが子に仲間を与え、わが身を人間関係の広がりのなかにおき、それによって子育て危機(育児ノイローゼや母子密着の病理、子どもの社会性の喪失)を回避しようという動きが生まれたが、それは「豊かな」社会に生まれ、男女平等が自明の世界で教育をうけ、未婚時代を自由に過ごした世代の女性たちが自発的に生み出した、新しい育児法だった。彼女らの試みは、それまでの「専業母親」と「兼業母親」との二分法的発想をくつがえし、専業の母親の子どもにも集団保育と家庭保育のバランスのとれた保育体験を、さらには女性の社会参加を前提とした育児支援システムづくりの充実を、という女性側からの問題提起であったといってよい。それは同時に、育児という営みを「私的なもの」とみるか、「公共的なもの」とみるかの、二者択一性を問い直す動きといってよいだろう。

等身大の育児書

こうした背景のなかからはじめて、女性の手による育児書や育児論が創り出される。それまでの育児書の執筆者が、育児法を通して専門家の高みから女性を啓蒙《けいもう》し、教育しようとする男性に占められていたのに対して、育児現場からの女性たちの発言が次々と日の目をみることになった。たとえば小児科医であり母親である池亀卯女《いけがめうめ》の『子育ての輪　育児不安をこえる』（ユック舎、一九八七年）、働く母親たちの実体験による情報を満載した『働く女性の出産・育児ワーキングマザー宣言！』（双葉社、一九九二年）などなど。これらの育児書は、女性たちの日常的な子育て経験を発掘するだけでなく、その経験を母から娘へという閉じたタテの回路をこえて、「女から女たち」へというヨコの回路で伝えていく、子育て情報ネットワークづくりの試みといってよい。

この時期の「極めつけ」の育児書は、伊藤比呂美《いとうひろみ》の『良いおっぱい悪いおっぱい』（冬樹社、一九八五年）である。曰く「ご飯をたべるように妊娠し、うんこをするように分娩する」。育児について彼女は次のように断定してはばからない。「コドモを育てる過程でいちばんひんぱんに感じるのはおそらく「かわいい」ではなくて「うっとうしい」である。……育児書には「うっとうしい」と書き添えておくべきである。このうっとうしいのは、どの赤ん坊にも必ずつきまとう感情であろう」。

伊藤は、一方で母親のなかに形成される「おっぱいファシズム」（＝わたしが食料と化して、このアカンボを養っているという私有意識）の危険を指摘し、他方で「うっとうしさ」を隠して語らぬ社会の常識が、母性イデオロギーやその内にひそむ母性幻想をますます強化していくのだと、そのメカニズムを批判した。そうすることにより、専業の母親に育てられた、過剰に繊細でまじめな同世代の母親たちが育児ノイローゼや子殺しにいきつかないよう、「がさつ・ぐうたら・ずぼら」の三大原則の実践をすすめる。「この本にかぎらず、あらゆる妊娠、出産、育児の本を熱心によまないように」と、育児書のもつ権威主義や倫理主義のベールを小気味よくはぎとり、それぞれの経験にもとづく育児の自立の大切さを語る。

こうしてスキンシップの大切さを否定しないが、同時に子どもの成長段階のどこかで、母親自身が自分の意のままにならない「他者」の存在を実感することの大切さを指摘する伊藤の育児哲学の延長上に、子育て中の母親が同じ母親たちへの「応援歌のつもり」で書いた育児マンガが登場し、多くの読者を獲得していく。一九九〇年代に入る頃である。たとえば田島みるくの『あたし天使 あなた悪魔』（婦人生活社、一九九二年）に登場する人物はいずれも、通常の育児書に描かれる理想像からははるかに隔たっている。「バカ、バカ」「きらい、きらい」を一日中くりかえし、親を困らせることに快感を抱いているかにみえる「悪魔」のような「天使」の赤ちゃん、そのいたずらぶりに思わず手をあげたり、病気や怪我のたびにドタバタする「天使」であるはずの「悪魔」のママ……。

それは、育てることの辛い面と面白い面、ハラハラとドキドキの両方の要素を、「母親する」側からも、「母親される」子どもの側からも伝えようとしている。読者からは「うちと同じ、

図11　育児マンガ（田島みるく著『あたし天使 あなた悪魔　笑っても怒っても子どもは育つ編』婦人生活社，1992年／新版，ＰＨＰ研究所，2003年より）

のぞいていたんじゃないですか」「悩んでいるのは私だけじゃないと、ほっとした」といった大きな反響が寄せられているという（「育児マンガがママに人気」『朝日新聞』一九九三年五月三日）。不安や失敗がホンネで語られる育児現場のシーンの一つひとつに、視点を低く設定した、女性の著者のみがとらえることのできる育児のリアリティがそこにはあるのだろう。理想的な育児のカタなんてどこにもない。それはそれぞれの家庭がつくりだすものである。子育てに悩みやトラブルがあって当たり前なのだと、この本はくりかえし語っているようにみえる。

男の育児書へ

こうした「母から母たちへ」のヨコの回路は、「傍観者」から「協力者」として子育てにかかわろうとする父親たちの「男の主張と実践をもりこんだ育児書」づくり（たとえば、男の子育てを考える会編『男の育児書』現代書館、一九八七年）と、歩調をあわせるようにすすんだ。家族関係における父親の位置づけは、図式的にいえば「夫婦という基本軸に子どもが加わる」タイプと「母子という基本軸に父親が加わる」タイプの二つがある。日本的親子関係は、さしずめ後者ということだろう。そこでは母子関係の心理的距離が欧米にくらべてはるかに近く、家族のなかに母子同盟が成立していることはよく知られている。そうした現実のなかで、「子育ての楽しさを母親だけに独占させてなるものか」と「男の育児書」は主張する。

そこには、小さな生命が、やがて這い、歩き始め、片言でしゃべり、独り立ちへの道を辿り始める過程に関わることは、男女を問わず人間的成長の貴重な機会だとする見方がある。育児の主戦場である暮しの舞台に登場してきた男たちが、いかに自分流儀の育児のカタをつくり、社会の支配的な育児規範や人間観とむきあっていくのか……それは、「これから」の課題である。

子育てを女性＝母親＝母性という閉じた系から解き放ち、男性の積極的な参画を促進していく方向は、単に子どもの発達への影響や、男女の役割の再編にとどまらず、これまでの生産優先の社会から「ワーク＆ライフ・バランス」社会への移行という問題とも重なり合う。それは同時に、安心して子育て可能な環境づくりが特定の「親―子」という私事をこえる、社会的責任という点で公事であることを意味する。

育児書を読み進んでいるうちに、私はどうやら反対の出口に辿りついてしまったようだ。問われているのは、子どもをいかに育てるかよりも、育児の担い手・親自身の「自分育て」であり、育児を支援する（介入ではない）社会のありようであるという地点に。今のところ、子育てはあっても親育てはない。社会育てもない。子育ての対象とされた子どもの視点からの育親書や育社書があってもよいと思う。

（天野正子）

2　制服——身体をつつむ意味

制服成立の歴史

学校制服とは何だろうか。『学校用語辞典』（牧昌見・池沢正夫、一九八五）は、学校における制服の意義として、「①その学校の一員であるという連帯感を強めることができる」「②自校の児童・生徒であることが一見して明瞭であり、校外指導に便利である」「③経済的である」「④生徒相互間の服装の競争を避けることができる」の四点をあげている。これらの「意義」はいずれも、制服の必要性が議論される際に、多少表現や強調点は変われど、常にとりあげられてきたものだといえよう。社会状況の変化によって、いずれかの「意義」が焦点化されながら、子どもと制服の関係は今日までつづいてきた。まずは、子どもと制服の関係史の出発点から追ってみよう。

学校制服の歴史は、近代学校教育がスタートした明治にさかのぼることができる。制服導入

図12　セーラー服の女子学生（昭和館提供）

は、学校段階や性別によってことなるプロセスをたどったことが知られている。

男子の学校制服は明治初期に登場しているが、それは、明治政府による軍隊と官公吏の洋装制服採用を模範としたとされる。一八八〇年代後半以降は、黒色・詰め襟・金ボタンのいわゆる「学生服」と校章をつけた制帽が、男子の学校制服として定着していく。

女子の場合、男子と同じ頃に華族女学校などで先進的に洋装制服が導入されたこともあったが、女子の洋装への抵抗感は強かったようで、再び和装に回帰するなど、男子のようにすんなりとは洋装制服制度が確立されなかった。明治末期には、女袴と筒袖改良和服の組み合わせによる「女学生スタイル」が生まれ、新たな風俗として注目を集めた（本田和子、一九九〇）。その後、女子にも体操教育が必要であるという意見の高まりとともに、活動性・機能性を重視した女子体操着が考案される。体操着に洋装が取り入れられることが一つのステップとなって、大正期には「セーラー服」が女子の学校制服として採用されはじめる。

「セーラー服」とは、前がVネックでうしろが四角になった独特のセーラーカラー（水兵襟）をもった洋装のことを指す。襟にはブレードの縁取《ふちど》りがされ、スカーフやリボンを襟の下に通して、前で結ぶスタイルのものが多い。もともとは、一九世紀に制定されたイギリス海軍の水兵服がモデルであり、水兵服の独特の襟がヨーロッパで海浜あそび用の子ども服や婦人服に応用されて流行した。日本でも二〇世紀初頭から子ども服として用いられていたが、昭和初期には、それがひだスカートとセットになって女学生の制服の基本となった。

こうして、明治期に登場した男子の「学生服」と、大正期に登場した女子の「セーラー服」という、戦後にもつづく洋装学校制服の基本形が完成し、全国的に中等教育・高等教育機関に普及していくのは昭和期のことである。

学校制服の意味

近代学校教育制度の確立過程においてみられた、洋装学校制服の基本形の完成には、その社会的機能という点で三つの意味がある。

一つは、社会階層上の特権的な位置を示す機能を果たすということだ。戦前において制服の導入はほとんどの初等教育機関ではみられず、中等教育機関と高等教育機関に限られていた。中等教育以上に進学する子どもたちは、社会全体からみると少数派であった時代である。学校制服は、彼（女）らが、能力的に「優れている」子どもであること、かつ、進学するに必要な経済的余裕や文化的志向性がある家庭の子どもであることをあらわすシンボルの意味をもっていた。服装の差別化は、「選ばれたエリート」だということを自他に見えやすい形で提示する方法なのだ。

今一つは性別の社会化、すなわちジェンダー化の機能である。男性は「学生服」、女性は「セーラー服」という、男女ともに洋装制服が定着するわけだが、同じ洋装とはいえ、そのスタイルには大きな違いがあった。「学生服」はほぼ軍服と同様で、詰め襟と四角張ったデザインが身体の輪郭を直線で描き出す。それは、屈強な「男らしさ」をあらわしている。一方、「セーラー服」は、海軍の制服がデザインの源泉にあるとはいえ、子ども服や女性の海浜レジャー服を経由していることから、相当な変更が加えられている。ボトムは揺れ動くひだスカート、胸元にはリボンなど、柔らかい波打つ曲線が「セーラー服」の特徴といえる。それは、柔和な「女らしさ」をあらわしている。男女別に確立された学校制服の基本スタイルは、近代日本がもとめた男性像・女性像を視覚的に表現したものであり、それぞれが受けていた教育内容（男性は立身出世主義、女性は良妻賢母主義）とも合致していた。子どもたちは男女で二分された制服に身を包むことによって、男性として、女性としてのアイデンティティを形成していったことが推測される。

三つめは、近代的な身体の形成という機能である。和装よりも機能的・合理的だという理由で洋装がひろがっていくのは社会全体において生じた現象であったが、学校制服については男女いずれの場合も体操教育・訓練の導入が直接的なきっかけをつくっている。日本が西欧社会に追いつこうと近代化をすすめるなか、学校教育には知識・技能の伝達および近代的な価値観の教化だけでなく、近代社会に適合的な身体をつくりあげることも期待された。男性の場合は新しい産業労働や軍事を、女性の場合は近代家族の切り盛りや次世代の国民育成を、それぞれ「健全」かつ「剛健」に担える身体づくりが、教育の目標の一つとなった。洋装制服は、近代日本が「のぞましい」とした身体をめぐる制度化の一側面でもある。

国民統合の記号としての制服——戦時期「国民服」から戦後の平等へ

一九三九（昭和一四）年「国民被服刷新委員会」によって「国民服」の公募が行われ、翌四〇年には「国民服令」が発布され、男性向けの国民服が発表された。「国防色」とよばれたカーキ色の立折襟《たておりえり》の上着とズボンを中心とした衣類セットであった。それを追って、女性に対しても、甲《こう》（洋装）・乙《おつ》（和装）・丙《へい》（上着とズボン・モンペ）の三種類の「標準服」が厚生省より発表された。これらは、質素・倹約のため、日常生活および「いざという時」の活動性の確保のため、などの合理的利点を眼目にデザインされた。ただ、そうした機能的な理由だけでなく、制服というものが集団帰属意識や連帯意識を高めるという心理的効果も重要視されていたと考えるべきだろう。つまりは、国家の非常時における「国民」としての一致団結と「奉公」を鼓舞するものとして、「国民服」は機能したにちがいない。

こうした「国民服」の波は、子どもたちをも覆い尽くそうとする。全国の中等学校生徒制服は「国民服」で統一され、小学校も「国民学校」として再編されるなかで男児の「国民服」着用を義務づけるようになる。

明治末から大正期にかけて一般の小学校においては、先述したように、帽章《ぼうしょう》のさだめがある程度で、制服をさだめていた学校はほとんどなかった。服装規定がある場合も、「清潔・質素・軽便等の観点からのぞましい服装についてのおおよその基準を示すという性質のものであった」という（藤田昌士、一九七四）。昭和期にはいると、都市部を中心に男子の制服姿が増えていくが、全国的にみれば制

図13　国民服（昭和館所蔵）

服をさだめている公立小学校はそれほど多くはなかった。しかし、一九四一（昭和一六）年「国民学校令」によって、尋常《じんじょう》小学校と高等小学校を母体として発足（初等科六年と高等科二年）した国民学校は、「小国民」の育成のため、男子に「国民服」を着ることを義務づけたのである。

大人も子どもも着用を強制された「国民服」の最大の特徴は、「国民」全員（とりわけ男性・男子）を対象とする画一化されたものだったということだ。柏木博《かしわぎひろし》は、「国民服」あるいは「標準服」は、「人々の差異を見えないものにし、「国民」という概念で括るものとしてあった」こと、それは単なる強制ではなく、「人々が自らその「管理」に進んで身をゆだねる」現象が生じていたことに注目している。「誰もが平等であることを主張したのは、戦後の民主主義社会がはじめてではない。総力戦の中で、日本では国民共同体という概念によって、「平等な社会」が構想されたのである」（柏木博、一九九八）。

第二次世界大戦敗戦後、小学校から大学まで、すべての学校でいったんは制服が廃止されることとなる。まずは、敗戦後の物資不足から、服装規制を行うことは実質的に不可能だったからであるが、そうした消極的な理由で制服が消えただけでなく、軍国主義との決別の文脈で制服廃止・服装自由化が歓迎されたという面もあった（佐藤秀夫、一九九六）。

その後、ほとんどの新制大学においては制服は廃止されたままで服装の自由化が維持されていくが、経済復興とともに中学校や高等学校では制服・制帽が復活し始める。そうした動きはやはりスクールカラーを打ち出す必要がある私立学校から始まるが、やがて公立学校においても、「経済的格差があらわれにくい」「経済的である」「生徒指導上のぞましい」といった理由から、「標準服」を定める学校が増えていく。中学校・高校の場合、男子は「学生服」、女子は「セーラー服」という戦前の基本パターンを踏襲した。

戦後、「制服」と呼ばれたりそう認知されている場合の多くは、着用を推奨するにとどまる（つまり強制はしない）「標準服」として規定されているにすぎない。しかし、「標準服」という規定であっても、一九八〇年や九〇年代に制服自由化が議論されるようになるまで、ほとんどの子ども・保護者は「標準服」を「制服」のように受け入れていた。戦後復興期が終わり、経済成長がはじまった頃の日本の子どもたちやその保護者は、「標準服」の推奨に素直に従っていったと推測される。

その理由を考えるためのキーワードの一つが、「平等」ではないだろうか。戦前は「選ばれたエリート」しか進学できなかった中等教育が、戦後は、義務教育の新制中学校として全国民に開かれた。「国民服」によって、みな等しく「国民」であるという意識を経験した世代は、「選ばれたエリート」だけが着用するものであった「学生服」と「セーラー服」が国民全員に開放されたことを歓迎したのではなかったか。

子どもの権利と対立する生徒管理の象徴

その後、制服の置かれている位置は、子どもたちによる受容と拒否の間を振り子のように揺れ動いていく。

一九六〇年代後半には、高校学園闘争時期に制服への反発が表面化した。制服は思想信条の自由を侵すものという発想からである。そうした動きを受けて、高等学校では制服を廃止、服装を自由化する学校も増えた。が、その後一九七〇年代には、あらためて非行防止のために制服・服装指導を重視する風潮が高まる。

先述したように、「制服」と呼ばれているもののほとんどが、規定上は「標準服」として推奨されているにとどまる。学校側は「標準服」と位置づけながら、それと異なる服装をしていれば「違反」として修正を強制し、処罰の対象とする。生徒手帳の生徒心得や生徒規則の中には、かならずといっていいほど服装と頭髪に関する規定が記載されている。服装については、制服や標準服に関する指定にはじまり、帽子・運動服・靴・靴下・コート・下着まで、頭髪については、前髪・横髪・襟足・整髪料・ヘアカラーやパーマ禁止、輪ゴムやピンの類まで、事細かにおよぶことも珍しくない。くわしく規定している学校の場合は、服装の規則だけで十数ページにもおよぶこともある。個々人がどのような装いをするのかに関して、なぜ、ここまで細かく規定され、それを強制されなければならないのか。

一九七〇年代に『朝日新聞』に連載された「いま学校で」シリーズは、「管理教育」批判という形で従来の生徒指導を問題視する観点を提示し、話題となった。服装指導に関しては、頭髪検査・服装検査で「違反」が発見された場合に、その場で教員がハサミを用いて生徒たちの髪を切るといった強力な「指導」が、それほど少なくない学校で実施されていることが告発されている（朝日新聞社、一九七六）。

しかし、その後、中学校の校内暴力の高まりに対処するために、学校現場は生徒指導の厳しさを逆に強めていった。

一九八三（昭和五八）年に実施された全国普通科高校長会による公・私立高校八五一校の調査では、「校服を定め細部にわたって厳格に指導している」が七二％、「校服を定め、生徒もよく知っているが細部にわたる指導はあまりしていない」が一六％、「標準服を定め、それをできるだけ着用するよう指導している」八％、「自由服」三％という分布になっており、当時ほとんどの高校がきびしい服装指導をしていることがわかる（牧昌見・池沢正夫、一九八五）。

一九八〇年代末に、あらためて「校則」見直しの機運が高まる。一九八八年には、県立高校で女子新入生三〇〇人の前髪を教師がハサミで切ったこと、公立中学で校則に違反する服装の生徒を卒業式から排除したこと、公立中学で校則違反の髪型の男女生徒の写真が卒業アルバムで花の写真にすげ替えられていたことなどが相次いで「事件」として新聞報道され、学校の

「非常識」として批判を浴びた（『読売新聞』大阪版、一九八八年五月一四日夕刊）。そうした論調に対して、学校教員の側はどのように考えていたかの一端が、一九八八年福武書店教育研究所による全国の公立中学教員対象の調査からうかがえる（『読売新聞』一九八八年五月八日）。この調査によれば、回答した教員の八六％が校則批判に反発、九四％が「世間の無理解」を嘆いている。「服装の乱れは心の乱れ」という考えをもっている教師は全体の九五％にのぼる。だからこそ「制服は必要」という意見が八九％であり、校則批判と学校側の主張は真っ向から対立した状態が長くつづくことになる。

だが、一九九〇年代にあらためて中学校・高等学校におけるきびしい服装指導への疑問が噴出する。一九九〇（平成二）年に日本が「子どもの権利条約」に署名、一九九四年にはこの条約が国内で発効したのを機に、子どもの権利を侵すものとして制服・頭髪規制を見直そうという動きが拡大する。なかでも、丸刈り廃止を争点とする市民運動の隆盛にはめざましいものがあり、九〇年代中盤には非常に多くの府県・市町村が丸刈り廃止を決定している（「特集　丸刈り校則を見直す」『月刊子ども論』、一九九四年）。

性的物象化の触媒

インターネット上の書籍販売サイトで「制服」をキーワードに検索してみると、ずらずらと列挙されるものの多くは、制服を着た女の子の絵柄《えがら》に飾られたポルノ・コミックか、ポルノ小説の類である。

性的な商品となることを承知の上で、「ブルセラショップ」に自分の制服やブルマーや下着を売る少女たちが、「ブルセラ女子高生」としてメディアでセンセーショナルに報道されたのは一九九三（平成五）年のことだ。「ブルセラ女子高生」についての報道は、好奇にみちた野次馬的関心を、あるいは、非難と顰蹙《ひんしゅく》にみちた「大人」の視線を集めるものであった。

そうしたなかで、宮台真司《みやだいしんじ》は、「女子高生」というブランドを自覚し、みずから商品化する少女たちを、「制服少女たちの選択」として注目し論じた（宮台真司、一九九四）。

宮台は、一九八〇年代の「おニャン子」ブームを「第一次女子高生ブーム」とみなし、九三年の「ブルセラ」騒動を「第二次女子高生ブーム」と位置づけている。宮台が呼ぶところの「第一次女子高生ブーム」の中核といえる「おニャン子」ブームとは、一九八五（昭和六〇）年にスタートしたフジテレビの中高校生向け番組「夕やけニャンニャン」で結成された現役女子高生アイドルグループ「おニャン子クラブ」が獲得した爆発的人気を指す。約二五万枚のセールスを記録した「おニャン子クラブ」最初のヒット曲タイトルは「セーラー服を脱がさないで」であり、女子高生がセクシュアルな欲望の対象であることを明示したものだった。

「おニャン子」ブームと相前後した時期から、女子高校生や女子中学生の制服を学校別に収録した書籍や写真集が人気を集めている。草分けとなったのは、一九八五年に出版された『東京女子高制服図鑑』(森伸之、一九八五)である。この本は、東京都内の有名私立女子高校などの女子制服をイラストと解説で紹介したもので、非常な売れ行きを示したため、ほぼ二年ごとに内容が更新されて一九九四年度版まで出版されている。類似の企画は、数多く出版されている。こうした女子制服関連の書籍は、女の子自身の学校選択のためのカタログとして活用されることも多いようだが、少女たちの「かわいい」制服姿への男性の関心もターゲットとしている。

なにゆえ、女子高生の制服は、性的欲望の対象となるのだろうか。

制服は着用者に禁欲を強いる。制服着用が義務づけられる場のほとんどは、性的なものを拒否する。学校はその典型の一つである。そもそも近代学校教育の文脈においては、生徒は「性的存在」であってはならないとされてきた。学校は、生徒たちの恋愛やセクシュアリティを抑圧することに多大な努力をはらいつづけてきた。それが可能な場合は、学校という空間から男女交際など一切の性愛実践を排除しようとする。そうした抑圧は、とりわけ女子に対してきびしい。しかし、欲望は抑圧されることによって、逆に増幅されうる。性的な存在であってはならない「制服少女」は、その禁止ゆえに、増幅された性的意味合いを付与されてしまう。

女子高生は、制服をまとうことによって、自らのセクシュアリティを封じ込めることを強いられると同時に、性的な欲望の対象となることからのがれることができないというジレンマを引き受けている。欲望の対象として「制服少女」である自分に商品化の価値があることを認識した女子高生は、利潤を生むものとして制服を活用する。その行動は一見能動的である。しかし、それはまた、「制服少女」として消費されるという受動性をともなう。少女たちにとって制服の意味が大きくなればなるほど、自身ではコントロールしきれない状況も生じうるだろう。

これは、冒頭であげたような「常識的」な制服の意義の議論では到底とらえきれない、制服の機能が現代社会において過剰に昂進している例といえよう。制服は、少女たちを性的に物象化するプロセスで効果を発揮する触媒である。市場における物象化プロセスを促進すべく暴走する荒馬のような制服を、女子高生たちはロデオよろしく乗りこなそうと苦渋している。

子どもによるセルフコントロールの回復あるいは模索

「学園を〝工場〟にたとえるならば、生徒たちはそこでつくりあげられ、磨《みが》かれる〝製品〟である。この例えが適切か、どうか異論もあろうが、生徒たちは、学校という〝工場で〟製品化され、実社会に巣立っていく。……制服は、その学校の〝製品〟を包み込む包装紙という見方もできるだろう」（『更なる躍進――大阪私中高連四〇年記念誌』大阪私立中学校高等学校連合会、一九九二年、三三頁）。これは、私立学校関係者が制服の重要性について述べた文章である。スクールカラーを打ち出す必要のある私立学校ならではの強調点でもあるだろうが、この感覚は、制服を必要と考える学校関係者全般に多かれ少なかれ共有されているものといえないだろうか。学校ごとに画一化された「製品」として扱われることに対して、子どもたち自身は今どのように向き合おうとしているのか。

現在の子どもの制服とのつきあい方について、最後にあらためて、制服をまとうことへの社会的関心が高い女子の場合をとりあげる。社会的関心の高さは、前項でふれたように、外部から注がれるセクシャルな視線と、少女たち自身が女性としての社会化プロセスで育む美意識が、制服の「外」と「内」から支え合う力学として生じる。そうした力学の中で、少女たちは制服をいかに自己のコントロール下に置こうとするのか。

私の勤務大学において、現代の女子高生の制服に関する意識を卒業論文のテーマにした女子学生が行った調査結果を紹介したい（段野麻奈「女子高生の制服に関する一考察――「着崩し」が語る女子高生と制服の関係」、大阪大学人間科学部二〇〇五年度卒業論文、小野田正利教授指導）。この調査は、自身も制服を着ていた女子生徒であったという経験を踏まえて、母校の私立女子高校生一四六名を対象に取り組まれたもので、一つのケーススタディとしてではありながら、女子高生のリアリティに的確にアプローチすることができている。「制服制」「標準服制」「私服制」のいずれの制度がのぞましいかをたずねたところ、「標準服制」を約五六％が、「制服制」を四二

%がのぞむという結果が得られている。女子高生たちは服装の完全な自由化をのぞんでいない。また過半数は完全な制服ものぞんでいない。女子高生らしい共通の基本スタイルが決められている方が、「面倒でない」し、女子高生という「期間限定」のメリットも味わえる。だが、制服として完全に規制されると、厳しい生徒指導が予想され自由が侵される。女子高生たちが確保したいのは、自分たちの個性やアイデアを表現できる「着崩《きくず》し」の自由だという。

片瀬《かたせ》一男《かずお》は、現代社会における「セーラー服」の機能について、ボードリヤールの消費社会論をもちいて、記号消費される「少女らしさ」という観点から説明している（片瀬一男、二〇〇三）。「男」ではない。「大人の女」でもない。かといって「子どもの女」でもない。他者との差異を「少女らしさ」として提示するための記号が、「セーラー服」なのである。上記の調査にみられた女子高生の意識は、「少女らしさ」を浮かび上がらせる差異化の記号としては「標準服（＝制服的なもの）」を受け入れ、さらに「他の少女」とは異なる自分の個性をその中に表現するために「着崩し」という差異化の実践を日々行いたいと考えるものと解釈できる。

女子高生の制服に対する社会的視線を活用するとともに、セルフ・コントロールできる範囲も維持しておきたい。それが、現代の女子高生が制服ととりむすぶ関係性の断面の一つである。

もう一つ、女子の制服に関しての新しい動向にふれておこう。近年スカートが定番である女子の制服に、パンツ（ズボン）のオプションを用意する学校が徐々に増えつつある。二〇一二年の段階では、女子がパンツスタイルの制服を選べる学校は、公立私立含めて全国に約八〇〇校あるという(『東京新聞』二〇一二年四月二十一日朝刊)。私服の場合は、小学生から大学生まで、パンツ・ショートパンツ・キュロット・ジーンズなどスカート以外のボトムを着用する女子は非常に多い。スカートをはいていても、レギンスなどを合わせて脚を出さないスタイルも人気だ。スカートでは動きにくい・下着が見えやすい・冬や夏の冷房が寒いなどの理由からだ。スカートを強制されたくないと、パンツスタイル登校を学校に個別に要請する生徒も登場してきている。「女らしさ」と結びついた女子制服のあり方は少し変わりつつあるのかもしれない。

男子に視点をもどせば、丸刈り同様、昔ながらの「学生服」は減少の一途をたどっている。一九世紀末から二〇世紀初頭に確立された学校制服の理想、「学生服」や「セーラー服」は、子どもたちの生活から遠いものになりつつある。しかし、制服制度そのものは、消費者としての子どもたちと保護者のニーズをとりいれ、ファッション性を高めながら、まだまだ多くの学校において維持されている。今世紀も子どもと制服との関係は形をかえてつづいていきそうだ。

(木村涼子)

3 バリカン——子どもの髪型

貧乏人の「坊ちゃん刈り」

時間が遠のくにつれて、昔の記憶はますます不確かなものとなる。老いとともに強くなる「思い込み」が記憶に何かを付け加えているのか、それともそこから何かを削ぎ落としているのか、事実から離れた「私の記憶」が私の中で形作られているようだ。

何十年ぶりだろうか、黄ばんだ小学校の卒業アルバム（一九六二年）を開いて見た。男子の「丸刈り」が多数派であったと思い込んでいたが、こうやって改めて一人一人確かめてみると、一クラス男子二七名中一六名の「坊ちゃん刈り」がいたから、この動かぬ事実に驚いた。「こんなはずでは……」と他の一〇クラスの頁も確かめてみたが、やはりほぼ同様の割合で「丸刈り」が少数派であった。しかしその思い違いにはそれなりのワケがあることにも気がついた。

「こいつは肉テン（お好み焼きの方言で、彼のズボンは円形の尻当て布で補強されていた）、その隣がカッパ、これが銭ハゲ、山ザル、ハナタレで……それと出ベソにケン坊……」と、小さな古ぼけた顔写真を一人一人指差しながら思い起こしてみると、朝から夕までいつも行動を共にしていた遊び仲間は、ケン坊一人を除いて残り全員「丸坊主」であったからだ。もちろん、私も「五厘の丸刈り」。なぜかクラスの中の仲良しグループはこの髪型に対応した分かれ方となっていて、何かにつけてモメゴトが起きる間柄でもあった。

五分（九ミリ）、三分（六ミリ）、一分（三ミリ）、五厘（二ミリ）とそれぞれの厚さの刃先の「バリカン」で刈り込む「丸刈り、イガグリ、坊主頭」。これに対して耳横の側頭、襟元の後頭は刈上げで、額の生え際に沿って前髪を切り揃える「坊ちゃん刈り」。「丸刈り」同様に個々の子どもの丸や四角、馬面の顔や頭の形、額の広さに関わりなく皆一様のキッチリしたカタチの刈り方が基本であったが、高学年となった一九六〇（昭和三五）年頃からは少し変化も出始めて、前髪を長くしたり、横に分けたりする者もいて、「すだれ、ヨコワケ、シチサン（七三）」と仇《あだ》名《な》が付けられた。そして中には長い夏休みの間に「坊ちゃん刈り」に「転向」する者もいて、「丸刈り」からのイジメの標的となった。

一六名の「坊ちゃん刈り」がいたが、もちろん、全員が良家の子弟、乳母《おんば》日傘《ひがさ》育ちの本当の「お坊ちゃん」であったわけではない。医者や教授の息子のそれらしき一、二名を除けば、半数以上が公務員、会社員の息子、後は電気店、美容院、自動車修理、洋服店、パチンコ屋と親の職種もいろいろで、母子家庭、長屋住まいの息子たちもいた。一方「丸刈り」の方は、教師、農家、漁師、畳屋、魚屋、床屋とこちらもいろいろで、土地持ちの旧家、金持ちの質屋の息子がいたから、金持ちと貧乏人の比率はほぼ同じだ。一九六〇年当時の散髪代金（東京都内）は大人一六〇円、「坊ちゃん刈り（理容業界ではこの名称は用いられず、料金表には〝子供調髪〟となっていた）」は九〇円、「丸刈り」は六〇円（『千葉県理容史』編纂委員会、一九八一）。銭湯代が一五円前後の時代だから子沢山であれば大きな差額となるが、男子の髪型をこの二派に分かつ決定的なワケは家庭の経済的な事情によるものではなかった。そのワケは、どうやら五〇年代後半からの「高度成長」とともに各家庭に急速に浸透し始めた「新しいライフスタイル」にあるようだ。

図14　坊ちゃん刈り（『理容組合　用語・技術解説』より）

二派には互いを隔てる大きな違いがあった。「授業参観日」に化粧してヨソイキでやって来る母親たち、いつも綺麗なズック靴、教科書以外の「問題集やドリル」、流行の遊具やオモチャ、休日に家族揃っての外出などの「坊ちゃん派」。給食をはやく平らげる、ダブダブのセーターや裾を折った長ズボン、ハンケチと鼻紙などの持ち物検査表に×が並ぶ、「お誕生日会」などに無縁だった「丸刈り派」。少々乱暴な分け方をすれば、「戦後民主」と「戦前封建」、あるいは「勤め人の核家族、ママがいるマイホーム」と「第一次産業に従事する大家族、お母《か》んがいるイエ」と、それぞれの「家のカタチ」が違っていた。私たちより下の学年になるほど「坊ちゃん刈り」、上の学年になるほど「丸刈り」の比率が高くなったように、私のクラスの「丸刈り派」は次男や末っ子が、「坊ちゃん派」は長男や一人息子が多く、つまり親の世代が異なっていた。新しいナガレを抵抗なく受け容れるのは、常により若い世代である。何しろ次から次へとモノゴトの新旧の入れ替わりの激しかったこの時代における四、五年の世代のズレは、衣食住から趣味や娯楽にまで及ぶライフスタイルに大きな違いを生み出した。そして家の外での「勤め」で生計を立てる若い世代の親ほど「高学歴」への信仰は深まり、我が子の将来の「豊かな生活」の実現のためならば教育への投資を惜しまず、子どもの希望はできる限りかなえようと、子どもを「家の暮らしの中心」に置いたのだ。

「いっぺん伸ばしてみたいな」「僕もや」「こないだオ父《ト》ンが酔っ払って機嫌ええ時に頼んでみたら、「何やて？　ボチャーンと池にはまりたいってか」やと、話にならん」「うちのオ母《カ》ンはこうや、「池田のおっさん（首相）が、貧乏人は麦を喰え！　というとったやろ、貧乏人にもホコリがあるんや」、ワケが分からんわ」「ヨコワケの家ではカゾク会議の話し合いで何でもキメルらしい」「ホンマ、そんな勤め人の家に生まれたかったなあ」。

遊び終えての帰り道、仲間と別れて二、三人になると、つい本音が出た。しかし卒業間近になるにつれて、突然「青坊主」となって登校してくる「坊ちゃん刈り」が一人、二人と日を追うごとに増えていった。中学校では男子は「丸刈り」がキマリだったからだ。仲間入りした青い頭皮を見て「ざまあ見ろ」と同時に「カワイソウ」と思う感情、「なんで皆同じにせなアカンのやろか」という疑問、そしてこれからの窮屈そうな中学校生活への不安が入り混じった複雑な心境だった。

ちょうどこの頃、海の向こうでは、若者の熱い支持を集めた「長髪」の音楽グループの「ビートルズ現象」が起こり始めていた。

「生徒心得」

中学入学と同時に配布される生徒手帳。本校の沿革、校歌、教育目標などの後に、「一、中学生らしい身なり……気持ちのよい服装」といった箇条書きの「生徒心得」が記されていた。「心得」である限り、「事前に承知しておくべき事柄、自発的になされるワキマエ」であり、そしてそこには先生から生徒、学校から父兄、上から下に申し渡される「力関係」が暗黙の前提となっている。今でも「生徒手帳」の基本的な形式は変わってはいない。

戦後の「六・三制」発足後、日本全国の中学生の「中学生らしい身なり」は「丸刈り」が当たり前とされてきたが、戦後が進むにつれてこの「丸刈り強制」への不満が囁かれ出し、一九

2　頭　　髪
〔男　子〕
(1)　まゆにかからない。
(2)　耳にかからない。
(3)　えりにかからない。
(4)　故意に髪型を変形したり，整髪油をつけない。
（パーマ，アイパー等禁止）
(5)　着色，脱色をしない。
〔女　子〕
(1)　まゆにかからない。
(2)　肩にかからない。
（髪がたれてくるときは，普通型のピンか黒・紺のゴムでとめる。）
(3)　故意に髪型を変形したり，整髪油をつけない。（パーマ，カール，着色，脱色
— 24 —

図15　ある中学校の生徒手帳（筆者提供）

七〇年代に入ると全国各地で公然とした「異議申し立て」や「事件」が起きるようになった。まずは埼玉県入間郡の「町立大井中学校」。この学校では戦後直後の四七（昭和二二）年に制定された「生徒心得」の「男子の頭髪は三分刈り以下にしよう」に基づいて、長期間にわたって男子生徒の髪型を決めてきたが、都心から電車で三〇分ほどの町が急速にベッドタウン化した七三年、入学予定者の生徒や父兄の間で「丸刈り強制」への反対の動きが起きた。

「丸刈りは戦時期日本の兵隊スタイル、新しい時代に相応しい頭髪の自由選択」を父兄有志は申し入れたが、学校当局は「本校の伝統、中学生としての自覚、集団生活、清潔衛生、美観上からも長髪は見苦しく、生活指導に困難を生じる」と拒絶した。続いて教育長、町長、県教育局、知事に面会して見解を求めたが、いずれも学校長の裁量事項として積極的な動きを示さなかった。当時の埼玉県の中学校では、例えば浦和市では一三校のほとんどが「自由選択」、逆に熊谷市の一一校の大部分が「丸刈り」と地域によって実態は大きく異なっていたが、比率

はほぼ半々。時代のナガレは「自由選択」に向かいつつあったが、大井中学校は「悪法も法なり」と「丸刈り」の学校の方針を変えることはなかった。その後新入生一三一人のうち一三人が長髪のまま入学したが、学校側は長髪生徒の学級委員の任命拒否、クラブ活動への入部制限、また内申書に影響せざるを得ないことをほのめかし、そして長髪生徒に反感をもつ上級生からのイジメや暴行も放置した。「まずは髪を刈ってから」と一切話し合いに応じない学校側、その立場を支持するPTA総会、こうした状況の中、父兄有志は「基本的人権の侵害」として「日弁連・人権擁護委員会」に調査を申し立てた。

翌一九七四（昭和四九）年一月、「日弁連」は「……頭髪は身体の一部であり、髪型は人格の象徴であるから、これを規制することは、憲法上保証された基本的人権である人身の自由と表現の自由を制約することになる。……生徒の頭髪を規制するには、教育上規制を正当づける合理的理由即ちこれを規制しない場合における学校秩序ないし教育課程に対する明白かつ実体上の危険が現存しなければならない。……頭髪を規制する理由として、伝統、心機一転、運動と生徒指導上の便利及び身だしなみ……を挙げているが、伝統は単なる時間的経過……心機一転は内面的な問題……運動と生徒指導は単なる便宜の問題……身だしなみは問題のすり替え……、教育上その規制を正当づける合理的理由が認められないから違法であり、生徒心得の頭髪規制条項は無効であるから生徒に対して何等の拘束力をもつものではない」という判断を示し、違法にも拘わらず、学校当局はさらに「内申書への影響」と威圧し、暴行を放置したことの不法性を指摘した。そして「丸刈り強制」が憲法上保証された「基本的人権」を制約し、かつ「個人の尊厳を重んじ……生徒の自主的精神を養成するように行われなければならない」という教育基本法の精神に反するものと結論づけて、人権侵害の起こることのないよう適切な措置をとることを勧告した（歴史教育者協議会『日本の子どもたち 5』一九九六）。

それから七年後、今度は九州の地で「丸刈り議論」が司法の場に持ち込まれた。熊本県玉東町の玉東中学校では、入学予定者の中に丸刈りを「軍国主義の遺物」と反対を唱える一組の親子がいたため、これまで慣行として守られてきたキマリを慌《あわ》てて「校則」に制定し直して明文化した。長髪のまま入学後も学校側と話し合うが平行線に終始、PTA総会も二一一対一で現校則を支持。「異物」に対してイジメも起きたが、学校はイジメル側に厳しく対処、何故なら生徒の父親は「法学部出身のインテリ」で「困った思想の持ち主」、つまりトラブルをできるだけ避けて、「裁判沙汰」にでもならぬようにと陰湿な「ハレモノ、シカト作戦」に出た。

一九八一（昭和五六）年、長髪生徒が原告となって「丸刈り校則」の無効を訴えて熊本地裁に提訴、日本初の「髪型訴訟」「校則裁判」となった。原告の主張は次の二点である。

一 憲法違反

本件校則は第一四条「法の下の平等」、第三一条「正当手続き条項」、第二一条「表現の自由」に違反する。
二裁量権の逸脱
校長に与えられた営造物権力の行使は、教育の外的条件を整備するという目的にのみ許されるべきで、その範囲を超えて内面的な倫理上の問題である頭髪に規制を加えた本校校則は違法であって、無効である。また学校には教育の自治権とも言うべき教育裁量権が認められるが、子の教育の受ける権利を侵すものであってはならないし、親の持つ子を教育する権利に優越しその権利を奪い去るものであってはならない。……本件校則は原告の権利を侵害する。

裁判は長引き、判決の出る前に原告は卒業を迎えたために、この無効の訴えは「原告適格を欠く」として却下された。そして原告の主張をほとんど認めることなく、損害賠償の請求も校長の裁量権を広く認める立場から退けられた。全面敗訴である。「もう君は中学生ではないのだから……、そして実際に切除を強制されなかったのだから」とノタマウ裁判官、「二一対一」の圧倒的多数で学校支持を評決した国民に相応しい「司法の在り様」とでもいうべきか(下村哲夫、二〇〇一)。

しかしこの五年後、東京の私立女子高の「パーマ退学事件」で東京地裁は「個人の髪型は、個人の自尊心あるいは美意識と分かち難く結びつき……強制することは身体の一部に対する直接的な干渉となり……個人が髪型を自由に決定する権利は、個人が一定の私的事柄について、公権力から干渉されることなく自ら決定することのできる権利の一内容として憲法第一三条により保証されていると解される」として、学校側の特定の髪型の強制を憲法違反との判断を下した。「当たり前」とされてきた「頭髪規制＝教育的措置」の正当性、合理性が司法の場で初めて問い直されたのだ。

今では高校生のパーマは珍しいものではなくなった。そして中学生の丸刈りは私学や公立の一部を除いてすっかり姿を消した。

では「昔からの伝統」といわれるこの「丸刈り」が、「子どもの望ましい髪型」となったのは一体いつ頃からなのか、そして戦後の新制中学発足と同時にキマリとなったワケは一体何だったのだろうか。

剃髪、断髪、そしてバリカン

頭髪は身体の中で形を自在に変えられる唯一の部分である。さらに個人を特徴づける顔の上部に在って、顔を構成するのに不可欠の部分であり、前後左右、四方八方、外部に開かれた最も他者の眼に触れやすい場所である。したがって世界中で古くから、各地それぞれの暮らしに相応しい独自の髪型＝文化の型を育ててきた。男女の性別、子どもと成人、未婚と既婚などを区分けしたり、身分や地位、階層や階級、集団や部族などの違いを示したりする髪型は、その地の人々にとっては重要な「意味の体系」となる。しかしそれぞれ独自の髪型をもつ世界各地において、「髪を切る」や「髪を剃る」は、フッーの生活とは異なった特別の事態に対応したイトナミであることは、洋の東西を問わず共通しているようだ。例えば不祥事や失敗を悔い改める意思や態度を示す「断髪」。信仰に生きる決意のもとに仏門への出家やカトリックへの入信のキマリに従う「剃髪《ていはつ》」。これらがこれまでの生の更新やこの先の人生の潔癖さを求めての自発的意思に基づく髪型であるのに対して、力によって強制、強要される「断髪や剃髪」がある。古代ローマ帝国は侵略征服した北方民族人民の髪や髭《ひげ》を切り落とし、満州蒙古族は清王朝成立時、自分たちの習慣である「弁髪《べんぱつ》」を強要したように、屈服や服従の奴隷、被支配者の髪型であり、また規範や法に背いたために囚人に課せられる刑罰としての髪型でもあった（劉香織、一九九〇）。

日本人の髪型の基本は、男女や老若を問わず「長い髪を結う」ことにあった。僧侶以外の「断髪、斬髪《ざんぱつ》」は、他国と同様、人生の落伍、生命の危機というネガティブな局面に立たされることと同義であった。しかし「維新《いしん》」を迎えて事態は逆転、事情は一変した。この国の近代化は「髪を切る」こと、即ち「伝統を断ち切る」ことから始まったのだ。

時代は「明治」となったが、「旧い身体」はすぐには変わらない。「半髪頭をたたいて見れば、因循姑息《いんじゅんこそく》の音がする。総髪頭をたたいて見れば、王政復古の音がする。散斬頭をたたいて見れば、文明開化の音がする」と唄う川上音二《かわかみおとじ》郎《ろう》の「オッペケペ節」が流行ったように、長い時間をかけて個性を競い、洗練を深めて完成の域に達していた多様な「髷《まげ》」をいまだ捨てきれない人々が多かった。武具の兜《かぶと》を被《かぶ》るため、そして「気」の逆上を防ぐために剃り込んだ「月代《さかやき》」も「髷の結い方」も、戦乱が無いとなればファッションの踊り場となる。髷の先を広げた武士の「銀杏髷《いちょうまげ》」、少なくなった毛髪を軽く結う「ちょん髷」、幕末に流行った「竜馬スタイル」の「総髪」、町人若衆の「いなせ（ぼらの幼魚の背中）風」、清元《きよもと》、幇間《ほうかん》、落語家、相撲取り、それぞれの間で独自の「髷ファッション」が築かれていた（荒俣宏、二〇〇〇）。

一八七一（明治四）年、「新しい精神には新しい身体を！」と明治政府は海軍の制服に英国式の洋服（陸軍は仏式）を採用し、一般国民に「断髪令《だんぱつれい》」を発布した。しかし京都では髪結業から特別税を徴収したり、また髷を切らぬ者に「出金」、福島会津地方では五〇銭、愛知県では七五銭を申し付けたりしたが、掛け声だけでは政府の思惑どおりには進まなかった。そして七三年、政府は「天皇御断髪（皇后は眉墨《まゆずみ》とお歯《は》黒《ぐろ》を落とす）」を発表。皇居内の鳳凰の間で、西園寺侍従らと山岡鉄舟《やまおかてつしゅう》に見守られて、フランス人コルテによる「中支点の西洋鋏《せいようばさみ》」を手にした理

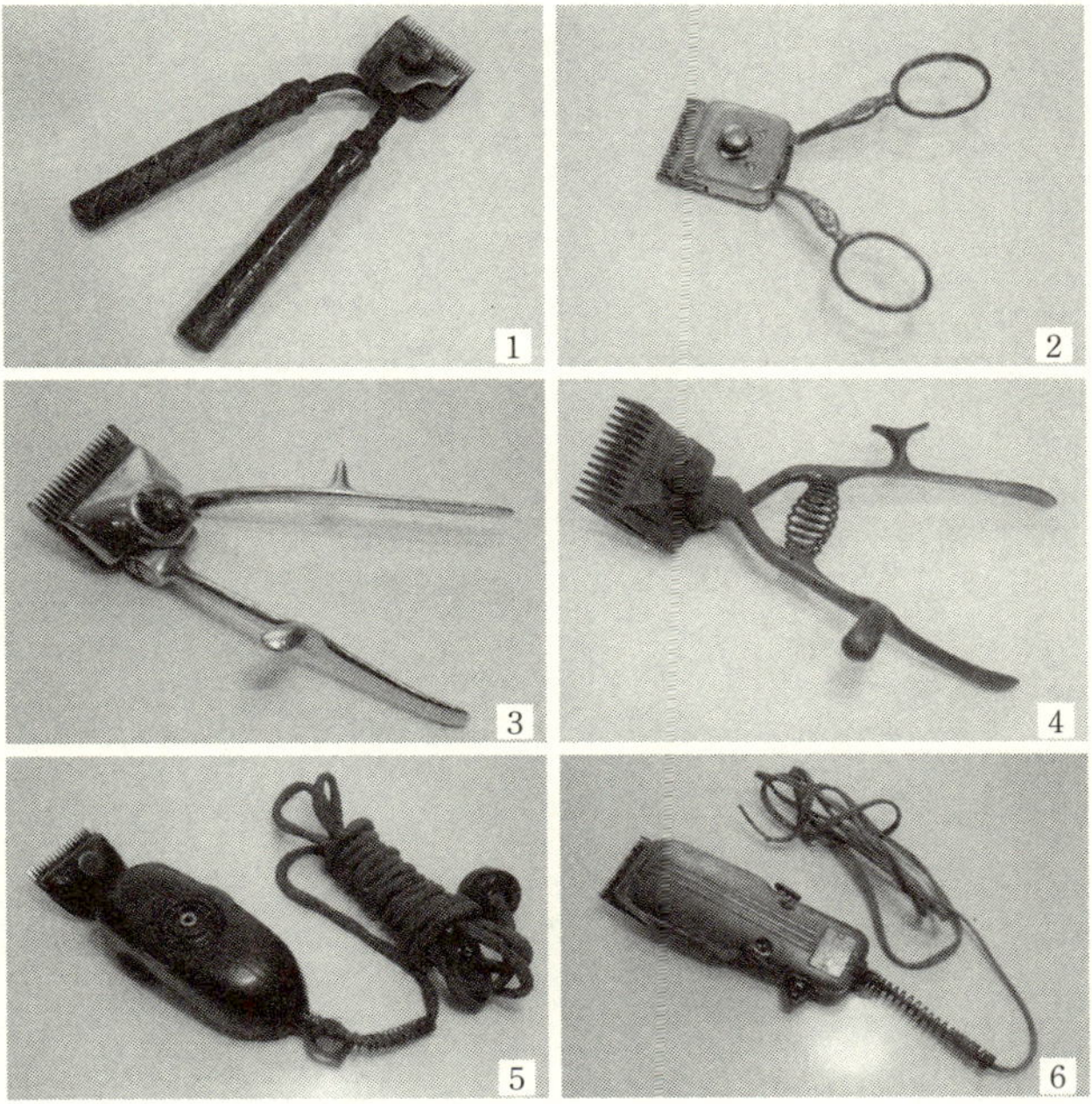

図16　バリカン（全国理容生活衛生同業組合連合会所蔵）
1　ジャッキ（明治末期），2　ヒゲバリカン（大正期），3　内バネ式バリカン（昭和期），4　外バネ式バリカン（昭和期），5　電気バリカン（昭和10年頃），6　電気バリカン（戦後）

髪師、河名《かわな》浪吉《なみきち》によって断髪。それから待つこと十年余、海の向こうから格好の一つの道具がやってきた。

一八八三（明治一六）年、「バリカン」がフランス公使「長田《ながた》桂太《かつた》郎《ろう》」によって初めて日本に持ち込まれた。元は馬や羊などの動物の毛を刈り込むための道具で、それを人間の毛髪用に改良した全長三〇センチほどの「両手式手動毛髪刈り込み器」。フランス語では tondeuse、英語では clipper だが、日本名「バリカン」は刃先の裏に刻印された製造会社名 Bariquand et Marre に由来する。来日した外人から「西洋式理容術」を習得した髪結職人たちが、「三色塗りのアルヘイ棒（中世西洋では刃物の扱いに熟達した理容師は「瀉血《しゃけつ》」などを行う外科医でもあり、三色の白＝包帯、青＝静脈、赤＝動脈を示すシンボル）」を看板にした「理容店」を横浜、東京などの都市部で次々と開業し始めた。人々は断髪後の見慣れぬ頭を隠すために「帽子」を買い求め、「帽子屋」は大繁盛。近代日本人の「新しい身体」づくりは、こうした舶来の技術と道具で可能となったが、何しろ「バリカンと西洋鋏」は高価で数が少ない故に、「断髪」の本格的な普及は、その後の「片手式バリカン」の輸入や国産品の登場（一八九〇年）までしばらく時間がかかった。当然「丸刈り」はいまだ日本人の髪型としてアラワレてはいなかった。なお、「ドイツ製電気式バリカン」が輸入されたのが一九二〇（大正九）年前後、その国産化が六年後。日本全国に「子どもの髪型としての丸刈り」が普及、定着するのはそれ以降のことだから、「昔からの伝統」といっても、その「歴史」は極めて浅い（佐藤秀夫、一九九六）。

戦争と「丸刈り」

「戦争と髪型」には強い結びつきがある。昔は部族などの社会集団や民族の宗教圏といったものの境界線上で、習俗や規範、法などの考え方の違いから対立が生じ、武力に訴える戦争が起こった。したがって戦う兵士の髪型もそれぞれの文化に応じたさまざまなカタチで、敵同士が対照的な髪型をしていることも多く、かつ頭部を保護するために長髪がフツーであった。しかし中世、近世と時代が進むにつれて武器や軍装品が発達し、どこの国の軍隊でも同じようなモノを手にするようになった。その一つが頭部を防護する「鉄兜《てつかぶと》」。この武具を装着するには長髪は不便、また長時間の着用によるダニ、シラミなどの寄生虫対策という衛生上の配慮からも、日本のサムライの頭頂部を剃り込んだ「月代」スタイルのように、世界中の兵士の髪型は次第に「短髪化」へと向かい出した。

一八九四（明治二七）年の日清戦争、一九〇四年の日露戦争、相次ぐ勝利でますます軍事大国に傾く日本。まずはこの大日本帝国の軍隊、陸軍の兵士に「丸刈り」が出現した。「軍人の丸刈り」は、何も近代日本に始まったものではないし、そこに限定されるものでもなく、世界中に広く、現在もみられるものである。世界最初の「丸刈り軍隊」は「普仏戦争（一八七〇年）」時のプロシア軍といわれている。この戦いにおいて、三年間の短期兵役制を採用し、厳格な規律と効率的に訓練された「丸刈りの大衆軍隊」のプロシア軍が、一〇年間の長期兵役制の「職業軍隊」のフランス軍に対して圧倒的勝利を収めた。この結果がその後の「兵学界や軍隊組織論」に影響を与え、ヨーロッパ各国の軍隊は「規律と訓練」のシンボルとして「丸刈り、短髪」を軍のキマリとして採り入れるようになった。

　もちろん、軍人全てがその規制の対象となるわけではない。「軍隊」の至上課題は「勝利」、そのためにこの組織の原理は、「命令」一声で動く「上下」関係を基軸にして構築されることが絶対となる。「髪を切る」対象はまずは「命令される側」、「鉄兜」を頭に烈しい戦闘状況の前線に送り込まれ、直接の戦いを担う死の危険性が高い「下級兵士」である。「大日本帝国軍」でも直接の戦闘場面に立たない海軍では「下級兵士」までもが第二次大戦前まではフツーの髪型であり、日本最初の「丸刈り集団」が出現した陸軍でも将校や幹部クラスはフツーの長髪であったのだ。アメリカ軍兵士の代表的な髪型、極端に短く刈り込んだ角刈りの「GIカット」の「GI」とは、「Government-Issue＝政府の支給品」のことで、衣服や身なり全てがそれらでまかなわれるような「下級兵士」を指す俗称。

　次は「新兵」である。韓国の有名なスポーツ選手や映画スターが「兵役」に就くために「丸刈り」になった映像がニュースで流される。現在の世界中の「軍隊」、とくに国民皆兵、徴兵制度を採る国では「新兵の丸刈り」は共通するキマリのようだ。

　「軍人」に必要なことは、何よりも上官の「命令」への服従であり、掛け声一つで「素直な殺人者」となれることが求められる。「殺し合い」の戦場で自らの生命を守れるか否かは、「いざという時」にも人間としての感情を押し殺し、そのユレを抑えられるかどうかに懸かっている。そうした「精神の構え」をつくる訓練の第一歩が「丸刈り」という「身体の構え」である。すなわち個人であることを捨ててある集団、それも特殊な階級集団の一員となることを自覚させるということである。頭の髪とともに自分の出自や過去の人生も、個性も、信条や思想も、社会的地位も切り落とす。つまりこれから一人前の兵士に変貌する上でブレーキとなりうる全てを取り除く儀式であり、同じように刈り込まれた頭に同じ制服を身に纏って一つの隊列に入ることで、何一つ違わぬ同型同質のモノ、軍人という型にハマル用意が整うのである。

現代の軍隊では入隊してくる女性兵士も多い。そしてかつては「看護兵や秘書」といった戦闘行為に直接関わらない職務に限定されていたが、今日では男性兵士と同じ役割や任務を担うようになってきた。しかしアメリカの士官養成学校の一部の「男女共に丸刈り」を除いては、女性の新兵には男子とは違って「首筋を出すこと、人目を惹かないこと」程度の髪型規制が一般的である。

そして「戦争」に関わるもう一つの「丸刈り」がある。戦争の勝者が敗者に対して執る「丸刈り」である。捕虜となった兵士だけでなく、勝者が敗者の国の民間人を対象にして服従、隷属あるいは民族の劣等性を刻印するために行う「丸刈り」もあった。古代ギリシアやローマをはじめ古くから世界中で見られることだが、つい最近の出来事、「私たちの歴史」のなかでも、「日本」が「アジア」の人々に、「ナチス・ドイツ」が「ヨーロッパ」の人々に対する残酷で野蛮なフルマイのなかに、この「丸刈り」強制もあった。もちろん、国家間の戦争ではなく、自国内における対立、内戦によって権力を奪取した側が相手側に対して執った「丸刈り」、例えば「ロシア革命」時の反革命分子の強制収容所送り、中国の「文化大革命」時のインテリや官吏に対する紅衛兵《こうえいへい》の批判弾劾などの場合も多い。

一九四三（昭和一八）年、ドイツの「ユダヤ人強制収容所」に送り込まれた人の証言である。

……われわれは丸裸で次の部屋に連れていかれたが、そこには天井から二〇本ほどもの電線がぶら下がっていて、先の部分がバチバチ音を立てていた。一種のバリカンだった。われわれはそれで頭のてっぺんから爪先まで、髪、頬ひげ、口ひげからはじまって全身に至るまで剃り上げられたのだ。股間のデリケートな部分も容赦なく剃られた。このバリカンは、それこそ何千、何万という人々を剃り上げてきたに違いなかった……

（M・モネスティエ『図説 毛全書』大塚宏子訳、二〇〇五年）

ナチスはユダヤ人からありとあらゆるモノを奪い取った。大量虐殺で命はもちろんのこと、財産没収に始まって、宝石、櫛《くし》、靴、眼鏡、金歯、人工装具に及び、死体から石鹸《せっけん》を作り、焼いた灰から肥料を作り、膨大《ぼうだい》な量の骨を工業用途で売りさばいた。ナチスの「戦争の経済学」

では、元を取るには、捕虜が九ヵ月以上は生き延びないようにしなければならない、という「狂気の計算式」まであった。

だが、その中でも最も産業らしい産業に結びついたのは、「丸刈り」された髪の毛であった。僅かな食料、過酷な強制労働で「生ける屍《しかばね》」となっても髪は伸びる。加工が可能となる二〇ミリ以上になると、そのつど「丸刈り」にされ、そしてその毛髪から潜水艦の乗務員用の防音ブーツ、国有鉄道の従業員用の防寒靴、東部戦線の兵士用の毛布、一般国民のスリッパが作られた。ナチスの敗北が決定的となり、連合軍によって解放されたある収容所では、倉庫に数トンの髪の毛が山積みにされていた。推計によると、アウシュヴィッツ、ビルケナウの二つの収容所だけでも、二〇〇トンに及ぶ髪が工業用に出荷されたという（M・モネスティエ、二〇〇五）。

そして共産圏や軍事政権下の政治犯、ボスニア、セルビアの各収容所、パレスチナ人が捕虜となったイスラエル、アフガニスタン、イラクで囚われたイスラム教徒がいるアメリカ軍の収容所、支配―被支配、体制―反体制の境界線が引かれている世界の各地では、力ずくで強いられる「丸刈り」は、今でもなお、後を絶たない。

「丸刈り小国民」

一八九五（明治二八）年、日清戦争を勝利に導いた「丸刈り兵士」の凱旋パレードが日本の各都市で相次いだ。この戦勝気分の中で若者の志願兵の数は例年の十数倍になり、子どもたちはサーベル、鉄砲、ラッパ、太鼓といった戦争玩具を手にして「戦争ごっこ」に夢中になり始めた。帰って来た英雄たちに倣って大人や子どもの間で「新しい髪型＝丸刈り」がこの頃から流行りだしたが、これはあくまでも個々の意志に基づくもので、「国家の意志」に沿った「丸刈り集団」が日本全国の校舎に出現したのは、一九三一（昭和六）年の「満州事変」勃発から「一五年戦争体制」に突入した以降の出来事であった。

一九三七年「国民精神総動員運動」、翌年には「国家総動員法」が公布。戦線の拡大につれて生活物資の配給制、鉄などの金属製品の没収供与により、理髪店の商売に欠かせぬタオルや石鹸、バリカンや鋏、椅子の理容道具も品不足となった。「長髪禁止、洗髪廃止論」の声が大きく巻き起こる中、「大政翼賛会《たいせいよくさんかい》」の指示の下、理容業界も各店に次のようなポスター、

やめてくださいお兄様、あなたの長いリーゼント、おふとん枕夜具の襟、脂で光ってペタペタと……いまはお国の新体制、日本男子にふさわしく、物資の節約第一に、無駄な手間は省きましょう。

を貼りだして、「小人ハイカラ刈り（坊ちゃん刈り）」の自粛を決め、大人の髪型として「防共

翼賛型」、①総五分刈り、②前髪五分、③前髪一寸、の三種類の短髪を推奨モデルとした。そして「国家検定」は頭髪だけでなく、四〇年には「国民服令」が公布され、男には「準軍服」としての「国民服」、女には「銃後を守る」に相応《ふさわ》しい「標準服」が定められた（井上雅人、二〇〇一）。

もちろん、この「同一の身体」を強いられたのは大人だけでなく、「小国民」としての責務を負うことになった子どもも例外ではなかった。四一年には「国民学校令」が公布され、校舎は紛れもなく「明日の軍人」を育てるための「兵舎」となった。登校してきた「丸刈り小国民」はまず御真影《ごしんえい》に向かって一斉に頭を垂れ、直立不動で勅語を奉読。唱歌では「愛国の歌」を唱和し、国史では「神国日本」が説かれ、地理では拡大する領土を確かめ、書方では兵隊さんへの慰問袋に入れる手紙を書き、総合ではスピーカーから流れる「敵機の爆音」を聞き分け、遠くに置かれたモノの明度色相を見分ける訓練が実施された。そして運動場に出ては一糸乱れぬ隊列行進、模擬銃剣を手に教練が続く。鍬で畑を掘り返してイモを植え、防空壕や神社の清掃に励み、出征兵士を見送るために日の丸の小旗をもって駅に向かい万歳を三唱する、これがこの時代の子どもの学習内容であり、学校生活であった。

子どもに何よりも求められたのは「集団規律」「要領どおりの行動」、一切違わぬ同質同型の「従順な身体」。その象徴が「丸刈り」である。「強靭な皇軍兵士」を練成する「兵舎」では、

「清潔で正しい身なり」のための「身体検査」は日課となる。当時の都市部の大規模な尋常小学校では、バリカンや鋏を備えた「理髪室」、そして隣室に「入浴室」が設けられることも珍しいことではなく、「頭髪何ミリ以上！」と判定されれば直ぐに理髪室送りとなった。また長期にわたる戦争で親を失い、貧苦にあえぐ孤児も次第に数を増していた。兵舎の清潔衛生、兵士の不断の心得を維持するため、彼らの髪を切り落とし、身を清める「心身の消毒」が、必要となったのだ。

しかし不敗を誇ってきた「丸刈りの神軍」は玉砕を重ねての無残な「敗戦」となった。戦場となった沖縄、本土の都市の多くが、爆弾で「丸刈り」となったが、戦勝国は敗戦国の人々を「丸刈り」にはしなかった。

旧い身体は？

一九四五（昭和二〇）年敗戦、戦後日本が始まった。兵舎は解放されて、子どもの遊び声も戻ってきた。戦後教育は大きく転換したことは確かだが、果たして「日本の身体」の「旧い血」が入れ替わったのかどうか、再び子どもの前に立った大人たちは心の底から「新しい考え方」を支持していたのかどうかは、疑わしい。

戦後直後の混乱も落ち着いた五〇年代に入ると、六・三制で発足した新制中学校では、男子には旧陸軍下士官の軍服をモデルにした「黒色サージ金ボタンの詰襟服」、女子には明治末に子ども用の体操服として紹介された「水兵のセーラー服」を「制服＝uni-form」として採用する学校が全国的に拡がった（佐藤秀夫、一九九六）。同時に「子どもらしい、男・女らしい、中学生らしい……校則」が記された「生徒手帳」の携帯保持が義務付けられた。入学式では「新兵入営」の如く同じ制服を身につけた全員が揃って壇上の「日の丸、校旗」に向かって「校則《こうそく》遵守《じゅんしゅ》」を宣誓する。そして毎朝校門にて「頭髪何ミリ以下、スカート丈膝下、床上何センチ、良し！」の「生活指導」という名の「検閲」を受けることになった。定規を片手に血眼で「違反者」を捜す教師。「馬鹿馬鹿しい」と言う莫かれ、この数ミリ、数センチにこだわるバカバカシイ「教育的措置」が在ってこそ、この国が戦後のわずかの間に驚異的なスピードで復興を遂げ、経済大国と成り得たのだ。正しい「ミナリとフルマイ」と「一糸乱れぬ集団性」。「同一の身体」間で育まれる「同一の共通感覚＝common-sense」、やがてそれが一人一人の行動を規制する「同一の内的規範＝常識＝common-sense」となる。「丸刈り」を象徴とする校則を遵守する「従順な身体」こそ「戦後教育の結実」、家の外で命を賭けて組織や集団に尽くす男、家の内で銃後を守る女、日本の高度成長の礎となった「企業戦士」を育成できたのだ。明治以降のこの国の在り方の基本は変わってはいない。表面上はともかくとしてその底流には、戦前から戦後、現在へと断絶することなく連続してきた大きな流れがある。

一九九三（平成五）年の毎日新聞社の調査では、「丸刈り」実施校は全国の公立中学校約一万校のうち約二五〇〇校。そのうちの三五〇校は見直し、撤廃を検討中だという。全体の四分の一に当る学校で依然として「丸刈り」が強制されている事実にも驚くが、時代に合った「校則の見直し」に動いていることも確かなようだ。「ファッションの低年齢化」が進む現在、髪型は子どもにとっては重要なファッション・アイテムとなっている。高校球児の「聖なる道場」の「甲子園」でも「丸刈り」校はめっきり減ったように、子どもの「丸刈り」は珍しい光景となった。小学生といえども時々の流行を取り入れた色とりどりの髪型となり、中高生にとってはシャンプー、トリートメント、美容院、ドライヤー、調髪料は、もはや生活必需品となっている。「校帽」はなくなり、黒の詰襟服もブレザーに替わり、デザインや色柄の決定に生徒の希望が反映されるようにもなった。そして「均一、画一」を「日本の病い」として位置づけて、その元凶《げんきょう》とされる「教育」においては「改革」が叫ばれ、「もっと自由と個性を！」が、国家、資本、国民の共通の合言葉となった。

「さあ、いよいよこの国は本気で変わろうとしているのか？　時代は本当に変わりつつあるのか？」と再び問い直そう。

「バリカン」がまた……

幸か不幸か、私たちが暮らしているのは「豊かな社会」である。それは取りも直さず「大量生産」されるモノやコトが「大量消費」されなければ、それ自身の維持さえ困難となる社会を指す。したがって「欲望」を絶え間なく作り出し、同時にそれに見合った「商品」を用意して、絶え間なく「消費」させることで「私の自己実現」をかなえるという「循環」、しかもこの「循環」の速度や規模の急速拡大化を必須の課題とする社会である。

「生産性向上のために合理的に搾取されるには、肉体があらゆる束縛から〝解放〟されなければならない」。そのためには「個人は自分の肉体を再発見し、自分の肉体に自己陶酔的に熱中する必要がある」とボードリヤール（一九九五）が説くように、私たちの身のまわりには、「美しさと健やかさ」をキーワードに「新しい身体」への「誘い文句」が溢れ返っている。それにつられて「旧い身体を覆う表層」を次から次と買い足し、買い換えていくごとに「欲望」は充足され、「幸福」が訪れる。そしていつの間にか「ソレ」が「私の新しい身体」と思い込んでしまうような「巧妙かつ精緻なシステム」のなかで、私たちは現在生きている。たとえ獲得したモノや体験したコトが予め用意された「商品」だとしても、そしてそれらが錯覚や擬似に基づいた「ニセの具体性」（K・コシーク、一九七七）であることが明白だとしても、私たちの「欲望」「幸福」が極めて「具体的な快感」であるが故に、この「循環」の外に出ることは困難なイトナミとなる。話はそう簡単ではないのだ。

「もっと自由、より個性!」をこの「循環」のなかで求める限り、もちろんそこで得られる「自由と個性」は、「体制の大枠」から越境、逸脱しない、ちょっとした他者とのチガイ程度のものに過ぎない。「全般的操作可能性のシステム」を備えた「国家」では、もはや「強制」に直接手を下す必要もなく、成員個々の「自発的意思と行為」を見守るだけでコトがうまく運ぶのだ。それが証拠に「剃り込みリーゼント」のツッパリも二〇歳前には「引退」し、「茶髪ロン毛」の学生も卒業前には「リクルートカット」と「更生」も一段と早くなった。

「たかが、されど」の髪型、とりあえず「多様」が認められることは望ましい。権力によるレイプである「強制」の廃止は当然のこと。一人一人の「私の生」は、一人一人の「私の身体」に支えられるものである。とくに子どもの「柔らかい、幼い身体」に外からの強制によっていったん刻み込まれたモノを取り除くには、大変な労苦と長い時間を要するのだから。

そして「日本の身体」には依然として「旧い血」が流れていることに注意しておこう。「万全」を誇ってきた「日本システム」にホコロビやイキヅマリがしだいに見え始めた現在、寛容柔和な相貌の裏には、捨て切れなかった、かつての醜い野望も露呈し始めた。「気を緩めることなかれ」、そう、再び「バリカン」を手に「丸刈り小国民を!」の動きの気配が、忍び寄っている。

（石谷二郎）

Ⅲ　子ども期を彩るモノ

1　写真――「子ども時代」を記録するモノ

家族のアルバム

通帳と位牌《いはい》を持って、命からがら逃げ出して……もうこの家は駄目だ……今日はどうしてもアルバムを探し出して……持ち帰りたい……。

二〇〇四（平成一六）年の新潟中越地方を襲った大地震で壊滅状態になった山古志村《やまこしむら》。一時帰宅が許されて、傾きながらも割れた地面にしがみつく我が家の前に立ち尽くすお年寄りの女性が、容赦なく目の前に突き出された報道のマイクに、ぽつりぽつりと、そう応えていた。

一九七四（昭和四九）年の東京多摩川水害では堤防が決壊し、岸辺の新興住宅地の一九戸の家が次々と濁流に飲み込まれてゆく様子がテレビで生中継された。下の土がえぐられると瞬く間に箱舟となって流れてゆく我が家を前にして、「……せめて……この子たちの思い出のアルバムだけでも……」と嗚咽のなかで搾り出す家人の声が画面から響いてきた。当時はまだ家庭を持たない独り身のアパートの一室でこの「他人の不幸」を眺めていた私は、「そういうモンかなあ」と、その予期せぬ家人のコトバをよく理解できないでいた。

どこの家でも、そこがフツーの家庭なら、少なくとも一冊や二冊のアルバムがあるはずだ。旧家ともなれば祖父母の時代から受け継いだ数十冊が蔵の棚に並ぶ家もあれば、押入れの片隅のひしゃげた菓子箱に無造作に入れられたバラ写真の家もある。また台紙に隙間なく写真が並ぶ家もあれば、選ばれた一コマの横に日付やコメントを記す家もあるし、年が替わるごとに一冊作る家もあれば、将来子どもが独立する時に手渡してあげたいと、一人一人の専用アルバムを用意する家もある。家によってそれぞれに異なった独自の整理、作成の仕方があるようだ。そして子どもを病気や事故で失ったために中断されたままのアルバムもあれば、家出や離婚のために抜き取られた後の余白が目立つアルバムもある。

誕生、七五三、入学、卒業、成人、結婚と人生の節目ごとのハレ姿、運動会や遠足などの学校行事、村のお祭り、恋人時代のデート、夫婦、家族の旅行と在りし日の出来事をそこに収めた写真、そしてそこに流れてきた時間を留めた「家族のアルバム」は、自分の歩んできた人生の、子どもの成長の、そして一つの家族の成り立ちの歴史である。

山里で独り暮らす老人にとって、先立った連れ合いの遺影やこの地を遠く離れて暮らす子どもや孫たちの写真が、現在を共に生きる家族なのだろう。またたとえ近くに居を構え、あるいは一つ屋根の下に暮らす家族にとっても、突然の予期せぬ災害で消えてしまった「家族のアルバム」は、他の何モノをもってしても替え難い、唯一無二《ゆいいつむに》の「家族であることの証し」であるが故に、どうしても取り戻したい大事なモノなのだろう。赤の他人にとっては単なる紙くずやゴミに過ぎない一枚の写真や一冊のアルバムは、そこにいる私や私の家族には欠かせない「宝の山」であり、確かな「記録」であり、温かい「記憶」なのだ。

お姫様から

習字や絵日記、詩や作文、絵に工作物、ノートや教科書、通信簿に表彰状、グローブやバット、私の子ども時代を留めるモノは、写真以外何も残ってはいない。それもほとんどが、年度始めの学級写真、遠足や修学旅行の記念写真、卒業アルバムといったオキマリの学校の「公式記録」である。個人的なモノといえば、可愛い盛り（のはず）の乳呑み児の写真は、屋外で撮られたピンボケが数枚、あとは運動会や学芸会の時に友達の親が我が子と一緒に写ったのを焼増ししてくれた写真であったり、近所の金持ちのオジさんの新品のカメラの試し撮りの写真であったり、そうしたモノの僅かばかりがあるだけである。

私の子ども時代は一九五〇年代。当時は現在とは比較にならぬ写真事情。街には数軒の立派な店構えの写真館があり、三脚の暗函蛇腹式《あんばこじゃばらしき》の後ろで黒い幕を被るプロの写真師がいた。写真機は贅沢品で物品税一二〇%が課税される、貧乏人には手が届かない特別なモノ。年度始めの学級写真の撮影日は先生から前もって予告があり、その週の日曜日の散髪屋は子どもの順番待ちができるほどの、写真を撮ることは特別なコトであった。そんな時代であった。では「写真の大衆化」、誰もがカメラを手にして「私と私の家族」を撮り、その歴史を記録する「アルバム」を作り始めたのは、いったいいつ頃なのだろうか。

その始まりは「殿様の姫君」であった。一八四八（嘉永元）年の幕末に海の向こうから渡来した「カメラ・オブスキュラ＝暗い小部屋」。長崎の輸入商からその一台を手に入れた薩摩の藩主島津《しまづ》斉彬《なりあきら》は、蘭語《らんご》のマニュアルの翻訳《ほんやく》に九年を費やし、ようやく五七（安政四）年に「印影鏡＝銀板式カメラ（露出時間三〇分）」で自身の肖像写真の撮影に成功し、その後には違った方式の「湿板式カメラ（露出時間は秒単位）」を使用して殿様自らの手によって三人の娘たちの写真を撮った。これが我が国で最初の子どもの写真であり、家族のアルバムの始まりだろう。現存が確かめられてはいないが、同じく「カメラ・オブスキュラ」を入手した一五代将軍徳川《とくがわ》慶喜《よしのぶ》、水戸藩主徳川斉昭《なりあき》も、きっと家族のアルバムを作っていたのだろう。

それから遅れること三年後、その輸入商の息子でポンペの医学伝習所で舎密《せいみ》学《がく》（化学）を学び、教科書に登場する「ポトガラフィー」なるコトバに魅せられた上野《うえの》彦馬《ひこま》は、木箱に銀紙を貼り合わせ、双眼鏡の玉を組み込んで写真機を、洋酒からアルコールを、牛を解体してその血や骨から青酸カリやアンモニアを精製して取り出して感光材や現像液を作り出した。そして試行を重ねて撮影術を完成した後、藩校の化学教師の職を捨てて長崎に「撮影局」を開業した。同じ頃、西の長崎に対して東では、伊豆下田生まれで絵師の修業中にハリスの随行員であったアメリカ人から写真術を習った下岡蓮杖《しもおかれんじょう》が横浜で、同様に在留する外国人から「鏡照相術《きょうしょうそうじゅつ》」を学んだ鵜飼玉川《うがいぎょくせん》が江戸薬研堀《やげんぼり》で「写真館」を開店した。訪れる客は在留する外人、大名や家老の上級職、坂本龍馬《さかもとりょうま》や高杉晋作《たかすぎしんさく》などの開国派の武士、金持ちの商人、役者や芸人、芸者などの限られた人ばかり（飯沢耕太郎他、一九九九）。

　幕末に来日したイギリスの従軍報道写真家のF・ベアトをはじめとして明治開国とともに来日した多くの外人写真家や、これら日本の写真の開祖の門弟たちが独立して、東京、京都、大阪、そして開港地の函館、新潟、神戸と日本各地の都市に次々と写真館や写場が開店され、東京の浅草や日本橋だけでもその数が一〇〇軒を超えていた。またドイツやイギリスなどから輸入される外国製のカメラや写真機材の種類と量は増え、国内でも一八七九（明治一二）年に創業し、乾板や感光材を扱う小西本店（コニカの前身）が、八二年に国産の「暗函《あんばこ》」を発売した。そして日本の伝統技、精緻な木工細工や金細工の腕をもつ指物師《さしものし》や錺職《かざりしょく》が、金持ちの「暗函道楽者」の注文に応じるカメラ職人となった。

一八七二（明治五）年には犯罪者の顔写真の保管が始まった。そして同年、上野彦馬の弟子内田《うちだ》九一《くいち》によって撮影され、全国に配布されて役場や学校に掲げられた「明治天皇の御真影」、来日する外人や国内の観光客の土産品として流行した横浜写真、街頭で売られる歌舞伎役者、芸子《げいこ》、華族などのブロマイド、庶民にとっては眼に触れる機会がしだいに増えてきた写真が身近なモノとなってきたが、この当時、うどん一杯五厘、米一升六銭、酒一升一〇銭の時代に、数百円もする「暗函」はいうまでもなく、写料さえ名刺判一枚に付き五〇銭から一円、四つ切が五円もの値段がしたのだから、依然として高嶺《たかね》の花に変わりはなかった。断髪《だんぱつ》・牛鍋《ぎゅうなべ》・博覧会と並んで文明開化を象徴する新文化「ポトガラフィー」に庶民は好奇心をそそられる一方で、「魂が抜き取られる魔術」として気味悪がって、被写体となることを敬遠した（小沢健志、二〇〇一）。

「日本の写真時代」の幕が開いたのは確かだが、私や私の家族がそこにいる写真やアルバムは、まだまだシモジモにとっては無縁のモノ、コトであった。

「死に往く者」の写真

明治中頃になると写真館や写真師の数は急増する一方、外国人もカメラを携えて来日するようになったために、土産品としての写真の需要は頭打ちで、都市部では過当競争が始まり、一等地に店を構える有名写真家や上流階級のお抱え写真師以外は生活に苦しむ有様となった。中には一台一五〇〇円もする写真機を借金して仕入れて開業したものの、値引きした写料では元も取れないために、店を畳んでテント写場で渡り歩く者、半値で売り払って廃業する者も多くなった。こうした日本の「写真事情」を大きく変えたのは、一九〇四（明治三七）年に勃発した「日露戦争」であった。これは運良く勝利という結果にはなったが、アジアの小国「日本」が西欧の大国「露国」に挑《いど》んだ無謀な戦争。対外的には公債を発行し、国内的には大増税を課して捻出し、費やした戦費は二〇億円。当時の年度の国家予算、一般会計規模は約三億円だから その七倍に相当する規模。現在の金額にすれば二〇〇兆円を軽く超える金額となる。激戦地となった満州の遼陽《りょうよう》、旅順《りょじゅん》では累々と重なる数万の死者。召集され、送り込まれた兵士の数は約一〇〇万人。「生きて再び戻れない」、そんな思いで出征して行く兵士たちは、軍服姿の我が身の「遺影」を家族に残し、そして我が子、妻、両親、兄弟、祖父母たちの写真、「家族のアルバム」を携えて出ていった。

故郷の、都会の、そして出港地の写真館や写場はどこも客が押し寄せる繁盛ぶり。開戦前年の一九〇三年に二円三〇銭の価格で発売した名刺判カメラ「チェリー手提用暗函」、翌年発売の手札判《てふだばん》カメラ「チャンピオン」は売れに売れて、製造元の小西本店では、一応量産体制を整えていたが（といっても年産数百台程度）、注文に追いつけず、下請けの職人たちは毎晩夜中までの残業となったという。日本各地で個人ブランドのカメラが売り出されたのも、この頃である（亀井武、一九九七）。

また日清戦争時の新聞の戦争報道は主として従軍した絵師が描いた錦絵《にしきえ》であったが（陸軍陸地測量部写真班や数人の民間人が撮った写真はある）、この日露戦争では民間人の写真愛好家光村利藻（現光村印刷会社の創業者）から海軍と陸軍それぞれに数台の写真機が寄贈され、さらに従軍する写真師たちの人件費、渡航費などが一切負担されることによって、はじめて写真による戦争報道が新聞紙上でなされることになり、写真は庶民の暮らしによりいっそう身近なモノとなった。

兵士たちが携えて出征していったのは、「家族のアルバム」だけではなかった。故郷の風景写真、それを背にした同級生や友人知己、そして恋人や許嫁《いいなずけ》の写真、さらにそれらに混じって見ず知らずの赤の他人の女性の写真もあった。半裸・全裸の女性、あるいは男女のいかがわしい行為の写った、いわゆる「春写真、エロ写真」である。出港前の束の間に街の裏通りで呼び込みから、兵舎の片隅の暗闇で売り師から買ったり、本土から送られてくる慰問袋《いもんぶくろ》に同封されていたり、そうして手に入れたモノであった。しかし慰問袋は国からの公的な支給品のはずだが、何しろフッーの戦い方では勝てるわけもない相手、小国の「国運」を賭けたこの戦争に勝利するためにはナリフリ構わぬ戦略が採られたのだ。劣る戦力を補うには兵士一人一人の士気を高めるしか方法はなかったのである。それ故の「国策」としての「エロ写真」であった。当時本土の都市部では、「ワイセツ物」の度重なる大規模な取締りが実施され、膨大な量の「春画、エロ写真」が押収された。確証はないが、ひょっとすると、これらのタダで仕入れたモノが遠く離れた兵士に配給されたのかも知れない（下川耿史、二〇〇三）。であれば「国家」とは真に民衆の毛を刈る「技法」、収奪する「装置」。

この国には戦国時代からの伝統、戦に出陣する武将たちは「弾除けのお守り」として「春画」を兜《かぶと》や鎧《よろい》の下に忍ばせる風習があった。古来に倣って兵士たちは「生きて還れる」ことを願って、「エロ写真」を肌身離さずに今日の激戦地に赴いたに違いない。見ず知らずの女性が「幸運の女神」となって再び「家族のアルバム」の元へ還ることができた兵士もいれば、「弾除けのお守り」の御利益《ごりやく》もかなわず、無念にも異郷の地で命を果てた兵士もいる。そして日本兵に限らず、敵国ロシア兵たちが携えてきた「家族のアルバム」と入り混じって、血にまみれた数十万枚の写真がその地の下に埋もれることになったのだ。

哀しいことに、人間の世界では、人が殺し合う国家間の戦争がモノの生産量や質の向上、新しいモノの出現に弾みをつけてきた。ことに戦略や兵器として欠かせない写真と写真機の普及、進歩は戦争との関わりが深い。日本の写真の大衆化、高度化へ向けての第一歩が日露戦争で始まった。

「写真綴り込み帳」

手持ちの写真が増えてくると、ソレを整理して保管するモノが必要となってくる。

明治から大正にかけての印刷技術の発達によって、世界中の有名な絵画や彫刻の美術作品、名所旧跡、人物肖像、都市風景などを収めた原画写真から複製した絵葉書が大量に出回るようになった。郵便物としてのやりとりも盛んになり、絵葉書の収集が流行した。一方、カメラ業界では、一九一一（明治四四）年に小西本店発売の小型軽量、操作簡便のミニマムアイデア（価格九円五〇銭）が、当時の学習院の生徒や上流階級、金持ちの子どもに人気を博し、頻繁に撮影会が催され、同好会も組織されるほどの大ヒット商品となった（亀井武、一九九七）。日露戦争の頃に東京で絵葉書とそれを挟むための切れ目をあらかじめ打ち抜いた台紙にクロスの表紙で製本した「絵葉書帳」を考案して販売していた浪華屋《なにわや》（後の社名「ペンドリ」）は、この新しい市場に着目して「写真綴《つづ》り込《こ》み帳」を「アルバム」と命名し、カメラマニアに向けて一四（大正三）年に売り出した。それは当時輸入されていたベルベットの布地に金糸《きんし》の刺繍文字《ししゅうもじ》が施された表紙に模様や絵が印刷された台紙からなる豪華なフランス製、それとは反対に質素で合理的なスクラップブックのようなアメリカ製、その中間のような作りとなり、従来の大和綴《やまとつづ》りの折本方式に替わって大型製本の方式を採用した。

続いて一九一九年に同社は切れ込みの入った台紙ではなく、大きさの違った写真を一枚の台紙に自在に配置できるようなコモノを考案した。今ではすっかり見かけなくなった、あの懐かしい「三角コーナー」である。写真の角を挟むように袋状になった一辺一センチ未満の三角形、表に意匠が施され、裏には切手のような乾燥糊《のり》。この便利なスグレモノを発売。これと表紙のデザインや生地に各種を用意してのセット販売が好評を博し、国内はもちろん、中国上海やアジア、そして漆塗《うるしぬ》りに金箔の絵づけの表紙の高級品が欧米各国にまで輸出されるようになった（日刊工業新聞社、二〇〇二）。

大正から昭和の初めにかけて、従来のガラス乾板《かんぱん》に替わる画期的な製品セルロイド・フィルム（アメリカのコダック社）が登場し、アメリカからポケット・コダック、光学先進国のドイツからは高級なライカなどのレンズやシャッターの部品機材が多く輸入された。国内でも老舗《しにせ》小西を筆頭に相次いで設立された日本光学（現ニコン）、高千穂製作所（現オリンパス）、旭光学（のちのペンタックス）などの新興会社が、都市部で形成されつつあった中間層に向けて次々と新製品を発売した。途中には第一次大戦後の経済恐慌、一九二三（大正一二）年の関東大震災などに見舞われ、草創期のカメラ業界は打撃を受けながらも、この国の西洋摂取の熱意は強く、また物真似《ものまね》の能力も高く、三〇年当時の日本のカメラの生産台数は三万五〇〇〇台を超えた。また「活動写真」の常設館が次々と営業を始め、商品の宣伝広告に写真が多く使用され始めたのも、この頃である。

報道から芸術、趣味娯楽、写真が暮らしの中に浸透し、写真の果たす社会的役割が年々大きくなるにつれて、カメラの生産台数は増え、この国の人々の写真熱は高まる一方となった。「記録か美的表現か、写真の存在意義は」や「A社かB社か、いずれが優秀か」を巡っての論議がプロの写真家、素人愛好家の間で盛んになって各種の団体やクラブが設立され、街では写真展が催され、学校に写真科が設けられ、ゲイジュツ的な写真集から「……の写し方」といったハウ・ツーもの、『アサヒカメラ』や『フォト』などの写真月刊誌が数多く出版された。ようやく念願かなってカメラを手にした一家の主が、写真の教科書片手に玄関先や庭先、一家揃っての外出先で家族にポーズをつけ、ファインダーを覗《のぞ》き、シャッターを押し始めた。ヨソイキの身なりで背筋を伸ばし、正面を見据《みす》えて強張《こわば》った顔つきの「私と私の家族の写真」の枚数は増えてゆき、「写真綴り込み帳」もじょじょにその厚さを増していったのだ。

十五年戦争体制の中、軍部の要請によって航空写真や弾着写真といった「兵器」としての研究開発も進み、「高倍率、連写、赤外線撮影」などの高度な技術を身につけてきた日本の光学産業。一九四〇年頃には、普及品から高級品まで各種のカメラの生産が二二万台近い数にまでなったが、しかし目の前まで来ていた「日本の写真の大衆化」の流れは、翌年に始まった太平洋戦争によって中断されることになった。

「遺影」から「笑顔」へ

一九四二（昭和一七）年一月一日付けの各紙の朝刊に掲載された真珠湾攻撃の写真に大喝采した日本国民だが、その三年後の四五年八月の各紙に載った「原爆投下直後の長崎の街」の写真に首をうな垂れた。奉られた御真影が上から降ろされ、それに替わって各家の仏壇には帰らぬ人の軍服姿の遺影が祀り上げられた。「日本の戦後」が、ここから始まった。

敗戦で事実上崩壊した日本のカメラ産業だが、GHQの生産指令ですぐに復活した。日本全土でジープを乗り回し、首から提げたカメラで「戦後日本」を撮りまくる進駐軍兵士たちがいた。彼らを商売相手にする写真現像店やカメラ屋があちこちに開店し、本土に帰国する兵士たちが持ち帰る土産品の写真絵葉書も生産が追いつかないほどの繁盛振り。一九四五年一二月、アメリカライフ社は「神」から「人間」になった昭和天皇の一家団欒の光景、「家族のアルバム」を皇居内で撮影した。

「日本の写真」は順調に回復を続けた。一九五〇年の朝鮮戦争の特需が弾みとなって、五一年のカメラ生産台数は戦前のピークを上回る二四万台となり、五五年には一〇〇万の大台を突破。五九年の皇太子成婚、翌年の美智子妃の男子出産と続くハレの出来事、「幸福家族」の報

図17　天皇の写真を奉安した奉安殿の前で銃剣術の授業をする国民学校高等科男子生徒（富山県中ノ口国民学校，1943年。昭和館提供）

道が新聞雑誌の紙面やテレビの映像に氾濫し、いやが上にも写真熱は高まって、六二年には生産台数が西ドイツを抜いて世界一となり、東京オリンピック開催の六四年には四六〇万台に達した。そろそろ「一家に一台」の時代が到来、ようやく貧乏人もカメラを手にしてシャッターを押すようになった。我が家に二眼レフが入ってきたのも、この六〇年代の初め頃、私が小学校六年生の時である。兄の首からぶら下がるカメラの開いた折り畳み式の上蓋を覗き込めば、被写体となった両親の神妙な面持ちがファインダーの磨りガラスに浮かび上がる像は、その時のカメラの冷たい手触りとともに今でも鮮明な記憶として残っている。

途中には東京オリンピック終了後の需要の急低下に見舞われたが、ベトナム戦争の特需によって持ち直し、また一九七一年のニクソン・ショックを皮切りに円高や石油危機の押し寄せる波も海外生産や技術革新で乗り切って、やがて世界中のプロカメラマンが「メイド・イン・ジャパン」を手にするほどの質、量とも世界一の「カメラ大国」となった。そしてフィルムの感度の向上や取り扱いの簡便さが図られると同時に、カメラも電子の時代となって、七四年には自動露出、フラッシュ内蔵のＥＥ、ＥＦカメラ、七六年には自動焦点のＡＦカメラが発売された。これによって昼夜、屋内外と「時と場」を選ばず、使い手を問わず、レンズを向けてシャッターさえ押せば誰もが一様にそれなりの写真を撮れるようになった。

一方の「アルバム」においても一九六〇年代に入ると次々と改良が重ねられ、先行のペンドリに加えて帳簿や手帳、表紙や製本のメーカーも参入し、特殊な糊が塗布《とふ》された台紙に透明なポリプロピレンで挟む「フリー・アルバム」や、ルーズリーフ形式の見開きやすい、台紙を順次増やしていける「フエルアルバム」などが相次いで売り出された。

「写真を撮る」が特別なモノ、コトではなくなった。高度成長期の一九六〇年代以降、この国の「家のカタチ」の多数を占めるようになった「核家族」が、自分たちの「家族のアルバム」を作り始めた。長い間戦時を生きてきた彼らの親の世代の実家のアルバムには、何処の家でも必ずと言っていいほど、見知らぬ人の軍服姿の古ぼけた写真の何枚かが黒い台紙に三角コーナーで貼り付けられてあった。しかし一九四五年の焦土から僅か十数年で復興発展を遂げ、年を経るごとに戦後が遠のくにつれて、これらの遺影が姿を消して、替わりに「家族の笑顔」、とくに「子どもの写真」が「家族のアルバム」の中心を占めるようになった。戦争という不幸な歴史を記録する「旧・家族のアルバム」は次の世代によって開かれることも次第に少なくなり、「幸福な記憶」を留める「新・家族のアルバム」が、そのページを増やしてゆくことになった。「遺影」から「笑顔」へ、これがこの国の写真の大衆化を示す目安の一つである。

共同性のイマージュ——子どもの写真

一九六五（昭和四〇）年には「動く写真」、八ミリフィルムの撮影機シングル・エイト（富士フイルム）が発売、その約十年後には記録媒体が磁気テープとなった「ビデオカメラ」も出現。八六年には紙とプラスチックから出来た「使い捨て」カメラの「写ルンです」が大ヒット。そして一九九五（平成七）年には一般家庭用のデジタルカメラ、「ＱＶ―１０」が価格五万円台でカシオから発売され、二〇〇〇年にはカメラ付き携帯電話が登場した。「いま」シャッターを押せば、「かつて」がすぐに画像で再生され、伝送、保存、消去もボタン一つで意のまま、必要に応じてプリンターに接続すれば選ばれたワンショットが目の前で印刷される。このデジタルが全盛を迎え、老舗アナログの影は日ごと薄くなる一方だ。「一人一台、一億総写真家」の時代、老若男女を問わず誰にとっても「写真を撮る」ことが、ありふれた日常の行為となった。

　では日本が戦後の短期間で世界に冠たる「カメラ大国、写真王国」となるほどまでに、日本人は一体何を、何のために「写真を撮る」ことに夢中になってきたのだろうか。この問いを明らかにしてくれる一つの「説」がある。一九六〇年代のヨーロッパの都市と農村で実施された「写真と家族形態、職業、階級……との相関」についての調査、アンケートを基に写真論を展開したフランスの社会学者P・ブルデュー。彼によると、ヨーロッパ各国でこの「突飛な発明品」が最初に急速に普及したのは、一九一〇（明治四三）年前後の「結婚式の写真」によるものであり、第二のピークは四〇（昭和一五）年頃からの子どもを中心に置いた「聖体拝領儀式の写真」によるものであり、未婚者よりも既婚者、子どもがいない家族よりもいる家族、都市の小家族よりも農村の大家族、そしてそこに「幼な子」がいればなおさら、より写真へのカカワリは深くなる、という。

（写真の）普通の実践が行われる際の規則性にまず驚かざるをえない。これほど型にはまった、従って個々人の意図がもつ無政府状態に委ねられることの余りない文化活動は少ない。……写真の実践が存在し、存続するには、たいていの場合……家庭生活の重要な瞬間を荘厳に祝い、不朽のものにする機能、要するに家族集団がその集団自身や集団の統一性などに関して抱いている感情を再確認することで、その集団の統合、一体化を強化する機能によるしかない。……家族写真とは、家族が主体であると共に客体となる一種の家族崇拝の儀式であるからこそ、そしてそれはまた家族集団がそれ自身にもたらすお祭り気分を表現し、しかもそうすることで更にその気分を強化するからこそ、写真の欲求と写真を撮る欲求（この実践の社会的機能の内在化でもある）とは、その集団がより統合、一体化されるにつれ、またその集団がより強い統合の瞬間に直面するにつれ、ますます生き生きと感じられることになるのである。

（P・ブルデュー『写真論』山縣熙・山縣直子訳、一九九〇年）

欧米諸国、とりわけ移民国家であるアメリカの家庭では、居間や寝室の壁や机の上にキリストやマリアの肖像と並んで、祈禱の対象となった「家族のアルバム」が置かれるようになった。こうした欧米諸国に比べて、身の回りの集団や組織が擬似家族となる家族国家への傾きがより強い日本、「私より公」と何よりも集団的同一性が尊ばれ、集団内の階層的秩序が重んじられるこの国では、写真の実践は構造的必然となる。「私の家族」を筆頭に親類縁者、隣近所、村落、学校、友人仲間、職場、会社、趣味同好会におけるハレの儀式や記念行事、旅行や催し物、冠婚葬祭など、その成員が集まる機会があるごとに「さあー集まって、まずは一枚！」と必ずや写真の実践。後日その成員に配布される共通の公式写真に成員間で互いにヤリトリされる私的写真、写真は共同の祝祭への参加、仲間としての承認の証しとなる。校長教師と生徒、町村長と民、社長上司と部下、師匠と弟子、それぞれの親子に応じた家族のアルバムが作られる。その肩を寄せ合った笑顔（たとえ作られたものであっても）の家族のアルバムが、意見の相違、利害の対立、個人主義の台頭によって希薄になった関係性の修復や共同性の維持に役に立ってきた。高度成長期とそれ以降のバブル期とこの国の復興発展繁栄にとって、写真が不可欠の存在であったことが、大いに頷けるのだ。

物語られる「かつて」

幼稚園、小学校の入学式に卒業式、正装礼服の親子連れがハレ姿の記念撮影に忙しい。運動会の客席の最前列は我が子の勇姿を激写するカメラを手にした父母たちでごった返し、夜明け前から場所取りが始まるのも当たり前となった。年が明けると、子どもを真ん中にした「笑顔の家族の年賀状」が、身内でもないのに送り付けられるのもフツーになった。今では生後数年間の「乳呑み児の時代」だけでも、数冊のアルバムを持つ子どもも珍しいことではない。一人の人生、一つの家族の幕が下りるまでに、一体どれほどの「写真」が生み出され、どれほどの手間暇が写真に費やされているのだろうか、とそう思わざるをえないほどに、とにかく「子どもの写真・家族のアルバム」で溢れている。

「子どもにしてやれることは？」と尋ねられて、「思い出作り」と答える親は多い。「子は育つ」から「子を育てる」に変わったように、「思い出」も「作る、作らねばならない」モノとなった。かくして親は我が子の子ども時代を正確な写実、確実な再現、貴重な記録である写真で綴り込むことに奔走することになった。が、はたしてソレが子どもの在りのままの実像を捉えた「正確な記録」になるかどうかは、疑わしい。

「対象をありのままに捉える客観性」、こうした属性が写真に本源的に内在するモノとする「信仰」が、いつしか定着してきた。このことは担い手の感覚、感情、能力に依る文章や絵画などの他の表現活動と比べて、「写真」のプロセスが主として器械のメカニズムによって成立することに由来するのだろう。確かに「嫉たモノは見ない、見えない」という志向性を有する人間の眼、視覚に対して、カメラ・アイは常に対象に対して公平無私な無志向性である。しかしカメラが自らの意思で対象を決めてシャッターを押すワケではない。それはいつでもカメラを手にした人間の恣意的、主観的な判断と選択に基づいた結果以外の何モノでもなく、あくまでも一つの観点から対象が

図18　七五三の家族写真（筆者提供）

図19　幼稚園のお遊戯会（筆者提供）

持つさまざまな特質の一つ、現実の一側面が転写されたモノにすぎない。「客観的な写真」があらかじめ在るワケではなく、それを受け取る側の人間に共通する視覚によって見られ、共通する意味の体系のなかで読まれるなかで、「客観的な写真」と「成ってくる」のだ（西村清和、一九九七）。このことは報道、芸術、趣味のいずれであっても変わるものではない。

他に比べて写真の優れた、独自のチカラ、それは視覚に訴える「分かりやすさ」である。出来事の決定的瞬間、喜怒哀楽の表情や心の奥底のユレ具合の様を余す所なく映し出しもする。しかし瞬間の前後の文脈が排除された写真と断定的な見出しコトバが、言い換えれば「分かりやすさ」と「客観性」との「信仰」が結びつく時、一枚の写真が見る側の感情を昂ぶらせて冷静な思考を停止させ、お定まりの想像力を喚起して過剰な読み込みや短絡的な結論に導いてしまうことも多い。写真にはそういうアヤウサが常につきまとう（富岡多恵子、一九九一）。商品へ誘う広告やイデオロギーの操作を企む国策の宣伝普及に、「太文字の見出し＋大きな写真」が多用されるのは、そのためだ。「撮られるべきもの以外に、撮られうるものは何もない」というブルデューの主張は写真全般に当てはまるが、ことに「家族のアルバム」には、「……以外に、……のものは何もない」。撮るべき「いま」に向けてシャッターが押され、その中から残すべき「かつて」が選ばれて、「家族のアルバム」に収められる。「愛情と幸福」という主題の下で書き足されてゆく「私の家族の物語＝思い出作り」。不意に写り込んだ、主題に相応しくないモノは排除され、いったん収められたモノでも、事情の変わり様に応じて剝がされることになり、時にはアルバム丸ごと一冊が廃棄されることもある。この物語が主題に沿って展開されるには、常にこの主題に照らしての「更新の手続き」が怠りなく実施されることが必須となる。

「思い出」とは、「かつて」の私の出来事について、「いま」の私の内で生起する「心の動き」のことだ。嫌な不愉快な「思い出」は自ずと封印されて縮小してもゆくが、一方の楽しい愉快な「思い出」は止め処なく過剰に膨《ふく》らみ、出来事の事実を超えて一つの「物語」が出来上がってしまうことも多い。「かつて」から経た時間が遠くなればなるほど（老いるほど）、思い違いや思い込みを含んだ「私の記憶」が作られる、そうなりがちだ。またこうした「思い出の本性」を巧みに利用して、意図的に作り出された「かつて」もある。「国家」が自国に都合の良い「歴史」を捏造《ねつぞう》するように、前線を退いた企業戦士たちが「自分（の業績）史」を書き残すように、確かな手触りを得られない「いま・ここ」であればあるほど、正当化、美化された「かつて」＝「安直な物語」を作り出してしまうのだ。

「写真は記憶の道具ではなく、記憶の発明である」とS・ソンタグ（一九七九）がいうように、「かつて」の「私と私の家族」がありありとソコにいる「家族のアルバム」は、他の思い出を呼び起こすモノよりも物語を作り出す傾向はいっそう強くなる。否、元々そのことを目的にして作られるモノなのだから、愛情と幸福の物語に帰結しない「家族のアルバム」は失敗作といわざるをえないのかも知れない。

「撮るまえに、視よ」

ゆっくりと時間をかけて自分なりの生き方、家族の在り方を見つけ出す、そうした作業が難しい時代である。「ウタガイはマチガイのモト」の如く、決まったスケジュールどおりにコトを運べば、「フツーの人生」が一応保証される。身の回りには、誕生から死後、「乳呑み児」から「寝たきり」までのそれぞれの段階に応じた「愛情に満ちた幸福な生活」へのマニュアルやカタログが溢れている。「せめて世間並みに、できればそれ以上に」と我が子の可能性を信じて学習塾、水泳、体操、サッカー、野球のスポーツクラブ、音楽や絵画教室、サマーキャンプ、テーマパーク、海外旅行、機会あるごとにアレコレと、行事があればアチコチに先を競って馳せ参じ、「楽しかったわね、頑張るのよ！　はい、チーズ」とパチリと「写真の実践」の親子連れ。「これだけ手間暇かけて愛情たっぷり」の子育ての証拠写真であり、ひょっとするとサクセス・ストーリーの始まりを告げる記念写真となるやも知れないのだ。何はともあれ、まずは「撮られるべきは子どもの写真」なのか、顔さえ入れ替われば、何処の家の「家族のアルバム」かの区別がつかぬほど、似たり寄ったりのモノが出来上がる。

私も世間並みに我が子の写真を撮ってきた。生後直後の乳呑み児の生命の原初の在り様や、日々成育する変わり様を視つめることは、何ものにも替え難い「愉悦《ゆえつ》」であった。だからこそ撮りたいと思った。「視る」行為の延長に「撮る」行為がある。「視たい」対象は人それぞれに異なることは当然だが、少なくとも私は、「はい、チーズ」の笑顔も、儀式のハレ姿も、行事の勇姿も、レンズの一点に揃って向けられた家族も、視つめていたいとは思わない。

商品開発が始まった九〇年代後半に比べてますます軽薄短小安になってきたデジタルカメラ、スマートフォンに代表されるような高性能のカメラを内蔵し、即時に世界中に発信することも可能となったケータイ電話。「一人一台」にまでの普及が、かつての「魔術としての写真」「宝の箱としてのカメラ」の在りようをすっかり変えた。そして自分撮り、仲間撮りに忙しい若者が増えてきたように、焦点の向けられる対象も家族の外へと変わってきたことも確かだが、常に身に携えたカメラで、何はともあれ「まずは撮る」で増えてゆく写真で、カメラ、ケータイ、パソコンの内部が満杯状態、クラッシュ寸前になっているのも確かなようだ。

この「時代社会」を生きている以上、誰もが多少なりとも何ほどかの「影や闇」を抱えて生きているはずだ。「私と私の家族のアルバム」に忍び入り、写り込んでしまった「影と闇」。「写真」とはソレラを照らし出す「光の技」なのだ。「まずは撮る」で増えてゆく「家族のアルバム」が、果たして子どもが見つめ直すだけの価値をもつ「記録」として相応しいのだろうか。大事なことは、一度カメラを取る手を休めて、子どもを、私の家族を、そして私を、その「在るがまま」を、「撮るまえに、視よ！」である。

（石谷二郎）

2　わらべ唄――子どもが口ずさむモノ

コトバのアナ

空腹を訴えて泣き声を上げる、乳を飲み込む、主として生命を維持する生理のアナである赤ん坊の口も、寝返る、座る、這う、立つ、歩く、運動機能が発達し、生活が拡がるにつれて、次第に他のさまざまな役割を担うアナとなってくる。時には舐めたりしゃぶったりとモノを認知する道具となり、また笑い声を立てたり口元を歪めたりと感情や意思を表出する場所ともなる。そして身の回りの音や目の前を飛び交う声を全身で受け止めて、その音声が指し示す意味を推しはかり、自らの声帯の振動と口の開け方を調整しながら口真似を繰り返し、やがてそのアナからコトバが発せられることになる。

「メ（目）、テ（手）、オツム（頭）、アンヨ（足）、マンマ（食物）、ワンワン（四足動物）」とモノゴトの名辞から「イヤ、ダメ、スキ、キライ」、さらに「ワタシとアナタ、コレはダレ？

アレはナニ？」と、日を追うごとに語彙《ごい》は積み重なり、確かな文法に基づいて自分の要求、主張、判断を示す文＝命題も増えてくる。コトバを身に付けることで自他に切れ目が入り、目の前に拡がる混沌とした未分化な世界が次第に分節化されてくる。そしていったん分けられた世界がコトバを操ることで再び結びつけられて、自分にとって意味のある世界が立ち現れてくる。

ヒトはどのようにしてコトバをもつようになったのか、そして子どもはどのような仕組みでコトバを習得してゆくのか、こうした問い（言語の系統発生、個体発生）について、いろいろな立場から様々な説（脳の左右非対称性、直立歩行による咽頭下降で発達した声帯……）があるが、いまだ充分で明快な答えは出ていない。今のところ「ヒトはそのように造られた生き物」「言語のプログラムがあらかじめ遺伝子に先天的に組み込まれている」としかいいようがない。この根源的な問いはさておき、とにもかくにも「コトバを喋り始める」時が、子どもに訪れるのである。

初めてコトバを発する我が子を前にして、「この子はひょっとすると天才かも」と、いずれの親も驚愕、感動させられる。コトバの習得は子ども誰しもに生得的に具わった「天賦の才能」だから「天才」に違いはないが、余計な期待、心配は御無用だ。哀しいかな、その感動もほんの束の間のこと。やがて親に向かって「んもうー、チェッ、このクソババー、はげオヤジ！」の舌打ちや口ごたえの悪態をつき、数人集まれば仲間同士に分かれて、「チビ、ブス、アホ、バカ、マヌケ、ウスノロ、ナキムシ、ウソツキ、エンガチョ、ビビンチョカンチョウ、お前の母ちゃんデベソ、お前の父ちゃんチンドン屋！」と知る限りの雑言で口汚く罵り合う「フッーのガキ、凡才」に過ぎない事実を思い知らされる時が、すぐに訪れる。

呟く、唱える、唸る、囁く、呼ぶ、かたる（語、騙）、囃す、叫ぶ、うたう（唄、歌、謡、詩）、自分に向けて、他者に向けて、そしてオモチャや人形、虫や鳥、犬や猫、草や花、水や風、空や雲、星や月、目の前に在るあらゆるモノゴトに向けてコトバを発信する子どもたち。身体の動きと共振しながらコトバをヤリトリすることで世界の理解と把握を少しずつ確かなモノとしてゆく「口ずさむ＝口遊む」は、「子どもを生きる」に欠かせないイトナミである。

「舞へ舞へ蝸牛……」

「口ずさむ」モノといえば、まず何よりも「ウタ」がある。

平安後期、後白河法皇《ごしらかわほうおう》によって編まれた今様《いまよう》、一般庶民の流行歌謡集『梁塵秘抄《りょうじんひしょう》』には、

遊びをせんとや生まれけむ、戯《たわむ》れせんとや生まれけん、遊ぶ子供の声聞けば、我が身さへ
こそ動《ゆる》がるれ

という良く知られた謡《うた》がある。この謡の解釈をめぐって、作者は遊女か老人か、「動がるれ」と感動させたのは子どもの純真無垢《じゅんしんむく》さか、それとも子どもの遊び声が仏法に導かれた欣求浄土《ごんぐじょうど》を象徴する故か、などの議論（横井清、一九七五）があるが、

舞へ舞へ蝸牛《かたつむり》、舞はぬものならば、馬の子や牛の子に蹴《け》させてん踏み破らせてん、真に愛《うつく》しく舞うたらば、華の園まで遊ばせん

居よ居よ蜻蛉《とんぼ》よ、堅塩《かたしお》参らんさて居たれ、動《はたら》かで、簾篠《すだれしの》の先に馬の尾縒《よ》り合《あ》はせて、掻《か》い附《つ》けて、童冠者儕《わらべかじゃばら》に繰《く》らせて遊ばせん

と夢中に遊びに興じる子どもたちの光景に、本来「遊びをせんと……戯れせんと」生まれついたはずなのに、それを忘れてしまったことに気づかされて、梁《はり》に積もった塵《ちり》を吹き飛ばす子どもたちの唄声のように、童心に戻って私たち大人も遊んでみたい、と「動がるれ」を単純に捉えた方が、この謡の真髄が伝わってくる。

子どもであれ大人であれ、ヒトはウタウ動物である。世界中の何処でもヒトが暮らしを営む所には、ウタが在る。「ウタ」は日常の発話と重なりながらも、そこから離れたいという契機を含んで、表現したい喜怒哀楽の感情や、訴えたい、伝えたい意思の内容に応じて、ある拍子、

抑揚、節回しをもって音声として組み立てられた「コトバたち」である。

「舞へ舞へ」「居よ居よ」のいずれもが、一体どのようなリズムとメロディをもっていたのかは不明だが、きっとそれぞれの歌詩内容に相応《ふさわ》しい「ウタ」であったのだろう。飛び跳ねながら枝を振り回し、石を投げつけて小さな生き物をからかい甚振《いたぶ》る子どもたち。言うことを聞けば花園だ、さもなければ命はないぞ、と口を揃えて騒ぎ立てる唄声が、子どもの野生の振る舞い、荒ぶる魂をよりいっそう勢いづかせる。もしこの遊びの光景に「舞へ舞へ」「居よ居よ」の唄声が響くことがなかったら、遊びの精神を失って強張った大人たちの心身をその底から震わせて、「動がるれ」とさせたかどうかは疑わしい。弱さと強さ、優しさと残忍さ、生と死、両義性そのものを軽々と自在に生きる子どもの唄声は、ちっぽけな一義に凝《こ》り固まった大人たちにとって「神の言霊《ことだま》」として響いたに違いない。「七つ前は神のうち」なのだ。

「ウタ」の原始は、子どもの発するコトバに在り、子どもの遊びに在る。遊びのなかで子ども自らの手によって作り出され、口から口へと伝承されてきた「口ずさむモノ」、それが「わらべ唄」である。

「口達者」な女の子

それだけを取り出せば自立した唄としての体裁を整えてはいないが、「○○ちゃん、あーそーぼ！」「隠れん坊する者、この指とーまれ！」の遊びの呼びかけや誘い、また鬼、組み分けを決める「じゃん、けん、ぽん」、遊びの最中の「もうーいいかい」「まあーだだよ」「だるまさんが転んだ」「坊さんが屁をこいた」などの声掛けは、日常の発話とは違った抑揚と節回しをもっていて、遊びの世界に子どもを引き入れ、その遊びの進行に欠かせないコトバのヤリトリであり、それも一つの「唄」となっていた。私の少年時代はもう半世紀も前の事になるが、当時の遊びの記憶は今でも生々しく残っている。遊び場、遊び仲間に困ることはなく、路地、辻、小川、境内《けいだい》、原っぱ、納屋、牛小屋、で近所の連中や学校の友達と日が落ちるまで遊んでいた。たとえ雨が降っても、土間でベッタン返し（めんこ）、軒下でラムネ玉のおはじき、水溜りがあればせき止めて裸足で泥んこ遊びに夢中になったように、それぞれの場と時に応じたいろいろな遊び方があった。

唄うこと自体が遊び、唄がなければ成立しない、もしくは面白味が半減する遊びがほとんどだった。「いろはに金平糖《こんぺいとう》、金平糖は甘い、甘いは砂糖、砂糖は白い、白いはウサギ、ウサギは……、電気は光る、光るはオヤジのはげ頭」のしりとり唄、「いちじく、にんじん、さんしょに、しいたけ、ごんぼう」「ひよどり、ふくろう、みみずく、よだか」の数え唄、「へのへのもへじ」「いちくちそいち」「棒が一本あったとさ、葉っぱかな」の絵描き唄、そして「せっせっせの、よいよいよい」「あんたがたどこさ、肥後さ」「おじょうさん、おはいんなさい」、手

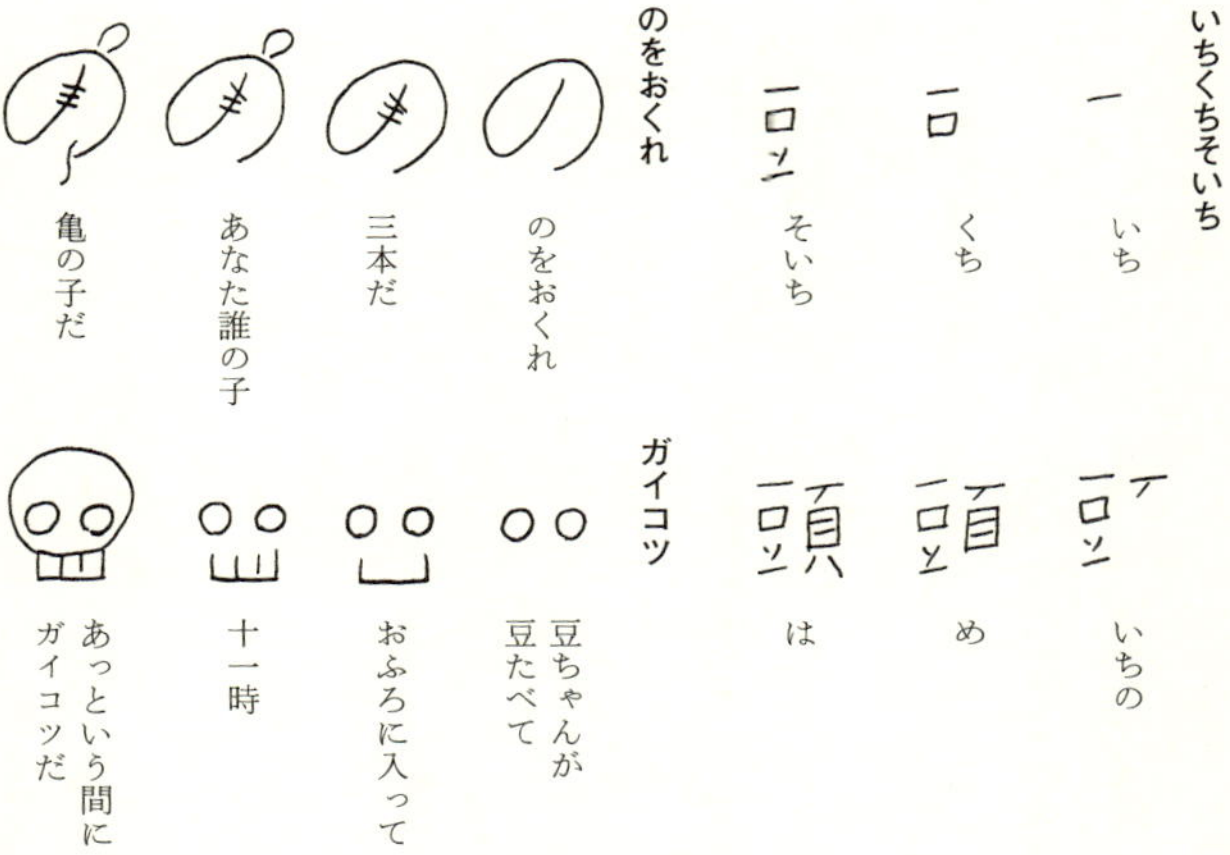

図20　絵描き歌（川崎洋『日本の遊び歌』新潮社，1994年より）

合わせ、お手玉、まりつき、縄跳びなどの遊び唄。年長になるにつれて男女に分かれての遊びも増え、とくに「女遊び」は唄を伴うものが多かった。それ故にか、男の子よりも女の子の方が持ち唄も多く、また普段の暮らしの中においても語彙《ごい》が豊かであった。何かのモメゴトがあるたびに口達者の女たちに「一も二もない三ぴんが、知りもせんこと、ごじやごじゃと、ろくでもないこと、七面鳥、はったろか、食うたろか、とんでいけえー」「○○ちゃん耳だれ、目がやんめ、頭の横にはハゲがある、それはシラミの運動場、すべってころんでまた登る」と長々とやり込められても、「あたりき、しゃりき、うんこのき……」「百貫デブ、豚のケツ」「おたやんこけても、鼻打たん」「○○ちゃん、みちみちクソたれて、かみがないから手でふいて」などと、決まって下ネタの囃し文句、簡単な悪口唄でやり返すのがせいぜい、返答に困って口籠った末に拳や棒切れを振り上げるのが、男たちの常であった。

「じゃん、けん、ぽん」

「じゃん、けん、ぽん」にも日本各地にはいろいろな言い回しややり方があることを、各地方の出身者が集まる学生時代に初めて知り、驚いたことがあった。

少し例をあげれば青森南部の「きっきっき」、岩手釜石の「じっけった」、山形酒田の「はーぜっせ」、長野塩尻の「ちょーおい、ほっ」、静岡三島の「ほいらっせ」、京都の「いんじゃんでほい」、岡山の「りーしゃったっ」、高知の「まーこーか、ぴい」、熊本の「くろみっきべって」、沖縄の「ぶーさーしー」など。そして普通は「パー」は「グー」より強いが、東北津軽では「グー＝石」は「パー＝紙」を破るから反対となる。また沖縄の竹富島《たけとみじま》では親指、人差し指、小指での「じゃんけん」が伝えられ、「とぅい（鳥＝親指）、ぼー（棒＝人差し指）、みるく（弥勒《みろく》）ぬふぁ（子＝小指）」という。この地では小さいモノを「弥勒様の子」といい、小指は「小さな虫」を指し、鳥は虫を食べるから親指が勝ち、鳥は棒に打たれるから人差し指の勝ち、木の棒は虫に食われるから小指の勝ち、というわけだ（川崎洋、一九九四）。

　おそらく「じゃんけん」は中国から伝来の「拳遊び《けんあそ》」が原型なのだろう。指や箸《はし》の合計の数を当てる「数拳」や、指の形や所作で示す「蛇と蛙とナメクジ」「猟師と狐と庄屋」と、AはBに、BはCに、CはAに勝つという強弱優劣の循環構造をもつ「三竦《すく》み拳」が江戸の色里のお座敷芸、下町の遊戯として流行した。そしてそれを真似て子どもたちが作り出した「グー(石)、チョキ(鋏)、パー(紙)」の日本式「じゃんけんぽん」は、一度に三人以上の勝負ができる利点もあって、今では国際的な「jan—ken—pon」となった。どのような経路で伝播したのか不明だが、南米ペルーの山奥のケチュア族やアメリカのハワイや本土で子どもたちの遊びのなかで使われている。東海岸では「あいこでしょ」は「アイコナショウ＝I can not show」となるらしい(小泉文夫、一九八六)。ちなみにこの「じゃんけんぽん」の掛け声は、一九〇四年に「尋常小学読本」で採用されてから、全国的に広まっていった。

　「じゃんけん」と同じように、所変われば品変わるで、「わらべ唄」も共通の内容でも地方によって、また同じ地方でも山の手や下町、農村や漁師町、その暮らしの在り様に応じて異なった文句や歌詞、表現の仕方となっている場合が多い。それは「わらべ唄」が子どもから子どもへの口伝を原則とし、子どもにとって自分たちの都合の良いように作り換えられる宿命を持っているからだ。同じ一つのモノに多様なアラワレがある、いつでも自在に変わり得る可塑性がある、これは何よりも豊かで成熟した文化の証しである。

フシギな世界――子どもの宇宙

かごめかごめ　かごの中の鳥は
いついつでやる　夜明けの晩に
つるとかめがすべった
後ろの正面　だあれ

子どもの頃は、コトバの意味や唄の内容などに一々気に留めることもなく、無心に口ずさんで遊んできたが、今になって考えてみると、不可解な意味不明の「わらべ唄」も多い。例えば右の「かごめかごめ」。真ん中に鬼を目隠しのましゃがませて、手をつないで輪になり唄いながら歩いて回り、唄の終わりで立ち止まり、鬼に真後ろの子どもを当てさせる遊びだが、この唄をめぐっては、さまざまな解釈があるようだ。

「かごめ」とは一体何なのか、その疑問については、それは鳥の「鷗《かもめ》」、いやそれは輪の中心の鬼に対して霊力を高めさせるため（円環の中心にカミが降臨）の呪文としての「屈め」や「固め」の掛け声の転訛《てんか》、いやそれは「籠（の編み）目」、「籠女（遊女）」のことなどの諸説があり、最近ではメデタサを象徴する動物のツルとカメが滑ったのは、間引きや堕胎を意味し、「かごめ＝水子霊」とする説も出てきた。

図21　かごめかごめ（筆者提供）

次のものが元の唄とは言い切れないが、一八二〇（文政三）年に刊行された釈行智《しゃくぎょうち》の『童謡集』では、「……夜明けの晩に」までは同じだが、それ以降は「……つるつるつっぺった　なべのなべのそこぬけそこぬいてたーぁもれ」となっている。また一八四四（弘化元）年の遊戯事典、『幼稚遊昔雛形《おさなあそびむかしのひながた》』によると、これも『童謡集』とほぼ同じ歌詞で、「後ろの正面だーぁれ」はない。図示されている遊び方の説明では、手を繋いで輪になって「つるつるつっぺった」で一斉に手を挙げて、そこをくぐって背中合わせの輪になって、「そこぬいてたーぁもれ」で再び元の輪に戻って繰り返す、とあるように、どうやら「人当て遊び」ではなく、「輪くぐり遊び」であったようだ（尾原昭夫、一九九一）。

東西の「わらべ唄」を比較研究する鵜野《うの》祐介《ゆうすけ》は、『生き生きごんぼ——わらべうたの教育人類学』（二〇〇〇年）の中で「かごめ＝身売りされてきた遊女」説を採り、「籠＝遊郭」から「鍋の底抜け＝身請け、解放」を願う遊女たちの唄を元型にして、子どもたちが「輪くぐり＝世界の転換」、さらには「人当て＝囚われの身の鬼の救済」の遊び唄に作り変えていった、と推測する。

「かごめかごめ」と同じように、不思議、不可解さを含みながら、ある種の不気味さを漂わす「通りゃんせ」の唄がある。

通りゃんせ　通りゃんせ
ここは何処の細道じゃ　天神様の細道じゃ
ちいっと通してくだしゃんせ
御用のない者通しゃせぬ
この子の七つのお祝いに
お札を納めに参ります
行きはよいよい　帰りは恐い
恐いながらも　通りゃんせ　通りゃんせ

七五三の祝いに宮参りに来た親子連れと天神様の番人（と思われる人物）の問答形式となって

いるが、そもそも天神様に通じる細道になぜ番人がいるのだろうか、何を見張っているのか、そして「行きはよいよい　帰りは恐い」の「恐い」ワケは、一体何だろうか。「御用」とは「通行手形」のことを指し、江戸幕府の関所の通行規制の厳しさを示すものとか、これにも幾つかの説があるが、ひょっとするとこの七つの子が神に捧げる生け贄として選ばれるかも知れぬという「人身御供《ひとみごくう》」説が、もっとも説得力がある（大塚英志、一九九八）。

世界各地には豊作豊穣や天災除けを祈願するために「荒ぶる神々」に生け贄を捧げたり、橋を架け城郭を建てる際に安全や堅牢さのために地中に「人柱《ひとばしら》」を埋めたりする儀式があったようだ。イギリスのわらべ唄集『マザーグース』には、そうしたデキゴトがあったことを想起させる唄「ロンドン橋落ちた」がある。

「ロンドン橋、落ちた、落ちた、落ちた、ロンドン橋、落ちた、マイフェアレディ」で始まり、その後に「木と粘土で作ろう……それでも流されるなら……レンガとしっくいで……それでもくずれるなら……鉄とはがねで……金と銀で……それが盗まれないように見張りを……見張りが眠らないようにパイプを……」と続く長い唄だが、各節ごとの終わりに繰り返される「マイフェアレディ」。この謎めいたフレーズこそが「人柱」として地中に埋められた「女性や子ども」を表わしているという（平野敬一、一九七二）。

日本の各地にも人名の付いた別名で呼ばれる「○○橋」、「××城」があるように、そうした風習、民俗、儀式があり、また各地の神社には、そこの廟《びょう》に住み着いて祭礼ごとに童女の生け贄を要求し、受け入れられなければ里に出没して農作物を荒らし回り、大きな災難をもたらすという「猿神伝説《さるがみでんせつ》」があった。「通りゃんせ」という唄も、こうした言い伝えや昔話を古老や大人から聞かされた子どもたちが、いつ自分の身に降りかかるかも知れない「死」の予感を基にして、犠牲者への鎮魂、仲間への警告、そして自らの不安を鎮めるために作り出し、唄い継いできたのだろう。

子どもは常に「未知なるもの」への好奇心に満ち溢れている。身の回りのデキゴトを全身で受け止めて、鋭い直観で大人たちの世界や社会の仕組みを見抜いている。死、暴力、エロス、差別、搾取、排除されればされるほどそこに近づき、ニオイを嗅ぎつけて自分たちのコトバで「ウタ」をつくってきたのだ。もちろん生と死、優しさと残忍さ、相反するものを抱えての両義性の「子どもの宇宙」で組み立てられるものだから、「かごめ」では解放を願う者＝円環の中心にいる鬼に対して脱出に力を与える一方、それと同時に「ツルとカメがすべったあ＝願いは叶わない」と容赦なく言い放ち、「通りゃんせ」では「恐いながらも通りゃんせ」とけしかけて、「生け贄」が事実として在ってほしいと心のどこかで密かに願っているのである。何しろ相手は、

もっけもっけ（蛙）なし死んだ　ゆんべ酒飲んで　今朝死んだ　坊主たのんで　お経あげろ（秋田）

大雨蛙一匹とかまえて　手足もいで皮はいで　これで飛べるか　飛んでみよ（高知）

と、自らの手で蛙を岩に打ちつけ、皮をはぎ、灸をすえ、半殺しにした上で「生き返れ」と呪文を唱えて、「弔い遊び」をするとんでもない生き物＝子どもである（鵜野祐介、二〇〇〇）。

「唱歌と童謡」

子ども自らの手による「わらべ唄」に対して、大人たちが子どものために作った歌、「唱歌と童謡」がある。「唱歌」とは子どもの唄の総称ではなく、一八七二（明治五）年、明治政府が西欧をモデルにして「学制」を発布した際に、小学校の必修科目の一つにした音楽の教科名に「song や singing」の訳語として採用した官制用語（中学校は「奏楽」）である。またそれはあくまでも七八年に設立された「文部省音楽取調掛（東京音楽学校の前身）」が編集した『小学唱歌集』全三巻（一八八一～八四年）に始まり、『幼稚園唱歌集』（一八八七年）、『尋常小学読本唱歌』（一九一〇年）、『尋常小学唱歌』全六巻（一九一一～一四年）にいたる文部省が作成した「国家検定済み」（著作権も帰属）の唄である。

「取調掛長」の伊沢修二が渡航して持ち帰って作った初期の「唱歌」には、「蝶々」「菊（庭の千草）」「蛍の光」「埴生《はにゅう》の宿」「霞か雲か」「才女（アンニー・ローリー）」などがある。主にスコットランドや欧米の民謡や歌曲に日本語の訳詩や歌詞をつけた歌であるが、例えば「蝶々」は英語の「ボートの歌」が元歌だが、旋律だけが同じで内容は全く異なった別の歌となった。絶対的天皇制を礎に西欧列強に追いつくための文明開化を国策とした明治政府は、音楽教育の基礎を西洋音楽に置きながらも同時に日本独自にこだわり、旋律は日本音階に近い「ヨナ抜き（第四度と第七度抜き）五音階で、しかも明るさをもつ長調の曲」、歌詞は文語体でかつ忠君愛国に相応しい内容となるような苦心の末に、和洋折衷《わようせっちゅう》の唱歌が出来上がった。しかし難解な文語体で花鳥風月を愛《め》でる、儒教道徳の教訓的な歌が多く、生徒にはもちろん、現場の教師にも不評であった。その後、子どもにより分かりやすい歌をと「言文一致」で伝承童話を基にした「桃太郎」「金太郎」「一寸法師」などが好評だったために、文部省は従来の方針を変更し、音楽家の滝廉太郎《たきれんたろう》や保育教師の東くめらの協力を得て教科書掲載用の口語体の歌、「花」「春が来た」「春の小川」「我は海の子」「村の鍛冶屋」「虫の声」などを次々と子どもの前にさしだした。古くから日本の民衆が暮らしのなかで作り出し、伝承してきた「わらべ唄」や大人の「民謡」は「俗楽《ぞくがく》、俗謡《ぞくよう》」とされ、「御真影」を仰ぐ教室や講堂で「気をつけの姿勢」で歌う「唱歌」からは排除された。近代日本の音楽教育の教材、教科内容として採用されたのは、鑑賞用としての「雅楽《ががく》（中国、朝鮮の宮廷音楽）」と歌う唱歌用としての「西洋音楽」と、すべて外来輸入モノとなった（小泉文夫、一九八六）。

日清戦争後は唱歌に加えられる「軍歌」の数が増えていったが、「大正デモクラシー」の潮流の中で子どもの歌を見直す動き＝「唱歌批判」が起こってきた。鈴木三重吉《すずきみえきち》によって一九一八（大正七）年創刊された雑誌『赤い鳥』を中心に、北原白秋《きたはらはくしゅう》、泉鏡花《いずみきょうか》、三木露風《みきろふう》、西条八十《さいじょうやそ》、若山牧水《わかやまぼくすい》、成田為三《なりたためぞう》、山田耕筰《やまだこうさく》らの多くの作家、詩人、音楽家たちが参加して、「美無く生命無く童心無し」の唱歌に対し、かつての「わらべ唄」のスタイルを踏襲し、韻《いん》を踏んだリズミカルな唄づくりを目指した児童文芸運動であった。そのなかで作りだされたのが「童謡」である。

図22　雑誌『赤い鳥』創刊号（1918年）

一九二〇年前後に次々と創刊された児童雑誌『金の船』『金の星』『少女号』『おとぎの世界』『童話』。そして「お山のお猿」「靴が鳴る」「あわて床屋」「浜千鳥」「てるてる坊主」「ペチカ」「砂山」「赤とんぼ」「七つの子」「赤い靴」「青い眼の人形」「どんぐりころころ」「雀の学校」「黄金虫《こがねむし》」「月の砂漠」「花嫁人形」「おもちゃのマーチ」と次々と発表された童謡。二〇年には「かなりや」がレコードとして発売され、子どもの「流行歌《りゅうこうか》」のサキガケとなった。二三年にはレコードに文部省推薦の印が押されるようにもなった。昭和に入ると「雨降りお月さん」「あの町この町」の野口雨情《のぐちうじょう》と中山晋平《なかやましんぺい》のコンビがヒットメーカーになり、児童雑誌、ラジオ放送やレコード会社の競合と相まって、童謡は一大マーケットを成立させる目玉商品となった。

そして一九三〇（昭和五）年、日本の歌にとって不幸な時代が訪れた。十五年戦争体制の始まりとともに唱歌と童謡の境目もなくなり、いずれの歌もが国威発揚、戦意高揚の手段となった。全国規模の「唱歌、童謡コンクール」がやたら開催されるようになり、童謡レコードの検閲が始まり、「赤い靴」「青い眼の人形」などの鬼畜米英の歌は禁止され、学校の卒業式では「蛍の光」に替わって「海ゆかば」が採用され、子どもたちが口を揃えて大合唱する「全国少国民ミンナウタヘ大会」が各地で開かれた。敗戦が濃厚となった四四年には、「時局童謡」として「欲しがりません勝つまでは」「勝ち抜く僕ら少国民」が、親元を離れた疎開児童《そかいじどう》たちによって歌われた。ちなみに戦前戦中の童謡レコードのベストセラーは「かもめの水兵さん」であった。

戦後も「童謡」は作られた。『赤い鳥』の流れをくむサトウハチロー、小林純一、浜田広介、まどみちお、新進の作曲家である團伊玖磨《だんいくま》、芥川也寸志《あくたがわやすし》、中田喜直らによって「べこの子うしの子」「ちいさい秋みつけた」「大きなたいこ」「めだかの学校」「ぞうさん」が作られ、興行となった童謡ショーや商品として流通するレコード童謡と一線を画するために、彼らはあえて童謡とは呼ばず、「こどものうた」と命名した（藤田圭雄、二〇〇〇）。

大人が子どものために作った「唱歌と童謡」の中には後世に残る「名曲」も数多い。しかしそれらはあくまでも「歌うための唄」であり、「子どもの遊び唄」とはなり得なかった。日本の近代の始まりは、子どもにとっても、また子どもが口ずさんできた「わらべ唄」にとっても「不遇の時」であったようだ。しかし学校や表通りからは唄声は消えたが、人目につかぬ裏通りで子どもたちは「唱歌と童謡」を作り替えて、しっかり唄い続けてきた。

今は夜中の三時頃　ノンキおやじが夢を見た　便所と寝床を間違えて　あっという間にネションベン（「汽車」）

ノミが来た　ノミが来た　どこに来た　腹に来た　へそに来た　ケツに来た（「春が来た」）

白地に黒く　日の丸染めて　ああ美しい　男のパンツの博覧会
白地に赤く　日の丸染めて　ああ美しい　女のパンツの博覧会（「日の丸の旗」）

また戦時下「少国民」となった子どもたちは、一九四〇（昭和一五）年に大ヒットしたが、その後「戦意高揚」に反するとしてレコードが発売禁止となった歌謡曲「湖畔の宿」を、「昨日生まれたタコの子が　弾に当って名誉の戦死　タコの遺骨はいつ帰る　タコのからだにゃ骨がない　タコの母ちゃん悲しかろ」と、こう替えた。戦局が激化するにつれて戦死者の遺骨は帰って来なくなった。家族の嘆きや恨みをタコに託して作った唄だ（鳥越信、一九九八）。

そして沖縄の子どもたちは、本土からやってきた軍人たちへの「不信感」をあらわに、

ぼくは軍人　大好きよ
今に大きくなったなら　勲章つけて
剣さげて　お馬に乗ってハイドウドウ

の軍歌を次のように替えて唄ってきた。「ぼくは軍人　大嫌い　今に小さくなったなら　お母さんに抱かれて　オッパイ飲んで　一銭もらって　飴買いに」（川崎洋、一九九四年）。焦土と化した地で、この願いが叶えられることなく戦火に消えていった子どもの数は、一体どれほどにのぼるのか。

戦後には漫画やテレビのヒーローやコマーシャル、大人の歌謡曲をネタに、子どもたちは本音や子どもの視線から見えた大人たちの暮らしぶりを唄い込んだ「名、迷作」を次々と世に送

り出した。

ポ、ポ、ポパイ、ポパイのおならせ、せ、世界中で一番くさい、お窓をあければ、黄色い煙がポッポッポッポッ（「証城寺《しょうじょうじ》の狸囃子《たぬきばやし》」）

松原父ちゃん、消えゆく母ちゃん
父ちゃんと母ちゃんがケンカして
父ちゃんは得意の空手チョップ
母ちゃんは得意のハンマー投げ
見よこのケンカ、見よこのケンカ（「海」）

わらべ唄の現在は？

「現代の子どもはどんなわらべ唄を？」をテーマに、一九六一（昭和三六）年、「民俗音楽学」の小泉文夫は学生と共に日本の首都東京の約一〇〇校の小学生を対象に調査を実施した。

時代はちょうど「六〇年安保」。戦後の復興も一段落、「高度成長」初期の急激な右肩上がりの中で、子どもを取りまく環境の変化は凄《すさ》まじいものであった。五九年から次々と創刊された

「漫画週刊誌」、カラー放送も始まり、白黒テレビの普及率は急速に伸びてほぼ五〇％、「赤胴《あかどう》鈴之助《すずのすけ》」「ポパイとオリーブ」「月光仮面《げっこうかめん》」などのヒーロー、ヒロインが日替わりで子どもたちの目の前に主題歌とともに登場し、家族揃っての夕食時には演歌やポップスの歌番組が流れてくるようになった。「テレビの見過ぎ」が社会問題ともなって、この年には午後八時になると「子ども番組は終わり」のテロップを流す地方の放送局も現れた。「わかっちゃいるけどやめられない」「どーもすいません」の流行語で切り返すのが、子どもの十八番となった。

「この頃の子どもたちはそういう昔の唄で遊ばないでしょう。我が校は合唱コンクールなどの音楽教育に力を入れていますが……時代遅れのわらべ唄の調査など、少し認識不足ではないでしょうか」。調査の協力をお願いに出向いた学生たちに、首をかしげる校長などが多かったが、調査の結果、都内一〇〇校で約二五〇〇の数の唄が採集されたのだ。

同じ遊び唄でも下町と山の手では違いがある。隔てる道路幅が広いほど隣り合わせの区域での唄の共通性は低くなる。「まりつき」や「縄跳び」の唄が材質や技術の変化向上によってリズムやテンポが早くなり、唄の時間も長くなる（従来の唄に新しい唄が付け加わる）。「じゃんけん」がコマーシャルソングの影響で「グロンサン、チオクタン、パンビタン」などの製薬やお菓子名となる。隠れん坊や人当ての「鬼遊び」は鬼に対してフラストレーションを高めるために触る、つねる、叩くという手続きが加わり、同時に探偵やお化けなどの登場によって劇的な要素が加味されたりと昔と比べてより複雑なものとなっている。地方の田舎より都会の子どもの方が「わらべ唄」の種類、数は多い。そして「人工衛星」「若乃花」「フルシチョフ」と時事的なコトバが次々と入った替え歌が作られている。この時代の子どもの遊びの現実がこの調査によって明らかになり、「現場の教師」も知らない校庭の隅や校舎の裏、下校途中の原っぱでの「裏文化＝わらべ唄」が子どもの暮らしの中に脈々と息づいていることを教えてくれた。

「わらべ唄」へのアプローチは数多くあった。江戸後期の『童謡集』の釈行智から、「わらべ唄」を英訳してイギリス・アメリカで『日本雑記』（一八九四年）を出版したR・ハーン（小泉《こいずみ》八《や》雲《くも》）、文学、芸術運動としての児童文化の視点から二万余の唄を収集した『日本伝承童謡集成』（一九二九年）全六巻を出した北原白秋、日本人の思考様式の原型を探るために各地に伝承されてきた子どものコトバや唄を発掘記録した『分類児童語彙』（一九四九年）の柳田国男《やなぎたくにお》、日本の民謡歌謡の一分野としての子どもの唄を集め、歌詞だけでなく曲も採譜した『わらべうた』（一九六七年）の町田嘉章と浅野建二などがあった。それらが主として歌詞、コトバに重きを置いての解釈、分類であるのに対して、小泉文夫はあくまでも子ども自身の手によって作られ、遊びを成立させる必須の要件となるという観点から「わらべ唄」を整理して、

0　唱えうた　　1　絵かきうた

2　おはじき・石けり　　3　お手玉・羽つき
4　まりつき　　5　なわとび
6　じゃんけん　　7　お手合わせ
8　からだ遊び　　9　鬼遊び

とまずは「単独、単純→集団、複雑」を基準に大きく一〇に分け、次に例えば「0唱えうた」のグループの中では〔00数をかぞえる〕、〔01かぞえうた〕、〔02となえごと〕、〔03悪口〕、〔04しりとり〕、〔05早口〕、〔06暗記〕、〔07替えうた〕となるような「系統分類表」を作成した。そしてこれを基にして日本各地、世界各地で伝承されてきた「子どもの遊び唄」を比較しながら、この「生命力、想像力豊かなわらべ唄」、唯一の日本固有の音楽文化が「学校教育」から「俗楽」として排除され、「西洋音楽」一辺倒でやってきた近代以降のこの国の「音楽教育の歪《ゆが》み」と、単なるノスタルジーではなく、「文化創造の源」の視点からの「わらべ唄」の再考を指摘した。

氏の指摘はもっともだが、果たしてどうだろうか。ある「民謡」に「保存会」が組織され、「これぞ正調」と一つの歌詞や節回しに固定化され、それに権威や正統性が付与されるほど、その唄からエネルギーが失われてゆくように、もし「わらべ唄」が教科書に掲載され、教室で教えられるように制度化されていたならば、固定化を免れずにそれぞれの子どもたちによって多様に作り替えられてゆく可能性を持ちえたかどうかは疑わしい。「裏文化」は「裏や地下」にあってこそ「対抗の力」を内包しながら生命を繋ぐことができたのかもしれない。そしてまた一九七〇年代後半、「西洋音楽」の学校教育にどっぷり浸かった子どもたちの間で大いに流行った「ポップス&フォーク」、ピンク・レディーの「ペッパー警部」、キャンディーズの「春一番」が、四七抜き短音階の「純日本調」、一〇世紀平安の歌謡そっくりであったり、ザ・フォーク・クルセダーズの「帰って来たヨッパライ」が荒唐無稽な「戯れ歌《たわむうた》」であったりと氏も指摘するように、子どもたち自身の手によるモノではないが、ある意味では「わらべ唄」の血は途絶えることなく子どもたちの中に受け継がれてきた（鶴見俊輔、一九八四）。

この調査からほぼ半世紀を経た。この国の暮らしぶりの変貌は著しい。幼い日の在り様も随分と変わった。身近にあった雑木林、小川、池もなくなり、道路は拡張舗装され、原っぱは遊具が設置された「児童公園」になった。蛙《かえる》、蝸牛《かたつむり》、泥鰌《どじよう》、蜻蛉《とんぼ》、蝶々《ちようちよう》、昆虫や野の草花も消え、そして夏の夜に子どもたちを異次元、彼岸の世界に誘ってくれた遊び相手の蛍もすっかり姿を消した。「鳴く蝉よりも鳴かぬ蛍が身を焦がす」と子どもたちの内なる心模様を託して作られてきた「ほたる来い」、

ほ　ほ　ほだる来え
ほだるの親父は　金持ぢで
夜はちょうちん　高のぼり　昼は草葉の　露飲んで　ほ　ほ　ほだる来え（青森）
ほったる来い　乳くれる
山伏来い　宿貸せる
雨が降ったら　傘貸せる　水がついたら　舟貸せる　ほったる来い（岐阜）
ジンジン　ジンジン
酒屋《さかや》ぬ　水喰《みじくワ》てィ
落《う》てィりよー　下がりよー　ジンジン
壺屋《ちぶや》ぬ　水飲《みじぬ》でィ
落《う》てィりよー　ジンジン　下がりよー　ジンジン……（沖縄）

と北から南、日本各地でさまざまに唄い継がれてきた「わらべ唄」も消えざるを得ない（川崎洋、一九九四）。

皮肉にも「子どもの宇宙」が崩れ始めたのは、「子どもの発見」以降である。時代が進むにつれて子どもには「子どもで在ること」と同時に「大人になること（の準備）」が課せられ、

「停滞」と「成長」、「遊ぶ」と「学ぶ」の狭間に居ながら、偏ることなく「両立」させる「子どもの理想像」が、子どもの目の前に置かれるようになった。競い合って他者より秀でるための「進学塾、スポーツ教室、音楽教室」、その合間の「気晴らし」には、おもちゃ、流行歌、アニメ、雑誌、テレビ、携帯電話、ネット、ゲーム、ファッション、動物園、テーマパークと、大人たちの用意してくれたモノゴトにすっかり囲い込まれた子どもたち。そう、「国家」は子どもに「日の丸」を前に起立させて「君が代」を歌わせ、「資本」はマーケットとしての子どもの遊びから眼を離さないで待ち構えている。

「子どもを生きる」ことが大変な困難を伴う時代社会になった。もちろん「大人を生きる」も同様に労苦を要するが、大人たちは「癒し」と称して今日もカラオケで「私の愛唱歌」の順番待ちだ。

はたして子どもたちは現在、何を願い、何を呪い、何を想って、どんな唄を「口ずさむ」のか。

（石谷二郎）

3　おやつ――遊食同源性のゆくえ

駄菓子屋と時計

子ども時代の「おやつ」ほど、大人の郷愁をよび起すモノはないようだ。多くの人たちがおやつの思い出を残している。おやつが大人の郷愁を誘う存在として市民権を得ていること自体、戦後、おやつが辿ってきた消滅の歴史を示唆しているように思われてならない。

一九〇六（明治三九）年生まれで、大正の初めに東京・浅草で子ども時代を送った寺村紘二《てらむらこうじ》はこう書いている。「学校から帰ると必ず二銭もらえた。大きな二銭銅貨が一つ。おやつ代だ。駄菓子屋《だがしや》へ走る。アンコ玉、これは現在、浅草の「舟和《ふなわ》」で売っているのと同じ。芋《いも》ようかんもある」（寺村紘二、一九九〇）。

一九〇四年生まれの、大阪島之内の商人の町で中学校教師の息子として、いわば「異端」の子ども時代をすごした作家・藤沢桓夫《ふじさわたけお》のおやつの思い出とは――「私の遊び仲間の子供たちは、毎日「なんど」（お八つのこと。何んぞ、ほしいの略語だろう）の時間になると、親から一銭なり二銭なりの（つまり、今日の二十円、五十円くらいの）お小遣いをもらうと、その銅貨を手に横町の駄菓子屋へ飛んで行くのだが、私は母が厳しくもあり、金銭を卑しむ考え方に育てられていたので、お小遣いなど貰《もら》えず、母のくれるお八つで満足していた」（カッコ内は藤沢、藤沢桓夫、一九八二）。

時代を下り、昭和初期に子ども時代を送った向田邦子《むこうだくにこ》の小説やテレビドラマには、三時の時計が鳴るのを待てない少女（邦子）が、椅子にのぼって時計の針をすすめる場面がしばしば登場する。「おやつの時間よ、早くこい！」。当時の東京山の手の中産階級の家庭では、茶の間に柱時計があった。他には父親が腕時計をもっているだけ。柱時計を中心に家庭の一日がまわっていた。「時計が鳴った、やっとおやつだ」。おやつの時間はそうした家庭のなかのルールを表象するものだった。

おやつの思い出は、子どもがどのような階層の家庭に生まれ、どんな地域で暮していたかによって、異なった姿で現れる。とはいえ、戦前期に子ども時代を過ごした世代に共通しているのは、おやつが「駄菓子屋」に、そして「時計」にぴったり寄り添うように存在していたことだろう。

しかし、一九五〇年代から七〇年代にかけての高度成長期は「子どもたちから近所での遊び集団と時間とを奪い、また都市近隣社会の空間的な複雑さを均質化していく」。そのなかで、子どものおやつに彩りを添えていた駄菓子屋もまた、「どこにでもある普遍的な存在ではなく、昔懐かしい存在へと変容してい」った（佐藤健二、一九九二）。

一方、幼児や小学校低学年の子どもを除けば、家族の一人ひとりが自分の時計をもつようになった現代の家庭は、およそ決まりやルールが緩んだ空間と化してしまった。そして子どもは好きな時に好きなものを、冷蔵庫から取り出して食べる「食」のフリースタイルが定着した。おやつの「時間」の消滅。それは、家族の一人ひとりがいわば放射線状に、それぞれ異質の外の集団に長時間所属することから生じる、家族の成員の個別化が行き着いた風景といってよい。おやつの概念もおやつの「時間」も、子どもの環境世界に寄り添う形で存在している。子どもたちの経験世界・意味世界が変わってくれば、おやつの基盤は大きくゆらぐ。おやつはその意味で、高度成長期以降、消滅への歴史を辿りつつあるといってよい。

遊食同源・話食同源

おやつ（御八つ）は、食事と食事の間にとる「間食」ともいわれる。近世以前、日本人の食事は朝・晩二回であったから、間食は朝食と夕食との間にとる食事（＝軽い昼食）を意味した。近世に入って、朝・昼・夕の三食が一般化すると、その合間に食べるものを指すようになった。

当時の村落における稲作労働は厳しく、昼食から夕食までの長時間を空腹のままで働きつづけるのは耐えがたかった。そこから編み出された生活の知恵が、当時の刻限の八刻（やつどき＝午後二時頃）に小腹を満たすための飲食であり、それが子どもの世界に取り入れられておやつの慣習を生み出した。

もっぱら空腹を満たすために芋やそばがき、いり米、だんごが主軸のおとなの間食は、子どもたちにとっては、三度の食事でとりきれない栄養補給の意味もあった。しかし、それ以上に「遊び食い」「しゃべり食い」という言葉通り、遊びながら食べ、食べながら遊ぶ、おしゃべりしながら食べ、食べながらしゃべる、「遊食同源」「話食同源」の食べものであった。そのためにおとなの好みとは違う「甘いもの」（→お菓子）が、おやつの主軸となっていくのである。

子どものおやつ（お菓子）が遊食同源・話食同源の食べ物を意味することから、おやつと「遊び仲間」は不離一体の関係にある。そして、そこから子どもたちの社交場ないし溜まり場として、駄菓子屋が登場してくる。おやつと同じように、駄菓子屋の歴史も古い。その原型は江戸時代の「番小屋」という、いわば公共空間に求められる。木戸番《きどばん》の番太郎（町村に雇われて火の番や盗人の番にあたった者）がその給金だけでは暮らしをたてることができなかったので、番小屋でろうそくやちり紙を売り、やがて焼き芋や駄菓子を売るようになったのが駄菓子屋の始まりといわれる。番太郎、一文《いちもん》菓子屋、少しあとの時代には一銭《いっせん》菓子屋などさまざまに呼ばれ、それが駄菓子屋という名称で定着していくのは明治の末である（加藤理、二〇〇〇）。

「駄」の世界の引力

駄菓子《だがし》の冠頭語である「駄《だ》」は、「駄馬・駄賃・駄夫・駄作・駄目・無駄骨など、いずれも卑称に通ずるもの」で、要するに駄菓子とは「下層者が食べる下等菓子」を意味した（石橋幸作、一九六七）。しかし、子どもたちにとっては高級な菓子よりも、駄菓子の方が絶大な魅力をもっていた。

仙台屈指の老舗の菓子屋で生まれ、明治後期から大正初期に幼児期を過ごした石橋幸作《いしばしこうさく》は、「手前どもで作った菓子などより他所の駄菓子」しか眼中になく、親に内緒で一銭玉を握って「一つ五厘《ごりん》の飴玉、一銭の豆ねじり、カリントウをわざわざ買いに」行った。老舗の菓子屋の息子にとって、駄菓子の一番の魅力はアテモノ（仙台ではトッケモノという）であり、つばをかけて表紙をはがすと一等とか二等、ハズレという印《しるし》があらわれてくる瞬間のスリルはたまらなかったという。子どもたちに「お倉ちゃん」「お吉さん」「お種ちゃん」などと親しみをこめて呼ばれた駄菓子屋の「小母ちゃん」は、「金持ちの坊やも貧乏人の子どもも鼻たらし坊主」にも「えこひいきがな」い。駄菓子屋は子ども一人ひとりが一人前として扱われる稀有な空間であった（石橋幸作、一九六七）。

駄菓子屋に通うには当然ながら小遣いが必要だが、明治期の子どもは一日どの程度の小遣いをもらっていたのか。加藤理《かとうおさむ》の調査によると、明治後半期の東京の子どもたちは一銭、東京以外の子どもたちは五厘というのが相場だった。小遣いを貰えるかどうかには、ここでも階層や地域という要因が働いた。阪神の新興住宅地や東京の山の手に住む新中間層の「お金のある家庭」は、金銭のやりとりを卑しむ生活価値観に加え、駄菓子屋で商われるモノは非衛生的だと考えており、子どもに小遣いを渡さなかった。対照的に小遣いを与えたのは東京下町の商業を営む共働きの親に多く、駄菓子屋でお菓子を買わせて腹の足しにさせ、親が戻るまでの時間を過ごさせていたという（加藤理、二〇〇〇）。つまり、駄菓子屋は午後から夕暮れまで、一銭で子どものめんどうをみる「一銭託児所」であった（松田道雄、二〇〇二）。

一九二一（大正一〇）年、東京下町の佃島《つくだじま》や月島を対象にした調査によると、九三五三世帯の地域に一三一軒の駄菓子屋があった。七二世帯に駄菓子屋一軒とは相当多かったことが分かる（深谷昌志、一九九六）。学校から帰って体ごと全身で外遊びをする子どもたちにとって、人気のある駄菓子は飴玉類や煎餅類《せんべいるい》であり、「口に入れて長持ちのするもの、あるいは満腹感を味わえるもの、いいかえれば食事の足しになるもの」というのが条件だった（石橋幸作、一九六七）。

常設の駄菓子屋がない村での子どものおやつは、四季の果物や山野の木の実が中心だった。

それは現金収入が少なく、子どもに小遣いを渡すことのできない農家の暮しを反映するものであったが、それ以上に、柿・栗・ぐみ・桑の実など、自然の木の実や果実は加工せずにそのまま食べられる、採り甲斐のあるおやつであった。そんな農山村の子どもたちにとって、月に何回か物売りのおじいさんが引いてくる「縁日移動式駄菓子屋」のお菓子は、ハレの日のおやつを意味した（松田道雄、二〇〇二）。下町の子ども、村の子どもに共通していたのは、握りしめたお金もしくは自分の才覚で、おやつを選ぶ自由であり、そこには中・上層の子どもたちの「あてがいぶち」のおやつとは違う、伸《の》びやかさがあふれていた。

西洋菓子の進出

飴、せんべい、団子、饅頭など澱粉質の和風菓子主軸のおやつの世界に、西洋菓子が上陸し、和風菓子のエリアをじわじわと浸食していくのは大正期である。西洋菓子製造の「企業」として、森永製菓（一八九九〈明治三二〉年）、明治製菓（一九一六〈大正五〉年）、グリコ株式会社（↓江崎グリコ、一九二二〈大正一一〉年）などが次々と創業し、販路を広げていった。

西洋菓子のなかで、真っ先に子どもの味覚を引き付けたのは、ビスケットだった。日露戦争以降、それは戦地慰問品や傷病兵見舞い品など「軍需品」として扱われたため、明治期にはすでに産業として成り立っていた。大正期になると、ビスケットはのし紙というよそゆきの訪問着を着せられ、缶入り「進物品」の王者として社会の上層・中層の家庭へと入りこんでいく。「お客さま」からいただいたありがたいモノは、まず仏壇に数日間供えられたあと、子どもに下げ渡されるという手続きを必要とする家庭が多かった（綱島理友、一九九五）。澱粉質の和菓子を食べ慣れた子どもの味覚に、同系統の素材と製法でつくられたビスケットはスムーズに馴染んでいった。

　次いで子どもたちの間で人気を獲得したのは、洋風のアメというべきキャラメルやドロップス、ヌガーであった。とくに森永製菓が一九一四年にはじめて、従来の缶入り（八〇粒入り、四〇銭）ではなく、ポケット用の紙サック入りミルクキャラメル（二〇粒入り、一〇銭）を発売すると、空前のヒット商品となった。ドロップスは別としてキャラメルはミルクやバターを使用しており、石鹸臭いとか牛乳のにおいがするなど、大人には敬遠されたといわれる。しかし、味覚に柔軟な子どもたちは、ミルクと砂糖の混じりあった味を素早く自分のものにしてしまったのである。それ以上に子どもにとって紙サック入りのキャラメルは、一箱まるごと自分のモ

図23　1928年，「子どもとキャラメル」のポスター（森永製菓株式会社提供）

ノという、「自由と独占」の快感がたまらなかったのだ。

味だけではない。一九二二年生まれの哲学者・鶴見俊輔は、キャラメルを包む蠟紙《ろうがみ》について語っている。「それはみんな違う模様になっていて、お菓子を食べたあと一枚一枚しわを延ばして、大切にとっておくんですね。ものすごく大切にしてもっていたんです」（鶴見俊輔、一九九一）。子どもの旺盛な好奇心は、キャラメルの包み紙さえ遊びの対象に、夢のつまった宝物に変えてしまった。そこには、交換価値の介入する余地のない世界があった。

グリコと豆玩具（オマケ）

洋風のアメの世界で時代をリードしたのは、一九二二（大正一一）年、グリコーゲン入り栄養アメと銘打って発売されたグリコである。栄養菓子の象徴として、人体の中心である心臓（ハート）をキャラメルの形にしたグリコは、先陣の森永製菓（資本金一五〇〇万円）や明治製菓（同七五〇万円）に占有されていた当時のキャラメル業界で苦戦を強いられるが、それを打開したのが、「豆玩具」（子どもたちはオマケと呼んだ）の発想だった。

グリコの歴史は「オマケ」なしには語れない。オマケとはモノの価値を高めるために、景品や付録、サービス品を付けることをさす。一九二二年の発売当初から、スポーツや野球などのミニカードをオマケにつけたのに始まって、次に豆玩具をつけ、遂《つい》に一九二九（昭和四）年、オマケとグリコを別々のサックに入れる「オマケサック」を考案してから、文字通りのオマケとなってグリコの商品価値を高めることになった。「カタツムリ、ツノダセ、ヤリダセ、グリコダセ」……グリコは新聞紙上の片隅を飾る「豆文《まめふみ》」（一行広告）とともに、まさにオマケの元祖《がんそ》となるのである（宮本順三、一九九一）。

くりかえしになるが、遊ぶことと食べることが子どもの生活のすべてといってよい。子どもにとって、本命はお菓子についているオマケか、オマケについているお菓子か、境界線をひくことはむずかしく、両方が手を携えて、遊ぶ・食べるという子どもの二大天職の支え手となっていく。加えて当時の有名ランナーが勢いよく両手をあげてゴールインするキャラクターマークと、「一粒三百メートル、おいしくてつよくなる」というキャッチフレーズ。遊ぶ・食べる・体にいい……という子どもの成長に必要な三要素を満足させるおやつとしてのグリコは、子ども以上に親の心をしっかりつかんでいくのである。

しかし、ビスケットやアンパン、キャラメルをおやつとして食べることができたのは、昭和一〇年代になっても、都市の中流階級の子どもたちに限られていたことを付け加えておくべきだろう。たとえば東京葛飾区で運送屋を営む家庭で育った青木正美《あおきまさみ》（一九三三年生まれ）は、「欲しくてなかなか買って貰えないものは明治ミルクキャラメル、森永ミルクキャラメル、おまけつきグリコ、新高《にいたか》ドロップ。まだ一度も食べたことのないものはチョコレート……」と書いている。彼のよく食べたおやつの主軸は、ふかし芋《いも》や煎《い》り大豆《だいず》、乾燥芋、たまに駄菓子屋で買うニッキ、金平糖《こんぺいとう》、金花糖《きんかとう》、ニコゴリ、芋羊羹《いもようかん》。熱に浮かされ何も食べられないで寝ている自分の床に、母が「そっと忍ばせてくれ」たのは手焼き煎餅《せんべい》であった。「煎餅はわが家ではめったに口にできない」おやつの一つだったという（青木正美、一九九〇）。

戦争とおやつ

おやつの歴史のなかで、物資不足、とくに甘味《かんみ》不足の戦時期ほど、階層をこえて子どもに苦難を強いた時代はないだろう。日中戦争が長期化するにつれ、統制経済の強化と菓子公定価格の制定（一九四〇〈昭和一五〉年）によって、菓子業界全体で八〇〇種を越えていた菓子の品目はわずか一九種の規格にしぼられ、わずかな量の甘味品は家庭配給に頼らざるをえなくなった。さらに一九四一年の太平洋戦争の開戦以降、原料不足のため、軍用品の生産を除いて、菓子・食品・乳製品は殆《ほとん》ど製造できず、菓子業者は転廃業に追い込まれていった（森永製菓株式会社編、二〇〇〇）。

子どもたちにとって、戦争とは統制経済とか配給制といった「抽象」としてではなく、もっと具体的なものとしてあった。「戦争」とは、子どもたちにとって、具体的に二〇粒入りの森永キャラメルが店頭から消え、それもまもなく一〇粒入り五銭の小箱の配給になり、それさえ姿を消していくことであり、疎開先でわずかなおやつをめぐって仲間といさかいをくりかえすことだった。一冊全部を、読者からの投稿による戦争中の暮らしの特集にあてた『暮しの手帖96』（一九六八年夏）は、太平洋戦争当時、八歳から一〇歳の子どもたちの記憶に残っているものすべてが、食べ物につながっていることを伝えている。

「父が吸わないでためた配給のタバコと交換してくれた煎餅や芋あめ」のほろ苦い甘さ、学童集団疎開中に母が送ってくれたお手玉（家からの小包のなかの食料品は取り上げられた）を鋏で切り裂き、中身の煎り大豆を隠れてひと粒ずつゆっくりかみしめた忘れがたい味、わら半紙にカステラ、お饅頭、お団子、かりん糖など自分の知っている限りのお菓子を片っ端に書いて、その下に名前を書き込み、そのおいしさを遊び仲間と夢中で話した幻の味、送ってもらったビオフェルミンやわかもと、仁丹《じんたん》など、お菓子代わりに食べた薬の「おいしい」味など、それらは子どもたちによってすでに語りつくされている。

図24　1938年，軍用乾パン普及の新聞広告（森永製菓株式会社提供）

おやつをめぐる、仲間との葛藤《かっとう》の記録も少なくない。当時、疎開中の八歳の少女（森川玉江、武蔵野市）は「おやつがわりの食塩」というタイトルでこう書いている。「私は食塩を〝これはうまい〟という名のふりかけのびんに入れていた（ふりかけはとっくに失くなっていた）。旅館の庭石のカゲに（仲間と）たむろしては、掌《て》に塩をのせてなめた。塩は口の中にかすかな甘味を感じさせる」。とうとうビンの底がみえて「もうあげない」と友だちに宣言するが、それが仲間との間に距離を生んだ。

あるいはこんな投稿もある。「（父親が戦病死、三人の弟妹の世話で、母親が面会にこれない）Sさんはときどき泣いていました。それで私は、家から持ってきてもらったお菓子などをよく分けてあげましたが、こういう友だちをもっていることは、損のような気もしました」（上沢美和子、埼玉県。傍点天野）。友だち思いの「優しい」少女を「損のような気もした」といわせてしまうのが戦争だったのである。

この時期、三食とも米飯を食べられた少数の特権階層の家庭を除いて、一日中代用食（さつまいもや乾パンなど）か、三食とも雑炊という戦時期の食生活のなかで、おやつのさつまいもが食事か、さつまいもの食事がおやつか、おやつと食事の境界線があいまいとなり、やがて消滅し、ひたすら「食べる」という行為だけが暮らしを覆っていくのである。

甘味への飢え

おやつと食事の境界線の消滅は、敗戦後もつづく。戦後の食生活の歴史は子どもの「弁当」

の中身から始まる。一九四六年五月一五日、東京都内の国民学校に通う子ども四五〇名の弁当調査の記録がある。「普通食」をもってこられたのは二二九名（五一％）にすぎず、残り二二一名のうち、一一三人（五一％）はおじやかおかゆ、九九人（四四％）は代用食（さつまいも）、一食抜き（欠食）の子どもは九人だった（『朝日新聞』四六年五月二三日／安田常雄、一九八六）。かつてフランスの歴史家、F・ブローデルは服装を例にとり、「モノ」は、「かって気ままに変化するように見えて、いたるところで社会的対立をあらわに示している」（F・ブローデル、一九六七／一九八五）と書いた。米や麦の配給は都内で一ヵ月に二〜三日分だけ。あとは代用食というこの時期、社会的対立を鮮《あざ》やかに象徴する記号は、子どもの弁当に他ならなかった。

歴史のなかで子どもが敗戦や占領に出会うのは、特殊な経験といってよい。それは占領下のおやつの経験にもあてはまる。その経験は、もちろん所属する階層や年齢、地域によって違う。神奈川県相模原《さがみはら》の基地に近い農村で敗戦を迎えた写真家・江成常夫《えなりつねお》（一九三六年生まれ）は、おやつと同義語の「甘味」に対する飢餓《きが》状況をこう語っている。「僕の家は農家でしたから、おなかが減ってどうしようもないという記憶はないんです。ただ、甘いものには凄《すご》く飢えていた。……そのころ近くの補給庫が米軍基地になっていて、近在の大勢の人たちが生活の糧《かて》を求めるために勤めるんです。職種は運転手とか守衛さん。親戚にそこへ勤めているおじさんがいて、時々もってきてくれるハーシーのチョコレートとチューインガム。なにしろ甘いのがいいんで

図25　ガムやチョコレートを目当てに進駐軍兵士に群がる子どもたち（昭和館提供）

す。チューインガムなどは進駐軍を追い掛けてもらったこともあります。僕なんか恥とか外聞の分別もわからず……」（江成常夫、一九九一）。

米軍のジープのまわりにはいつも子どもたちが集った。子どもたちの占領期の記憶が、たとえば映画『瀬戸内少年野球団』（原作・阿久悠《あくゆう》）によって造型された、「ギブ・ミー・チョコレート・プリーズ」にステレオタイプ化されて描かれることが多い。確かに、子どもたちにとってのアメリカとは、「富」や「物量」のシンボルといった「抽象」的な存在ではなく、ひたすらチューインガムやチョコレートに代表される「甘いおやつ」の「具象」に他ならなかった。

遊びの変質

戦後のおやつの内容や時間の変化は、子どもの「遊び」の変質とも深くかかわっている。第一の転換点は、耐久消費財の一つとしてテレビ受像機が大幅に普及した一九六〇年代前半にやってきた。「テレビ視聴」の始まりが、近隣の遊び集団を後景に追い払い、室内での一人遊びを促す契機となっていった点が重要である。

戦後における駄菓子屋の「黄金時代」が、本格的なテレビ時代が登場する以前の五〇年代というのは興味深い。「現在まで営業している店でこの年代前後に駄菓子屋を始めたという店が多い」という（加藤理、二〇〇〇）。子ども人口がもっとも多いベビーブーマー世代が子ども期を送った時期である。注目されるのは、当時の駄菓子屋という概念は店の経営者たちがつくったものではなく、顧客である子どもたちがつくり出したものだという加藤理の指摘である。たとえ店の看板が「〇〇文具店」や「〇〇たばこ店」であれ、子どもたちの好む菓子や手遊びの玩具類をおいていて、なおかつ子どもたちにとって居心地がよく、好ましい「小母さん」がいる店だと認められれば、子どもたちは「駄菓子屋」として認知したのである（加藤理、二〇〇〇）。逆に子どもたちが認めなければ、品揃えは駄菓子屋的であっても、駄菓子屋にはなれなかった。つまり、子どもたちの認知や許可が駄菓子屋を誕生させたのである。その意味で、戦後の、そして「最後」の駄菓子屋文化を開花させたのはベビーブーマー世代といってよい。

現在、定年を迎えはじめたこの世代は、空き地や路地、道路の遊び、紙芝居の終焉に立ち会った世代でもある。この世代が中学校へ進学する頃、全国一斉テスト（一九六一～六四年）が実

図26　駄菓子屋（二村高史氏撮影）

施され塾通いがはじまるが、少なくとも彼（女）らの小学生時代（五〇年代）は、おやつ文化が「駄菓子屋と紙芝居屋」のある街角の風景のなかに根を下ろしていた。下校するとおやつ代（五円か一〇円）をもらって駄菓子屋へすっとんで行くか、子どもの下校時を待って空き地にやってくる紙芝居屋のもとへ走るかの、いずれかであった。母親の用意したおやつを食べる子どもたちも、駄菓子屋や紙芝居屋のもとに合流した。遊び仲間がいたからである。

『駄菓子屋楽校《がっこう》』の著者、松田道雄は山形市のタクシー運転手（一九四四年生まれ）から興味深い紙芝居の思い出を引き出している。

「群れて遊んでいる場に拍子木の音が聞こえると、子どもたちはワッとたかったよ。『黄金バット』が一番人気だったね。今のテレビゲームと違うのは、人といっしょに見て、人の話を聞くということだったと思うよ。ばくだん〔あられ〕、水あめ。水あめは、五円。ルールがあったよ、買った子は前で、買わない子は後ろ。でも買わない子が見れないんじゃなかったよ。この境界のあいまい性が重要だったとおもうなあ」（松田道雄、二〇〇二）。

この「〝境界性のあいまいさ〟こそ、許容性のある仲間集団ができる秘訣だったのではないか」と松田は指摘している。一方、駄菓子屋は、「親から貰った〈お小遣い〉を元手に、学校では禁止されていためんこ・ベーゴマ・おはじきなどの勝負事の遊び」もできる一種の〈治外法権の場〉であった。ただ、それが決して「行き過ぎる」ことがなかったのは、適度な抑制機能として働いた「駄菓子屋の小母さん」の存在が大きい（加藤理、二〇〇〇）。紙芝居屋が熱演する紙芝居は、アメ売りの「オマケ」であり、駄菓子屋とは「子ども相手の、まともな大人ではないおばあちゃんやおじいちゃん」が商う「副業」である。そこで働くオマケの教育や副業教育が、意図せざる形で子どもの世界における自前の秩序をつくっていたのである（松田道雄、二〇〇二）。

おやつの平準化

一九六〇年代に入ると、子どもたちのローカルな生活世界に社会の動きがストレートに入り込んでくる。社会の情報化と消費化である。街頭テレビに群がる子どもや、テレビをみせてもらうためにあちこちの家庭を移り歩く、いわゆる「テレビ・ジプシー」の子どもたちの姿がみられたのは六〇（昭和三五）年前後だった。テレビが瞬く間に二世帯に一台の割合で普及したのは六二年。本格的なテレビ時代への移行は、テレビを通して子どもたちが商品経済の渦に巻き込まれていくことを意味した。

テレビ文化の隆盛とともに子どもたちのおやつ文化は大きく変貌する。すでにふれたが、昭和初期には、キャラメルといえども多くの子どもたちにとって手の届かない高嶺のおやつであり、階層によって口に入るかどうかが規定されていた。また、おやつの中身にも手作りのおやつ、ありあわせのお菓子、四季の野山の果実、駄菓子屋で自分で選ぶおやつなど、山の手と下町、都市と地方といった地域差がみられた。おやつの時間にも、三時、下校時、帰宅時など時間のルールというものがあった。しかし、高度成長期の大量生産とテレビ・コマーシャルの攻勢のもとで、チョコレートもキャラメルも一挙に大衆化されていった。一方でお菓子や食べ物が家庭で常備されるようになり、他方で、テレビ視聴という一人遊びが、いつでも食べたいときに食べるという、おやつのフリースタイル化を生み、おやつの時間という規範性を無化していく。こうしてそれまでのローカルなおやつ文化は、全国的に平準化されていった。

六〇年代前半のテレビマンガのスポンサーが、明治製菓（一九六三年「鉄腕アトム」）、森永製菓（一九六四年「狼少年ケン」）、江崎グリコ（一九六四年「鉄人28号」）などの大手菓子メーカーであったことは重要である。これらのマンガの人気アイドルたちが、キャラメルやガムやチョコレートなどのパッケージに、色彩も鮮やかに刷り込まれることになった。そのうえ、「鉄腕アトムシール」や「鉄人28号ワッペン」など、シールやカード、ワッペンがオマケとしてつけられ、子どもたちはそれらのコレクションを仲間に自慢するために、プレミアム目当てにお菓子を買った（冨田博之、一九七七）。子どもたちのお目当ては本体のお菓子ではなくオマケである。「オマケ」に格下げされたお菓子という感覚は、ほしくなければ惜しげもなく捨てるという感覚へまっすぐにつながっていく。

お菓子のエンターテインメント化

一九六〇年代前半のテレビ視聴の普及を「遊び」の第一の転換点とすれば、第二の転換点は七〇年代の子ども市場の確立である。遊びにおける子ども市場の成立が子どもたちの金銭観、仲間観を変容させ、ひいてはおやつ観、間食文化を大きく変えていくのである。

「子ども市場」あるいは「ジャリ・マーケット」という言葉が登場してくるのは六〇年代初頭であり、それが実態レベルで広まったのは七〇年代である。冨田博之の分析によれば、小学校低学年の子どもを中心に、七一（昭和四六）年に起こった「仮面ライダー」ブーム（藤岡弘主演の特撮ドラマとして毎日系のネットで放映）が子ども市場を「確立」させたという。お菓子だけでなく、衣類、玩具、文具など、このテレビの人気キャラクターのデザインを施した商品群が、またたく間に子どもたちの日常世界を包囲していく。仮面ライダーの写真入りカード付きのスナック菓子（カルビー製菓の「かっぱえびせん」）を食べ、仮面ライダーのデザイン入りの下着や服、変身ベルトや変身オートマスクを身につけ、仮面ライダー関連の玩具（ライダー人形やミニカーなど）で遊び、仮面ライダーのついた鉛筆や消しゴムを使う。子ども市場が「テレビ番組のヒーローを中心に、あらゆる子ども関連業種のコンビナートとして編成されるに至った」のである（冨田博之、一九七七）。そのコンビナートの中心はまぎれもなくテレビを見ながら食べるおやつのスナック菓子であり、そうしたおやつ文化がエンターテインメント化をとげたといってよいだろう。

子ども市場を成立させたのは、確かに大手メーカーのマーケティング戦略や攻勢力だが、それだけではない。経済の高度成長にともない、小学生以上の子どもであればお小遣いを貰うのが当たり前となり、それも年々高額化していく。一九七二年の子ども調査研究所の調査によると、お小遣い月額と預金額の平均は、小学二年生五二三円・一万一二七三円、小学五年生七五二円・二万九五九八円、中学二年一二三八円・二万七八七三円となり、子どもは好きなものを自分で自由に買えるようになった（斎藤次郎、一九七二）。冨田博之は、その背後に親たちの金銭観や家庭教育観の変化があったと指摘する。より具体的にいえば、小遣いの使い方を子どもの自主性に委ねようという家庭教育論と、それに基づく小遣いの日払い式から月ぎめへの転換である。金銭のやりとりを卑しみ、子どもに金銭を渡さないことを原則としていた戦前期の家庭、とくに新中間層の親のしつけ観は、家計収入の増加とともにじわじわと変容しはじめ、子ども自身による金銭の自己管理能力を重視するしつけ観へと転換していった。この子どもたちの小遣いをねらって、大手菓子メーカーは競ってテレビ漫画やアニメのスポンサーを買って出たのである。

さようなら、おやつ文化

子ども市場の成立は、どちらがオマケか分からない菓子と玩具（カード、ワッペン、シール、プラモデルなど）の「組み合わせ食品」という新しいジャンルを生み出すことになったが、それは、戦前期の「グリコのオマケ」にみる遊食同源・話食同源の世界とは違う。飽食化《ほうしょくか》の進行を背景に、「遊《あそび》」自体の内実が大きく変わったからである。子どもたちはオマケやプレミアムのコレクションを自慢しあう遊びの消費者ではあっても、それを使って遊びをつくる創造者ではない。それだけではない。大手菓子メーカーの大攻勢は、八〇年代まで路地裏で細々と営業をつづけ、その店先が子どもサロン化していた駄菓子屋に致命的な打撃を与えた。貸本屋《かしほんや》をテレビと週刊誌が駆逐したのと同じように、子どもの「カゲの文化」の砦《とりで》がここでもとりはらわれていった（斎藤次郎、一九七二）。コンビニの一号店（セブン－イレブン）が東京で開店したのは一九七四年。子どもたちは表通りのコンビニやスーパーへと移動するが、そこには色とりどりのお菓子はあっても遊び仲間はいない。おやつ文化は幕を閉じ始めたのである。

現在、遊食同源・話食同源という意味でのおやつ文化を持続している数少ない空間は、保育園だろう。ランチの時間から、夕方、仕事を終えた親が子どもと一緒に帰宅し夕食を囲むまでの時間は長い。以下は、二〇〇六（平成一八）年三月の、ある公立保育園（東京都）における一週間のおやつの献立表である。どれをとっても、腹持ちのするクラシックな献立が主流となっている。

月曜日　牛乳・ソース焼きそば
火曜日　牛乳・マーマレードケーキ
水曜日　牛乳・ジャムパン・果物
木曜日　牛乳・黄金団子《こがねだんご》
金曜日　青菜おにぎり・果物
土曜日　牛乳・菓子・果物

保育園の集団保育は、時間とルール、カリキュラムにもとづいて進められる。いわばあらゆるレベルで「規制緩和化」が限りなく進む社会のなかで、「規律訓練」機能が残る最後の制度といってよい。

三時のベルがなった。子どもたちで手分けして机を並べ、クリーム色のテーブル・クロスをかける。手を洗ってテーブルにつき、「いただきます」と大声で挨拶する。あとはおしゃべりの渦、渦だ。おやつ文化が集団保育のなかで辛うじて生きつづけているという現実は、子どもたちの未来に何を示唆しているのだろうか。

（天野正子）

4　マンガ――所有するファンタジー

『20世紀少年』

世紀末一九九九（平成一一）年にスタートして二〇〇六年まで連載された『20世紀少年』（浦沢直樹、小学館）というマンガがある。国内外の漫画賞を総なめにし、のちに映画化もされた人気マンガである。

戦後復興期は終わり、高度経済成長のまっただなかの昭和四〇年代。子どもたちの世界では、「はらっぱ」での遊びや「駄菓子屋サロン」がまだ維持されつつも、マンガ雑誌やテレビなどの商業的子ども文化の力が急速に拡大していた時代である。主人公ケンヂたちは、秘密基地をつくり、正義の味方として悪の組織と戦う空想をふくらませる。そこで記された子どもたちの「よげんの書」が物語の起点となる。

この作品は、漫画やテレビなど、戦後展開した商業的な子ども文化を享受した第一世代（昭和三〇年代生まれ）が経験した「子どもの日常」を再現しているだけでなく、ストーリーとしても二〇世紀の子どものマンガ的空想が二一世紀のSF世界を構築する筋立てになっており、マンガと現実が何重にも入れ子構造になっている特徴をもっている。それをかつてマンガでそだった主人公と同世代の大人が、現代の子ども世代と肩をならべて愛読しているのである。

二一世紀にはいり、一年間に出版されるマンガ雑誌は二〇〇種類を超え、単行本の新刊数はおよそ一万点となった（『出版指標年報』出版科学研究所）。発行部数でいえば、マンガ雑誌は一〇億を超え、単行本では五億から六億という膨大な数になっている。子ども時代マンガに親しんだ世代が成人後もマンガから完全には「卒業」しなかったため、今やマンガの読者は子どもから大人まで幅広い。日本を「マンガ大国」と呼ぶ議論はすでに耳慣れたものであるが、「マンガ大国」を支える「マンガ産業」の構造に注目した中野晴行《なかのはるゆき》は、日本の「マンガ産業」は九〇年代半ばには六〇〇〇億円の市場規模に達したと分析している（中野晴行、二〇〇四）。

マンガは、二〇世紀、とりわけ戦後日本の「子ども」を考える上で、欠かすことのできないモノである。

子ども向けマンガの揺籃期

マンガは戦後に誕生したモノではない。高度経済成長期に大きく発達した子ども向けマンガの歴史は、二〇世紀初頭にさかのぼることができる。

戦前の子ども向けマンガの嚆矢《こうし》といえるのが、一九二三（大正一二）年から『朝日新聞』および『アサヒグラフ』に連載された織田《おだ》小星《しょうせい》作・樺島勝一《かばしまかついち》画の『正《しょう》チャンの冒険《ぼうけん》』といえよう。子ども向けマンガといっても、大人を対象とした新聞・雑誌に掲載されていたことから、家族で楽しむタイプのものであったが、主人公正チャンがかぶっていた帽子が「正チャン帽」として流行するなど、そのキャラクターは子どもたちの人気も集めていた。それ以前には、風刺画として明治半ばに流行したポンチ画の中に、児童雑誌に掲載された子どもを主人公とするものがみられるが、ストーリーのあるマンガは『正チャンの冒険』以降に発達したものである。

昭和にはいると、児童雑誌にストーリー・マンガが連載されるようになり、子ども向けのマンガが一つのジャンルとして立ち上がり始める。子ども向けマンガの発達に貢献したのは、講談社の人気雑誌であった『少年倶楽部』である。一九三一（昭和六）年から約一〇年間にわたって連載された田河水泡《たがわすいほう》の『のらくろ』、一九三三年から六年間にわたって連載された島田啓三《しまだけいぞう》の『冒険ダン吉《きち》』など、戦後も語り継がれる人気作を次々と生み出した。子どもを読者とするストーリー・マンガが商品として成り立つことが明白となった昭和一〇年代には、児童雑誌はこぞってマンガを連載し、人気作品は連載後に単行本化された。児童マンガの商品化が展開しはじめたわけだが、当時は、月刊の児童雑誌を定期購読したり単行本を購入したりできる家庭はまだ限られていた。子どもたちは互いに貸し借りし、回し読みをするなどの工夫をしながら、手の届く範囲で楽しんだ。

子ども向けマンガは、その黎明期には、どのような社会的視線を受けていたのだろうか。飯《いい》干《ぼし》陽は、一九二七（昭和二）年に岡本一平《おかもといっぺい》が編集した『児童漫画集』の巻頭に、岡本が次のような言葉を掲げていることを指摘している。「こどもにおやつが必要なやうに、こどもに漫画は必要であります。それは教育の主要食には、ならないかも知れないが、成長に弾力を与える活素になります。……こどもに漫画を与《あた》へる事に就《つ》いて御賛同を願います」（飯干陽、一九九六）。ここには、「子ども」なるものの独自性を強調する近代的な児童観を前提として、マンガを、「子ども」の成長に役立つ「栄養」と位置づける認識枠組みが示されている。岡本一平は、一見余計なものに見えるかもしれないが、マンガのような精神上の「おやつ」が「子ども」の世界を豊かにするのだと、マンガの意義について「大人」の理解をうながす。良くも悪くも子どもの生活にマンガは欠かせない、子どもとマンガを切り離せないものとみなす感覚が醸成されはじめていたことがわかる。

戦後、子どもとマンガの蜜月のはじまり

大正期から昭和初期にかけて、産業化の進展とともに子ども向けの読み物や玩具はじょじょ

に豊かさを増していたが、第二次世界大戦敗戦時、焦土《しょうど》に生き残った子どもたちの手には、ほとんど何も残されていなかった。ふたたび子どもの手にマンガが届くようになるのは、一九四七（昭和二二）年頃からである。

戦後まもなく、仙花紙《せんかし》を使うなど粗悪であるが安価で入手しやすい関西の赤本《あかほん》（立川文庫など）が流行、全国的に拡大する。この赤本は、通常「駄菓子屋の店先や露店で売られていた」といわれているが、実際には地方の雑貨店を窓口とするカタログ販売や、問屋から卸して書店・雑貨店・露天商・「流しの赤本売り」での小売、貸本屋への販売など、広範な流通システムを構築していた（中野晴行、二〇〇四）。マンガもまずは赤本の流通システムを通じてひろがっていった。

しかし、赤本マンガがいかに安価とはいえ、ほとんどの子どもたちは購買力を持っていなかった。マンガは読みたいけれども自分で購入することはむずかしいと悩む子どもたちの救世主となったのは、一九五〇年代初頭に全国的に急増した貸本屋だった。貸本屋の赤本マンガは粗悪かつ俗悪だと批判されることも多かったが、戦後の子ども向けマンガ文化は赤本や貸本屋によって芽吹き成長したのである。日本マンガ界を代表する作家とされる手塚治虫《てづかおさむ》もまた、貸本屋の赤本マンガ界のスターとして登場している。

マンガを楽しみたいという子どもたちの欲求を満たしてくれるもう一つの安価な方法は、街《がい》頭紙芝居《とうかみしばい》であった。全盛期の五〇年頃には、紙芝居屋は全国で五万人に達し、一週間に一度は紙芝居を見る子どもが四割近くにのぼったという（高橋勝・下山田裕彦、一九九五）。紙芝居で上演される「黄金バット」などのヒーロー・マンガに子どもたちは熱中した。

戦後復興期、マンガは夢や楽しみを与えてくれる貴重な娯楽だった。子どもたちが貸本屋や紙芝居によって、マンガへの欲求をほそぼそと満たしていた頃、本格的に営業を再開した大手出版社は、そうした欲求に応えるように、マンガを中心とした月刊児童雑誌を創刊しはじめる。一九四八（昭和二三）年創刊の『漫画少年』（学童社）はその名のとおり子ども向けマンガの専門雑誌である。一九四六年から一九五〇年代はじめにかけて、各社が次々と創刊した『少年クラブ』『少女クラブ』『少年』『少女』『冒険王』『おもしろブック』『少年画報』『野球少年』などは、いずれもマンガにある程度の誌面を割いていた。

一九五〇年代になると、そうした月刊雑誌における連載が、マンガ家の主たる活躍舞台となっていく。月刊雑誌から多くの人気マンガがうまれ、子どもたちは人気マンガのヒーローに熱狂した。一九五四年に月刊誌『少年画報』に連載を開始した「赤銅鈴之助《あかどうすずのすけ》」は、五七年にはラジオ番組化されて大人気を博し、月刊誌の連載・ラジオ・テレビ・映画、単行本のメディア・ミックスの先駆けとなった。月刊誌連載マンガを起点とする「マスコミの立体化」（菅忠道、一九六二）が、子どもの世界を取り囲んでいく。

子どもの遊びの変化とマンガの位置

戦後復興とよばれる時代も過ぎた頃、一九五〇年代から六〇年代の平和な生活を安心して享受することができるようになった子どもたちは、学校から帰ると、夕方暗くなるまで外で遊んだ。その頃には、子どもが勉強と遊びに専念できるような生活の豊かさが生じる一方、まだ、習い事や塾通いが子どもの生活時間上大きな位置を占めることもなかった。放課後は、子どもたちが「はらっぱ」で群がって遊ぶ時間だった。「はらっぱ」での遊びには、特別な玩具は必要ではなかった。子どもたちは、たっぷりある時間と戸外の空間を、ありあわせのモノとアイデアによる遊びで満たしていった。

その後、高度経済成長が人々の暮らしを急速に変えていく過程で、子どもの生活にも二つの大きな変化が生じる。その一つは、子どもの遊び空間の変化である。「はらっぱ」から「家の中」へと、子どもの主たる遊び空間が変化していったことは、多くの論者が指摘するところである（藤本浩之輔、一九七四／藤田英典、一九九一／高橋・下山田、一九九五）。一九六〇年代後半以降、子ども部屋をもうけるという住環境パターンが普及するようになってからは、勉強と遊び専用の空間、子ども自身が所有する空間が現出することになる。子ども部屋は、「はらっぱ」が有していた共同性と比べると、友達を招き入れることができるとはいえ、はるかにプライベートな場である。子どもたちは、自分自身の時間と空間を確保するようになったのである。

今一つの変化は、子どもたちが「おこづかい」という形で購買力をもつようになったことだ。一九六〇年代半ばには、小学校高学年の子どもたちの八割が「月給制」ないしは「週給制」でおこづかいをもらっている（子ども調査研究所、一九六七）。一九七〇年代も後半になると、子どものおこづかいを一ヵ月単位で考える習慣が一般化する（磯貝芳郎、一九八二）。その頃には、月々のおこづかいとは別に、お正月のお年玉が子どもにとって重要な収入源として浮上する。その額は年間のおこづかい収入と同程度もしくは上回るほどの高額である。子どもたちは、マンガ・文具・お菓子などの日常的に必要な商品を自分の裁量で購入する経済力を有するようになった。

遊び空間としてプライベートな室内の比重が高まり、「おこづかい」という購買力を手にした子どもたちは、商品として購入できるモノを自分のテリトリーに持ち込んで楽しむようになる。

マンガは、子どもの新たな居場所である「家の中」での遊びにおいて重要な位置を占めた。子どもたちは一人で、あるいは少人数の友達と、「家の中」でマンガを読み、マンガを原作としたテレビのアニメ番組を視聴した。

地域の子どもたちが共有するはらっぱ・路地裏空間から、子ども部屋と大衆消費文化によるマスと個の連携空間へ。マンガは、そうした子どもの遊び空間の変容を象徴するものでもあった。マンガは、購入して自分の所有物とし、遊びのための自分のテリトリーである「家の中」に持ち込めるモノである。その中に描かれる子どものための世界。マンガの中に封じ込められた世界は、子どもの文化そのものであった。

子どもが購入して所有するモノとしてのマンガ

一九五九（昭和三四）年には『少年サンデー』（小学館）・『少年マガジン』（講談社）、一九六三年には『少年キング』（少年画報社）・『マーガレット』（集英社）・『少女フレンド』（講談社）など、週刊マンガ雑誌が次々と創刊され、それらが人気を集める一方で、戦前から続く子ども向けの老舗雑誌『少年クラブ』や『少女クラブ』（講談社）は衰退し、一九六二年にはついに休刊に至る。戦前に確立された、グラビアや絵物語、子ども向け情報記事など、絵と活字を組み合わせて総合的に構成する少年・少女雑誌のスタイルは、次第に子どもの感覚に沿わないものとなっていた。絵と活字が、登場人物やモノの動きとストーリーの流れによって一体化したマンガこそが子ども読み物の中心となり、週刊マンガ雑誌は子どもたちの生活の中に定着していく。

一九六〇年代に部数を大きく拡大した週刊マンガ雑誌の定価は当初四〇円から五〇円程度（その後一九七〇年代には一〇〇円台へ）であり、当時の子どもたちの一ヵ月のこづかいが小学校

表3 「愛読する雑誌」ベスト10の変化：1955年と1979年の比較
（毎日新聞社・学校読書調査より作成）

	男子 1955(昭30) 第2回調査	男子 1979(昭54) 第25回調査	女子 1955(昭30) 第2回調査	女子 1979(昭54) 第25回調査
小6	①少年	①週刊少年ジャンプ	①少女	①なかよし
	②おもしろブック	②週刊少年チャンピオン	②少女ブック	②りぼん
	③小学六年生	③6年の科学	③少女クラブ	③平凡
	④冒険王	④週刊少年マガジン	④小学六年生	④6年の学習
	⑤少年クラブ	⑤週刊少年サンデー	⑤なかよし	⑤明星
	⑥少年画報	⑥6年の学習	⑥六年の学習	⑥小学六年生
	⑦ぼくら	⑦小学六年生	⑦おもしろブック	⑦週刊少女フレンド
	⑧野球少年	⑧月刊少年ジャンプ	⑧小学五年生	⑧週刊マーガレット
	⑨漫画王	⑨平凡	⑨少年	⑨ちゃお
	⑩小学五年生	⑩明星	⑩少女サロン	⑩6年の科学
	（昭18生）	（昭42生）	（昭18生）	（昭42生）
中3	①中学生の友	①週刊少年ジャンプ	①少女	①明星
	②中学時代	②週刊少年チャンピオン	②少女ブック	②りぼん
	③中学コース	③明星	③女学生の友	③平凡
	④少年	④週刊少年マガジン	④少女クラブ	④週刊少女フレンド
	⑤おもしろブック	⑤平凡	⑤中学コース	⑤なかよし
	⑥冒険王	⑥週刊少年サンデー	⑥中学時代	⑥週刊セブンティーン
	⑦野球少年	⑦月刊少年ジャンプ	⑦少女サロン	⑦中学三年コース
	⑧少年クラブ	⑧中三時代	⑧少女の友	⑧別冊マーガレット
	⑨少年画報	⑨中学三年コース	⑨中学生の友	⑨週刊マーガレット
	⑩太陽少年	⑩ロードショー	⑩平凡	⑩別冊少女フレンド
	（昭15生）	（昭39生）	（昭15生）	（昭39生）

高学年では三〇〇円から六〇〇円、中学生では五〇〇円から一〇〇〇円程度であったことを考えると（子ども調査研究所、一九六七）、子どもが自分の裁量で購入を決めることができる値段であった。一九七〇年代には、子どもをターゲットとする週刊誌は、その発行部数を年間三億から四億へと拡大し、週刊誌市場全体の三割から四割を占める一大ジャンルへと成長している（磯貝芳郎、一九八二）。

連載マンガを中心とする週刊雑誌は、お気に入りのマンガのつづきを読みたいという子どもたちの欲求を、持続的な購買活動をささえる基盤として最大限活用した。学校の授業が月曜日から「半ドン」の土曜日までつづく一週間の流れの中で、愛読している週刊マンガ雑誌の発売日は、子どもが心待ちにする「お楽しみ」の曜日である。人気マンガがテレビアニメ化されると、一週間単位でのアニメの放映日もまた、子どもの一週間のリズムをつくり出す。子どもたちの生活世界は、マスメディア市場が拡大するに従って、市場が作り出す需要と供給のリズムにしたがうようになる。

子ども自身が消費者となり、子ども市場のアクターとなるプロセスにおいて、子ども向けの漫画と子ども向け商品を製作・販売する企業のタイアップが、テレビを媒体として本格的にすすんでいく。漫画雑誌で人気が出た漫画がテレビでアニメ化され、テレビ放映のスポンサーとなった企業は、自社製品の企画に当該漫画のキャラクターやデザインを採用し、それらの商品の人気が、単行本などの出版物の売れ行き拡大にも反映されるというメディア・ミックスが子どもの生活世界を取り囲むようになっていく。漫画と子ども消費財企業のメディア・ミックスの第一段階において重要な役割を果たすのが、製菓企業である。

一九六三（昭和三八）年に手塚治虫原作の「鉄腕アトム」が国産テレビアニメの第一号として放映された際、そのスポンサーは明治製菓であった。続いて放映された「鉄人28号」（横山光輝）は江崎グリコ提供、「狼少年ケン」（伊東章夫）は森永製菓提供と、製菓企業が漫画を原作としたテレビアニメ化のスタートを支えたことは明らかである。さらにテレビアニメ作品が増えるとともに、明治・グリコ・森永のほかにも、ロッテが「W3《ワンダースリー》」「マグマ大使」（手塚治虫）、カネボウハリスが「宇宙エース」（吉田竜夫）・「ハリスの旋風《かぜ》」（ちばてつや）、不二家が「オバケのQ太郎」「パーマン」（藤子不二雄）、コビト製菓が「おそ松くん」（赤塚不二夫）などなど、大手菓子メーカーはこぞってテレビアニメのスポンサーとなった。

その後、菓子メーカーだけではなく、玩具メーカー、子ども服メーカーなど、子どもをターゲットとする市場では、子どもに人気があるマンガを軸とした商業戦略が次々と立てられていく。

大人から与えられるものではなく、子ども自身が消費者主体として選び取るようになったことで、市場として形成されたマスメディア環境に子どもが直接さらされるようになったともいえる。

俗悪文化としてのマンガ

子どもに対するマンガの影響力が無視できないものになると同時に、「大人」の世界で高まったのが、マンガ有害論である。

マンガの害にまず注目したのは、教師である。一九五〇年代の教員向けの読書指導論からは、子どもたちがマンガに夢中になっていく様子に眉をひそめる「大人」の姿が読み取れる。小中学生向けの読書指導論の多くは、のぞましい読書をさまたげるものとして子どもたちのマンガ熱をとりあげている。〈子どもたちは俗悪低劣なマンガを喜んでいる〉ことをどうすべきかという課題を出発点とする実践記録がその典型的なものである。

教師は「休み時間になると、冒険王、マンガ王、少年王者、快魔《かいま》もの、催涙ものに吸いつけられている六年生をみて、いよいよあせる」（図書館教育研究会、一九五六）。あせった教師は、「みんなは、どうしてサイレンが鳴ったのも忘れて、そんなものばかり読んでいるのだ」「栄養のある本を読まなければ心はふとらないぞ」と説教する（図書館教育研究会、一九五六）。しかし、マンガを読むことを禁止することもままならない。となれば、「一体漫画を読むことは悪いことであろうか」と自問し、「漫画を正しく読むことも、人格を形成するに役立つりっぱな読書と考えたい」（図書館教育研究会、一九五三）と気を取り直さざるを得ない。その結果、「絵もことばも上品で美しいもの」「ただ笑わせさえすればよいといった安易な態度で書かれていないもの」「童心をやたらに興奮させたり、刺激したりしないもの」（図書館教育研究会、一九五三）といった「安心して与えられる漫画」を選定する、あるいはマンガを読む量を制限する、あるいは読後の記録をつけたり集団での話し合いを設定することによって批判力（近年の概念でいえばメディア・リテラシー）を養うなど、マンガ熱を「善導」すべく、種々の指導案が展開されることになる（菅忠道、一九六一）。

教師に続いて、母親たちの懸念《けねん》も高まっていく。一九六四年に総理府が行った小学生の母親対象の世論調査では、「子どもが読んでいる本」と「子どもに読ませたい本」の両方を母親にたずねているが、マンガに関して、「実態」と母親の「希望」がもっともずれている。つまり、「子どもが読んでいる」として母親が認識しているジャンルの首位はマンガであるが、それは「読ませたい本」の最下位である（子ども調査研究所、一九六七）。

母親たちの、マンガをまねた「ごっこ遊び」の危険性を心配する声にはじまって、マンガに描かれる暴力や「俗悪」な笑いに子どもたちの思考が悪影響を受けることを憂慮《ゆうりよ》する動きは、一九五〇年代から六〇年代にかけて盛んになる。毎年の母親大会や子どもを守る文化会議など、お母さんたちが集まる会で必ずといってよいほど、マスコミが描く暴力シーンの悪影響が話題となり、「マス・コミと対決する母親」（山主敏子、一九六一）という図式が定着する。そうした動きは、「悪書追放運動」として全国に広がっていくことになる。

六〇〜七〇年代に、「悪書」として問題になったものには「アシュラ」（ジョージ秋山・『少年マガジン』）や「ハレンチ学園」（永井豪・『少年ジャンプ』）などがあるが、「ハレンチ学園」は、従来の暴力の問題性に加えて性的な刺激という点で、『少年ジャンプ』誌面に登場した一九六八年から七二年に連載終了となるまで、議論の的となりつづけた。ヒゲゴジラをはじめとするハレンチな教師と生徒たちとのドタバタ喜劇《きげき》において重要な位置を占めるのが性的なトピックであり、少女の下着姿や半裸の図柄が誌面におどることは、少年漫画としては前代未聞のことだった。

しかし、「大人」が「悪書追放」をさけぶ一方で、「俗悪」マンガは人気を獲得しつづける。物議《ぶつぎ》をかもした「ハレンチ学園」によって構築された、性的な事柄がナンセンス・ギャグの中に織り込まれるスタイルは、一九七〇年代の人気マンガ「がきデカ」（山上たつひこ・『少年チャンピオン』一九七四年連載開始）にも引き継がれる。「がきデカ」に至っては、性的な事柄と幼児的な下ネタが合体した子ども向けの「下品」が満載され、マンガの「俗悪さ」は一種の頂点に達した観さえあった。「大人」たちは、子どもが歓迎する「俗悪」が「大人」の「良識」を乗り越えて拡大していくプロセスを押しとどめることができなかったのである。

守るべき〈自分＝子ども〉の世界としてのマンガ

戦後から高度経済成長期の「学校読書調査」をまとめた『学校読書調査二五年』（毎日新聞社、一九八〇）は、子どもの生活にマンガが浸透していく様子を「マンガ洪水」「マンガ漬け」と表現している。「ほとんどの親や先生は、とらえどころのない違和感を胸に秘めながら、あるいは戸惑い、あるいははかない抵抗を試み、あるいは抗し難いとあきらめて、黙認しているのが現状のようである」（『学校読書調査二五年』）。

「洪水」のようにマンガがあふれるようになるプロセスで、紙芝居や貸本屋など「外」でマンガと出会うパターンから、週刊誌・単行本として発売されたマンガを購入し、自分の部屋という「内」に持ち込むパターンへと、マンガと子どものつきあい方は大きく変化した。子どもにとって、マンガは所有されるべき「財」である。子どもたちは、市場が提供するマンガ作品をピックアップし、自分の領内に集め、囲い込む。

学校では先生によって、家庭では親によって、マンガはマイナスの評価を受ける。子どもたちは、マンガを「自分たちの文化」として「大人」の攻撃から守ろうとする。「大人」はマンガを読む時間を規制しようとするし、時には強制的にマンガ本を取り上げようともする。「勉強しなさい」と叱られ、母親からマンガを捨てられて泣くというシーンは、マンガの中にも登場する風景である。だから、子どもたちは、領内に収集したモノとしてのマンガが奪われることを防がねばならない。と同時に、そこで描かれている世界そのものも「子どものための文化」として護ろうとする。

ある小学六年生の女の子が、「マンガについて」と題した次のような作文を書いている。マンガを読むことを母親から注意された彼女は、「母は「マンガはよくない」と思っているらしい」と記述し、母親に反論すべく「マンガのよい点」をあげていく。「マンガは頭をつかわなくてもすむ」と、大人にとっては「だからだめなのだ」といいたくなる理由に続いて、次のような言葉がつづられる。「数学は、どの先生に習っても、２＋２は４だが、マンガでは、２＋2が10になるときだって、100になるときだってある」（ＮＮＳ調査委員会、一九八五）。マンガより「ためになる」本を読んでほしいという大人の論理に対抗して、マンガを擁護する子ども自身の論理の成立がみてとれる。

高度経済成長期を経て、子どもたちが市場の主体となってマンガ作品を選び所有することが当たり前となり、マンガはそれによって「子ども自身であること」を主張することができるモノの典型例となった。

しかし、マンガの位置づけはそこにとどまらなかった。冒頭で述べたように、かつて「子ども」であった「大人」たちも、マンガを手放さず、マンガは日本文化を象徴するものへと成長していく。日本のマンガやアニメは海外でも大いに人気を博し、さまざまな国のひとびとを魅了してきた。今や、マンガ・アニメ文化は、日本の国際的な経済・政治戦略としての「クールジャパン」を代表するモノの一つとなっている。昭和史において子どものモノとしての地位を獲得し、さらに受容層を広げてきたマンガ。このさき、どこまで発展していくのだろうか。

（木村涼子）

Ⅳ　子どもの身体をつくるモノ

1　母乳とミルク――赤ん坊の食べモノ

ヒトは哺乳類

アカンボが乳首を吸い始めると、乳房がしなびていても、何回か吸ううちに突然両方が、じゅんっと音がしてチチがみなぎるのがわかり……乳房が盛り上がって固くなり、局部的にかゆみを覚えます。これは押すか吸われるかしてチチを放出すればものすごくキモチがいいにちがいないと自分ではっきり予想できる状況です。つまり……何かいれたい女の性器とまるで同じ。いらいらに似た、むずむずに似たそういう欲求あるいは快感が強くある。アカンボはその辺を熟知していて、片方を吸いながら片方の、張り詰めて先端ぎりぎりまでチチがきていて、一触即発の乳首を、人さし指と親指でつまんで強くもむのです。教えたわけではない。教えて覚えるようなアタマはまだアカンボは持っていない。しかし、つまみ、もむ力は的確で充分に強い。チチは快感とともに幾筋も噴出し、大きい弧を描いて出つづけます。

（伊藤比呂美、一九八五）

なるほどヒトは哺乳類だ。残念ながら私はオトコ、オッパイがもたらすこの生命の原初、快感の生理に身を震わせたことはないが、オッパイを試みたことが、実はある。

定職もなく、実社会で男にナル気もなかった私は、出産を機に家庭に入り、「主夫」いや正確には「主夫もどき」となった。別にオトコの子育てに意味を見出したからでも、意気込みがあったわけでもない。音楽を聴いて、本を読んで、添い寝して、散歩して……児と一緒に「楽に生きよう」と決めたからだ。しかしそのささやかな夢もすぐに打ち砕かれることになった。「こんなはずではなかった」のだ。

ミルクの用意にウンチの始末、寝入った合間にオムツの洗濯、さて一休みと腰をおろすや「オギャーッ」ともう御目覚めの時刻。「飲む、出す、泣く」が乳飲み児の仕事と覚悟はしていたが、想像以上の難行苦行。「命の危機」とばかりに全身で泣き叫ぶ声が、育児書片手の初心者を必要以上にうろたえさせる。「衝動の塊」相手に、戦いすんで日が暮れる毎日。

日中あれほど不機嫌な児も、帰宅した母親のオッパイに「コレよ、コレ」と嬉々としてむしゃぶりつく。乳汁に満ちた乳房と膨らむ頬の温かな曲線から、やがて安らかな寝息が立ち上がってくる。「オッパイさえあれば……」。

母親当直で不在のある夜、咄嗟に試みた。オムツもかえた、ミルクも飲んだ、それでも何が気に障るのか、一向に泣き止まぬ児。「駄目で元々、退化すれども乳首は乳首、これも大事なスキンシップの一つ……」と自らに言い聞かせながら、むずかる児の口元を育児で痩せ衰えた我が胸板に押付けてみた。「……」、泣き止んだ。その一瞬の沈黙の後、カッと見開いた眼がこちらを見上げて言った。「何よ、コレ?」。火に油を注ぐとはこのことだ。命の危機、異様な気配を察知したのか、いっそう激しく火のついたように泣き出したのだ。

「短夜や乳せり泣く児を須可捨焉乎」（竹下しづの女『ホトトギス』大正九年八月。上野さち子、一九八九）の句の「ス・テ・チ・マ・オ・ウ・カ」が、男親の身体に滲みいってきた。チチ（父）は有っても無くても児は育つが、チチ（乳）が無ければ児は育たない。ヒトは紛れもなく哺乳類である。

チチ、天然の液体

子を養うために母体から分泌される液体が母乳である。現存する哺乳類、約四二〇〇種、それと同じ数だけの母乳がある。腹部のくぼみの「乳区」から太く長い毛をつたわって出てくる乳を舐めて育つカモノハシ、多頭出産のため時には一八対もの乳頭をもつチチネズミ、仔《こ》が乳首に吸い付いたまま飛翔するコウモリ、仔の齢に応じて二種類の成分の異なったピンク色の乳汁を出すカンガルー、冷たい海中で生きるために五四％の高脂肪分を含むアザラシの乳、生後四年間の長期にわたって母乳を飲むチンパンジーと、それぞれの種の「生命のきまり」にふさわしい母乳や授乳がある。

ヒトの乳房《ちぶさ》（mamma）は乳腺の組織と皮下脂肪が集まって胸部に生じた一対のフクラミである。身体の前面に柔らかく隆起した乳房をもつのはヒトだけだ。オスを誘うためにメスの性器を模倣した形の乳首をもつゲラダヒヒのように、オンナの乳房はオトコの性的欲望を駆り立てる「肉質の尻のコピー」である、とD・モリスはいう（『裸のサル』一九六九）。弾力に富むフクラミの先端には吸い付きやすいように突起する乳頭（乳首）、その周りの直径数センチの色素沈着した部分が乳輪である。そしてその辺縁には乳頭や乳輪を乾燥から保護する脂肪分を分泌し、ある匂いを発散する乳輪腺（汗腺の一種）の開口部が一〇個ほど散在している。色と匂いと形で赤ん坊（オトコも）を引きつける巧妙なツクリとなっている。

左右の乳房の内部には二〇前後の樹木の枝葉のような乳腺葉があり、妊娠とともに脳下垂体からプロラクチン（催乳ホルモン）が分泌されて急激に発達し、妊娠四ヵ月末にはほぼ準備完了。出産三ヵ月前になると乳腺葉の先端の乳胞で血液から糖分や塩分、脂肪、タンパク質などを吸収して乳汁の産生が始まる。日本語「チチ」は身体から出る液として「血・チ」と同じ音から分化したものであり、その読みどおり、チチ（乳）はチ（血）から造られるのである。

哺乳類の中でも霊長類は体重に対する母乳の最大産生量は少ない。サルやヒトの母乳の量は、他の哺乳類に比べて四分の一から一五分の一であり、授乳に費やされるカロリーも少ない。例えば授乳期間中のネズミのメスが必要とするエネルギー消費量はふだんの三〇〇％増し、大量の餌を必要とするだけでなく、体内に蓄積された脂肪を使い尽くして臓器の重量まで減らすのに対して、ヒトの場合、妊娠中は一割増し（体重六〇キログラムで一日あたり二〇〇カロリー弱、バター数さじ分）、授乳中は二割増しの消費量。ヒトの妊娠や母乳の産生のプロセスは、それほど過大なカロリーを必要としない「低コスト」。食事をやや多めに、活動をやや控えめにすることが理想だが、特別なことをしなくてもヒトの繁殖力は充分に維持される。食うや食わずの「貧乏人の子沢山」も、大飢饉時の出生率の維持もこれでうなずける。

ヒトの母乳の成分の特徴は低タンパク、低脂肪、低電解質、そして高い糖分にある。哺乳類の赤ん坊には二つのタイプ、早成型と晩成型があり、母乳の成分もそれに対応したものとなる。危険を回避するため生まれてすぐに歩き出し、巣の中で親の帰りを長時間待つ動物の仔は、筋肉や骨格を作り運動機能を高め、少ない回数の授乳でエネルギーを維持するための高タンパク、高脂肪の母乳を必要とする。それに対して体重の約一五％を占める大きな割には未発達な脳と中枢神経を持って未熟なまま生まれ、長期間にわたって親の手元で育てられる晩成型のヒトの赤ん坊には、筋骨格系よりも脳神経系の発達に不可欠な糖分をより多く含む母乳が必要なのである。

母乳の成分はいつも一定しているわけではない。出産後三日間ほど分泌される黄白色の粘り気のある「初乳」は、かつては「アラチチ」と呼ばれ、赤ん坊には有害で良くないモノとして授乳を禁じてきた風習が日本や世界の各地にあったが、現在では、胎内から外界に出てきた赤ん坊をさまざまなウイルスや細菌の感染から守り、腸に残っていた胎便を排出して消化作用を一気に始動させる「免疫グロブリン（抗体）」「ラクトフェリン」「リゾチウム」などの物質を多く含む「初乳」の大切なハタラキもわかってきた。

「初乳」はやがて「成乳」となるが、その成分も一回の哺乳時間の中で変化する。出始めの前乳は水分が多くて薄味、時間が経つにつれて脂肪分が増加し、終わる頃には四倍にもなって濃厚な後乳となる。成分も風味も一定の粉ミルクで育つ子どもが母乳育児に比べて肥満気味の傾向にあるのは、この微妙な風味の変化が食事の始まりと終わりを子どもに教え、食欲をコントロールすると考えられている。また成乳は子どもの月齢に応じてそれに相応しい成分に変わっていく。体重が増えたからといって哺乳量を増やす必要はない。

授乳は赤ん坊の本能と母親の生理が交流する場である。生後直後の赤ん坊には反射的に乳房を捜し求める機能が備わっている。頬や唇に触れると赤ん坊はその方向に顔を向けて口を開き、

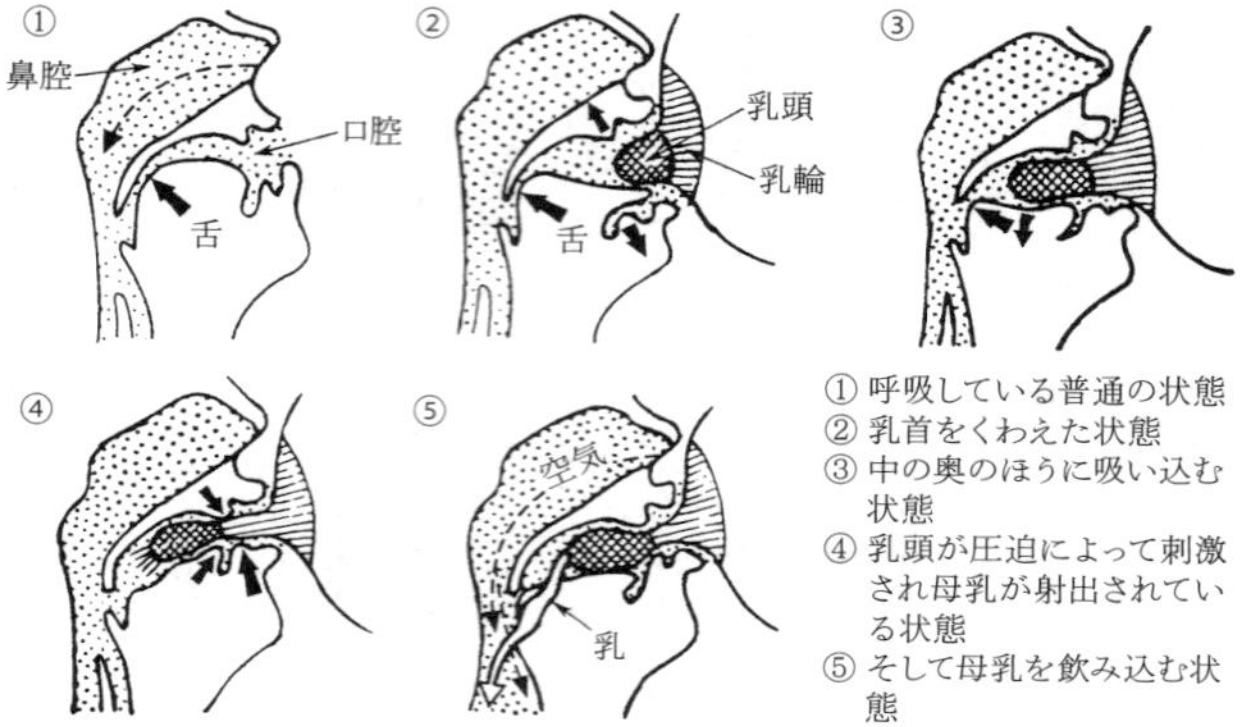

① 呼吸している普通の状態
② 乳首をくわえた状態
③ 中の奥のほうに吸い込む状態
④ 乳頭が圧迫によって刺激され母乳が射出されている状態
⑤ そして母乳を飲み込む状態

図27　乳児の吸啜哺乳運動（小林登著『子ども学』日本評論社，1999年より）

乳首をくわえると吸い始め、舌を唇のほうに押し出して乳頭と乳輪を舌と歯ぐきでしごいて乳汁を搾りだす。妊娠後期の胎児の時から指しゃぶりや羊水を飲み込む練習を積んできた赤ん坊の「吸啜哺乳運《きゅうせつほにゅううん》動《どう》」が母親の生理を刺激して（乳腺の筋細胞を収縮させる射乳ホルモン「オキシトシン」を分泌させる）、乳汁が乳首からほとばしり出る「射乳反射《しゃにゅうはんしゃ》」を引き起こす。赤ん坊が吸えば吸うほどプロラクチンの循環が活発になり、母乳の産生が軌道に乗ることになる。しかし産後すぐに母子が長時間隔離されたり、授乳の回数や時間が少なくなれば、プロラクチンのレベルは次第に低下して母乳の産生量も減少し、生後四、五日のうちに母乳を与えないと、母乳の産生がストップしてしまうことがある。本能と生理のヤリトリといえども、行動のパターンに制約されるものである以上、需要と供給の効率的なフィードバックのシステムである授乳のプロセスを確立するためには、母子ともども試行錯誤の経験と学習が必要になってくる（小林登、一九九九）。

代用乳

母乳は赤ん坊が生きていく上での不可欠の食べ物、栄養物である。しかし赤ん坊が未熟児や口蓋の先天的な障害の場合や、母親の産後の衰弱や死亡、乳首の裂傷や乳腺の炎症、感染症、薬剤の服用中、精神的な不安やストレスなど、母子双方の事情で母乳育児ができない場合もある。

哺乳類の仔にとって母の不在、母乳の欠如は生存の危機、死を意味するが、ヒトは古くから母乳に代わるモノ、穀物の粉汁、家畜の乳汁、そして他人の母乳と、世界の各地でそれぞれの文化を反映させながら、いろいろな素材にさまざまな加工を施して「代用乳」を作り出し、命を引き継いできた。

稲作文化の日本では米に手を加えたモノ、玄米や餅米を粉にしたスリコ、白米を煮立てたオモユ、母親が飯を嚙《か》み砕《くだ》いて一晩おいて温めたカミ酒、カミタレなどが多くあり、「初乳」代わりには海草と甘草を煎じたマクリと呼ばれる汁がカニババ（胎便）の毒下《どくくだ》しとして用いられた。また共同体への仲間入りの通過儀礼の意味合いの強い乳アワセ、モライ乳の風習があり、気立て顔立ちが良く、形の良いサシ乳の乳母（悪いのをタレ、フゴ、ドンベ乳という）を選ぶという選択基準もあった（大藤ゆき、一九六八）。

牧畜文化では牛、山羊、ロバ、ラクダなどの乳汁、乳製品であるバターと蜂蜜を混ぜたもの、採集文化では豆（木の実）やイモ（根）をすり潰した粥汁、バナナやパイナップルなどの果実汁を用いてきた。しかし家畜の乳汁は汚染、腐敗しやすく、いろいろな病気の感染源となって死亡率が高かったため、とくに西欧社会では他人の母乳、「乳母（wet nurse）」の制度を発達させた。古代ローマでは乳母はれっきとした職業であり、中世ヨーロッパでは貴族や商人の富裕層は子沢山で、お抱えの乳母が多くいた（母乳授乳をしないと排卵を促すエストロゲンなどのホルモン量が増加して妊娠しやすくなる）。一八世紀のフランスでは乳母の紹介所まであり、一七八〇年の推計では、パリで生まれた約二万人の赤ん坊のうち、母乳育児はわずか一〇〇〇人程度だったという（M・F・スモール、二〇〇〇）。

粉ミルクの登場

一八五六年、人工栄養の始まりとなる「練乳」がアメリカのボーデン Gail Borden によって製品化された。牛乳を加熱、濃縮、加糖した練乳（コンデンスミルク）は浸透圧が高いため殺菌効果が持続し、長期保存が可能となった。また六八年には、牛乳に含まれるビタミン、タンパク質、糖分を変化、破壊せずに細菌やカビを殺菌除去する「低温殺菌法」が仏のパストゥールLouis Pasteur によって開発された。一九世紀のイギリスの産業革命以降、家を出て外で働く女性が多くなった西欧の国々では、この練乳や加工乳を水で薄めて授乳する人工栄養が急速にひろがっていった。我が国でも一八七一（明治四）年には、東京で「乳母いらず」のキャッチフレーズで「哺乳瓶」が売り出された。そして一九一三（大正二）年、世界で初めてスイスのネッスル社が「粉乳、粉ミルク」を発売し、日本ではその四年後の一七（大正六）年に和光堂が国産初の粉ミルクを製品化した。

「和光堂」の前身は、東京帝国大学に小児科を創設した弘田長博士がドイツの育児用品や練乳、「滋《じ》養糖《ようとう》」の輸入販売のために開いた和光堂薬局であり、その後の経営を継いだ元官吏の大賀《おおが》彊二《きようじ》が、自宅の庭に建てたバラック工場の器物に牛乳が乾燥して付着しているのをヒントにして、薬剤師や飴職人を雇い入れ、試行錯誤の末に牛乳二、水三の割合に滋

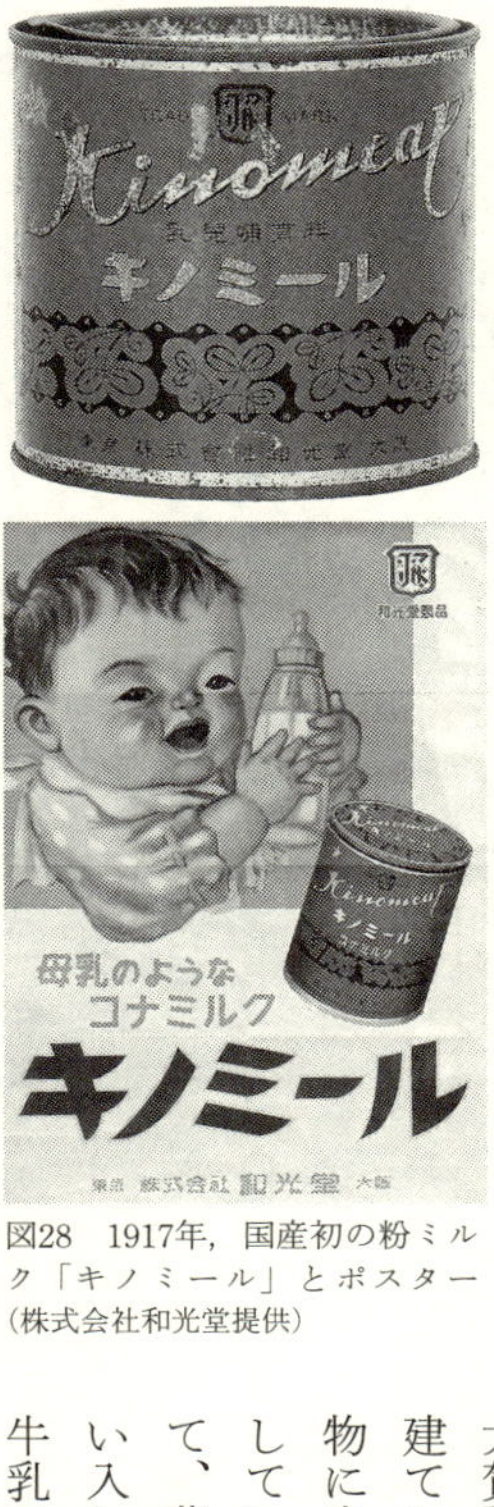

図28　1917年，国産初の粉ミルク「キノミール」とポスター（株式会社和光堂提供）

養糖を混ぜた調合乳の粉末化に成功し、独語の「kinder（子ども）」＋英語の「meal（食べ物）」で「キノミール」と命名して発売した（日刊工業新聞社、二〇〇二）。

一〇〇種類以上にものぼる練乳、加工乳、粉ミルクの製品化、ガラス製の哺乳瓶の登場やその消毒法の普及、冷蔵技術の発達、そして出産や授乳がしだいに医学や医療の管轄下に置かれつつあった欧米の先進国では、「便利、安全、科学」を謳うメーカー側の宣伝と相まって大きな人気を得た粉ミルクが職業乳母を失業させ、そして母乳に代わってこの時代の授乳の主役の座についた。一九四〇年代のアメリカでは母乳で育つ赤ん坊が全体のわずか二、三割にまで減少し、第二次世界大戦後のベビーブームの頃には、母乳育児の母親は「時代遅れ」と奇異な目で見られるようになったという。

牛乳を原料とする粉ミルクの改良の歴史は、それをいかにヒトの母乳に近づけるかの歴史であった。牛乳はウシの仔のための乳汁である。人乳の成分、組成とは異なっているのは当然だ。例えば市販の牛乳をそのままヒトの赤ん坊に飲ませると、血液中のナトリウム、カリウムが上昇して高浸透圧状態を起こす「高電解質血症《こうでんかいしつけつしょう》」、牛乳は人乳の六倍のリンを含むため、血液中のリンが上昇しカルシウムが低下して代謝異常による筋肉の痙攣《けいれん》を起こす「新生児テタニー」、また牛乳のタンパク質のカゼインは分子のツクリが大きく硬いため、赤ん坊の胃のなかで凝固して「消化不良」、そして牛乳という異物を体内から排除しようとするアレルギー反応を誘発する。ほんの微妙な成分、組成の違いにみえるが、本来とは違った他の種の乳汁を摂取することで引き起こされる弊害は、想像以上に大きなものとなる。

調整粉乳、母乳化に向けて

赤ん坊にとってより安全で確かな発育を促す粉ミルクとなるためには、牛乳を水で薄め糖を加えて粉末化する「加糖粉乳」では不十分。牛乳から何を除去し、何を添加し、どのような組成に変えていくのかという「牛乳の母乳化」への試みが、一九二〇（大正九）年以降次々と重ねられてきた。タンパク質の減量、カゼインの凝固の最小化と柔軟化（ソフトカード化）、ビタミンC、Dや鉄分の添加、脂肪の一部を植物性のリノール酸への置き換え、脱リンと脱塩化、神経細胞の興奮伝達にかかわるタウリンの添加と、「調整粉乳」の開発が進み、戦後の日本のベビーブームの最中の五〇（昭和二五）年頃から、国内の各乳業メーカーはビジネスチャンスとばかりに競って粉ミルクを発売した。

一九五一年から厚生省の指導の下で粉ミルクの成分や製造方法を統一する作業が始まり、現在では分類上食品となるが、国の承諾、許可が必要な医薬品に準ずる厳しい基準が設けられている。しかし五五年の夏、製造過程で廉価な工業用リン酸ソーダを使用してヒ素が混入する「森永ヒ素ミルク事件」が起き、死者一三〇名、中毒患者一万二一三一名にのぼる赤ん坊の被害者を出した。その年の一二月には早々と国側の示す補償案で一応決着し、継続的な健康調査、管理は打ち切りとなったが、被害者達の救済を求める「守る会」の二〇年近きにわたる運動によって、七三年になって初めて国、メーカーとの三者会談が実現した。戦後の高度成長のなかで、その後次々と起きた「食品公害」「医療訴訟」に対して企業や国側がとってきた不誠実な対応ぶりを予見できるようなお粗末な結末となった。そして半世紀経った今もなお、数多くの人々が後遺症に苦しんでいる。

戦後の高度成長とほぼ軌を一にして、粉ミルクはGNPとともに右肩上がりのカーブを描いてきた。消費量が増え、品質的にも安定し、本格的に普及し始めたのは六〇年前後。新聞、雑誌、テレビから粉ミルクのコマーシャルが流れ出て、当時小学生だった私も知るほどに社会的な認知度も深まっていた。通信簿をみて驚いた母親に向かって「アホはアンタの乳のせいや、なんで頭の良うなる森永ドライミルクを飲ませてくれへんかったんや」と悪たれをつき、「アホ、アレ飲んでたら、今頃この世にいてへんわ」のヤリトリがあった。

一九五八年、森永奉仕会（「ヒ素事件」後に森永乳業が設立した団体）の資金援助による文部省の「日本の離乳調査」が実施され、それを指導指針にして「離乳が遅れて母乳ばかりで育てていますと、顔色が悪くなり、ぶよぶよ太りになり……そして病気に対する抵抗力もおとろえます」と書かれた官報『赤ちゃん百科』が六二年に刊行された。六六年には「米国式最新の育児法」のキャッチフレーズの『スポック博士の育児書』がベストセラーとなった。戦後まもない四八年に始まった、世界でも例のない「妊婦の登録制」、その制定時には薄っぺらな二八頁であったものが改訂の度に分厚くなり、細かな発達基準値が示され○×式の回答欄も設けられるようになった「母子健康手帳」、そしてそれを基に実施される保健婦の戸別訪問や定期健診。そのいずれもが「正しい発育」を定義づけ、「欧米並みに」「より早く、より大きく」へ向けての母親の努力、「人工栄養の導入と離乳の早期化」を促した。都市に暮らす単婚家族の母親を導く子育ての助言は、祖母や母から伝えられる「経験知」ではなく、育児書のグラフや小児科医が説く「科学知」となり、従来の育児や授乳の在り方が大きく変わることになった。その結果、六〇年では約五八％の数値を示す母乳だけによる育児（生後三ヵ月まで）が、七四年には二〇％となった（『国民衛生の動向』一九八〇年）。

欧米や日本の先進国だけでなく、粉ミルクは世界中へと拡がりを見せた。というのも巨大な乳業メーカーが市場拡大のために途上国にクリニックを開設し、粉ミルクの一大キャンペーンを繰り広げ、第三世界の母親たちに強引に売りつけた。衛生状態が悪く、哺乳瓶を消毒する手段もなく、使い捨ての哺乳瓶のない所では、授乳道具そのものが病原菌の温床になり、さらに母乳から免疫抗体をもらうことができないため乳児の高い死亡率の結果をもたらした。こうした事態に対して一九七四年にＷＨＯ・世界保健機構は「乳児栄養と母乳栄養の決議」を採択して、ユニセフとともに母乳推進運動を世界的規模で展開した。またアメリカでは八〇年代に入って巨大メーカー・ネッスルと医師や病院の癒着、不正なロビー活動が発覚し、国内での「ネッスル不買運動」が起こった。同時に病院の管轄下に置かれていた出産や授乳を自然のプロセスとして今一度見直そうという機運も高まり、母乳育児が復活してきた。

あくまでも「欧米」をモデルに、「欧米並み」をモットーとする日本では、こうした動きに敏感に反応し、厚生省は一転して七六年度からの「母子健康手帳」に「母乳の重要性」を「科学的」に強調することになった。

「オリゴ糖増量」「DHA添加」「ノン・ラクト化」「ビタミン強化」と「調整粉乳」のより母乳化への試みはその後も重ねられてきたが、互いの化学組成をほぼ完全に似せることはできても、それはあくまできめの粗い類似に過ぎず、現在の技術ではタンパク質、電解質、重金属などの濃度を下げることも、また脂肪酸の組成を母乳と同等にすることもできていない。そして母乳に含まれる「免疫グロブリン」の生成についても、牛にワクチンを注射し、抗原《こうげん》を刺激して抗体を作り出す試みが行われているが、成功してはいない。

一九五六年『ドイツ歯学医学報』でA・ミューラーが「人工栄養」にかかわるもう一つの大きな課題を指摘した。ヒトはコトバをもつ唯一の哺乳類。コトバを話し、食物を食べる二つの機能を一つの口で果たすため、他の種とは異なった独自の口腔と咽頭の構造と、それに見合った「鼻呼吸」の呼吸法を進化の過程で発達させてきた。そしてコトバを発する前の赤ん坊の時代が、その呼吸法の習得期間となるように組み込まれてきた。その習得のプロセスが母親のオッパイから乳汁を搾り出す「吸啜哺乳運動」（二七八頁の図27参照）である。これに対して柔らかいゴム製の乳首、位置を変えるだけで滴り落ちる哺乳瓶の授乳では、「吸啜哺乳運動」とは異質な運動のメカニズムとなって、鼻の粘膜やその奥の扁桃を刺激して鍛える「鼻呼吸」が成立しない。その結果として鼻、喉、気道の免疫系を活性化できず、口から空気とともに多量のバイ菌を飲み込んで喘息《ぜんそく》などのアレルギーを発症しやすい「口呼吸」の子どもが増える、という指摘だ。これをうけて六〇年代にドイツの「ヌーク社」が材質や形状を工夫した哺乳瓶やオシャブリを開発したが、当時の日本では紹介もされず、むしろ逆に哺乳量を増やすために、ゴム製の乳首の穴の径を大きくする方向に進んでいった（西原克成、二〇〇二）。

アレかコレかのまえに

「赤ん坊の正しい発育にとって望ましいのは、母乳、それとも粉ミルク？」の問いに、「正しい発育とは何？」と問い返す人がどの位いるのだろうか。目的や前提そのものが問われることなく、手段や方法の二者択一を迫る問いかけやそれへの応答が世の中に溢れている。こうした二分法の思考は、例えば「西洋医学より絶対漢方薬、血糖値（西洋医学の知見）が下がった」

「遠くても車で一走り（排気ガスをまき散らし）、大地に優しい有機野菜を買いに行く」のように、明快な意思や確信に充ちた態度に導くが、論理の矛盾を含みながらも、それに気づかないまま行為を持続させてしまうアヤウサをもつ。「アレかコレか」の思考法があこぎな商売、時代の流行、愚かな国策が成り立つ下地を整えている。

「母乳か粉ミルクか」は、「自然か人為か」と同義の問題として論じられる場合が多い。しかし身のまわりを見渡せば、ありのままの自然などほぼ皆無、ヒトの手が加わった人為の世界に暮らしている。「人為」もまたヒトという種の「生命のきまり」である。母乳＝自然＝安全となりがちだが、現在の地球で空気を吸って、食を獲《え》て生きている限り何らかの汚染を免れるわけにはいかない。ＰＣＢ、ダイオキシン、水銀などの体内の残留物、時には肝炎、結核、エイズなどの病原菌が母乳を介して赤ん坊に知らないうちに伝わっている危険性もある。むしろ厳しく管理された人為の粉ミルクの方がその意味では安全性は高いともいえる。また「自然な授乳」といっても、人類誕生当時に近い暮らしを続けている未開の奥地の母子のように、あくまでも赤ん坊の欲求を中心にした、数十分置きの短い間隔での授乳、数年間に渡る長期の授乳のスタイルを「自然」と想定するなら、隣室では胎児診断の「命の質」によっては中断が実施されもする病院で出産し、各種の検査のために別の部屋に隔離され、効率性のためにスケジュールどおりの授乳タイムが設けられた文明国の母親には、残念なことにもはや「自然の授乳」など不可能なことである。そして母乳＝愛情に支えられた「母乳主義」は、一方では母親への心理的な強迫となって母乳不足の生理を導き、他方では「母性礼賛」となって、「女は家に入り男に仕え、子を産んで育てるのが本来の姿」とかの相変わらずの短絡も生む。

幸いなことに、ヒトの「チチ、授乳」についての条件や体制は整ってきた。牛乳アレルギーの児のための豆乳加工品、未熟児用の調整乳、殺菌不要の使い捨てボトル、保存が可能となった母乳の冷凍パックセット、「母乳か粉ミルクか」、いずれを選ぼうが、たいした違いをもたらすものではなくなった。大事なのは、「正しい発育」に望ましいのはアレかコレかではなく、アレもコレも、いずれもが向かう「正しい発育」の内実、「標準、正常、知能指数、発達、健全、良い子……正しい子育て」のそのことの意味を問い直すことだ。

日本はいま「少子化の時代」を迎えている。子を産む、子を育てることがそれなりの決断と覚悟を要することになった。「少なく産んで大事に育てる」という大きな流れは、「他に秀でる」ことが「幸せ」に結びつくようになったこの「時代社会」で生きてゆくこと、子を育てることの「困難さ」のアラワレである。

赤ん坊は「自然」そのものだ。その赤ん坊と向き合う「子育て」は、手間の掛かる「営み」であるが、ヒトが失いつつある生物としての自然と出会える貴重な「時間と場所」である。赤ん坊とヤリトリを繰り返すなかから、「自然と人為」の重ね模様、「経験と科学」の交わり具合が視えてくる。「子育て」とは、「たまたま出会った親子のツキアイ」、「一回限りの時間芸術」。そう定義すれば、手間の掛かる「子育て」も、充分に元が取れる「営み」である。他に秀でた子に育て上げて元を取るつもりなら、こんな割に合わない労苦はない。

柳田国男は『児やらい』（大藤ゆき、一九六八）の序文の「四鳥の別れ」という文章に、「……ヤラヒは少なくとも後から追ひ立てまた突き出すことでありまして、ちやうど今日の教育といふものの、前に立つて引つ張つて行かうとするのとは、まるで正反対の方法であつたと思はれる」と書いた。「やらう」は「遣らう」であり、「後ろから押し出す」、「後見」の意。子の前に立って引っ張りあげる「子育て」よりも、子の内にある育つ力を信じて、ちょっと後ろから見つめて手を貸す「児やらい」。これが良い。

私の「子育て」は終わった。オッパイにシッパイした日から、もう四半世紀が経った。「子育ち」に立ち会えて、私の「親育ち」もそれなりにできたようだ。いろいろな暮らしの知恵や技術も身についた。が、あの日のちょっとした弾みのフルマイが「自然への冒瀆《ぼうとく》」となったのか、子どもとの間がシックリとはいってはいない。

（石谷二郎）

2　回虫——身体のなかの生きモノ

「我が回虫体験」

「お、お母ちゃん！　オシリの穴からパンツのゴムが、ゴムが出てきた、はよ来て！」。便所からの悲鳴に駆けつけた母。中腰の股間にぶら下がる紐状の白い異形を見るや否や、「お、お父ちゃん！　えらいこっちゃ、はよ来て！」と絶叫する。

「……店にお客さん来てんのに、一体何やねん……、えっ、何やコレ？……お前、ゴム食ったんか？」「ちょっと動いてる気がするで……じっとしとき！」「とにかく引っ張り出さんと」「アンタ、はよやりや」「……あかんわ、ヌルヌルしてる」「そんな恐々と指先でつまんだかて、ホンマ思い切りの悪い人や、ギューーッと根元からつかまんと……替わる！　どいて！」。

立つに立てず、座るに座れず、出来ることといえば、垂れ下がる白いモノを挟んでの父母のやりとりの股のぞき。やがてその限られた狭いスペースに兄と姉の顔が次々と加わった。

「何それ？」「気色悪ぅー」「コイツ、三日前、パンツのゴムでパチンコ作っとったで」「二日前はミミズで遊んでた」「昨日、食いすぎたうどんちゃうか？」「こんなん皆にばれたら、ビビンチョ、カンチョウっていじめられるわ」「兄ちゃん口軽いから、明日から外歩かれへんで、お前」。股間で押合い圧合《へしあ》いする野次馬たちの眼が、時間が経つにつれて、その輝きを増していった。

我が身に一体何が起きたのか、もしやこんな格好で死んでしまうのか、不安と恐怖の血流が逆さ頭に満杯となる。もうこれ以上の我慢も限界と「何でもええから、助けてくれえー！」と思わず大声で仰《の》け反《ぞ》った。その時だ。オシリの穴から身体の中を、「自由の風」が爽やかに通り抜けていった。

「抜けた、虫や、回虫や」。

便所の床の新聞紙の上に長々と横たわる白い異形《モノ》を、安堵の吐息でまじまじと視つめる家族の輪。日々、商売の多忙さに追われる暮らしに、思わぬ家庭団欒の一時を、この一匹の生きモノが授けてくれた。

一九五四（昭和二九）年。私が五歳の時の「我が回虫体験」。あれからほぼ半世紀の時を経た今でも、家族の輪の足元を照らし出した生きモノの白い明るさと、ちり紙（新聞紙）越しに感じた陰気な弾力の手触りが、生々しく甦ってくる。

図29 回虫

ゴムの如き「回虫」とは

回虫は寄生虫である。寄生虫を大まかに定義すれば、「他の生物の体表や体内に寄居し、その生物の組織と生理的な関係を樹立した生物」となるが、人に関わる主なものだけでも、その数ざっと二〇〇種。ミクロ単位の単細胞の原虫類（マラリア、赤痢アメーバ、トリコモナス……）から、肉眼で捉えられるノミ、シラミといった昆虫類まで、また固有の宿主を持つもの持たぬもの、雌雄同体のもの異体のもの、そして引き起こされる症状の原因が機械的なもの（侵入や移行による出血や腸閉塞……）、化学的なもの（分泌物の毒素による中毒症……）、アレルギー的なものと、その種類、生態、病害は、実に多種多様だ（佐々学、一九七一）。

回虫は蟯虫《ぎょうちゅう》、鉤虫《こうちゅう》、糸状虫《しじょうちゅう》、顎口虫《がくこうちゅう》とならんで線虫類に属する袋形動物である。身の丈、雄二〇センチ、雌はその倍近い三五センチ前後。体皮は黄白色、淡紅色の色調を帯び、頭部には三個の口唇《こうしん》が花弁状に配列され、食道、腸管《ちょうかん》、肛門と直線状に連なる。雄の睾《こう》丸《がん》は糸状に迂曲《うきょく》し、体長の約三倍、尾部には二本の交接刺。雌は左右二組の生殖器をもち、一対の卵巣《らんそう》はこれまた長く迂曲し、それぞれが一メートルに達するものもある。雌雄互いに選り好みせず、四六時中交尾に励み、雌一匹が一日に産卵する数は、約二〇万個、女盛りの二年間、一日たりとも休むことなく、である。

排便とともに外界に出た卵は、二、三週間で幼虫を内包するまでに成熟し、再び人の体内に戻れる日を夢見て、便槽、肥溜、土壌のなかでひたすら待機する。運良く野菜に付着したり、土埃《どあい》に紛れて口や鼻孔からの侵入に成功した卵は、小腸に到達し、胃酸にも溶けなかった殻を破って孵化《ふか》、〇・二ミリの幼虫誕生。しかしそこに留まらず、直ちに小腸壁から静脈に入り、血流に乗って門脈《もんみゃく》、肝臓、心臓、肺、気管と遡り、再び咽頭、食道、胃と下がって小腸に戻る。この二週間にわたる体内遊覧の旅を終えて、一〇倍の体長に生育、その三、四ヵ月後には晴れて一人前となり、セックス三昧の数年間の生涯を送る。

この回虫をはじめ体内寄生虫の感染症に対する現実的な取り組み、つまり病害の特定、症状の原因、駆除と予防といった医学の知見と医療の技術は、ここ一〇〇年の間で大きな進歩と成果を重ねてきた。しかし数多くの種類がどのようにして固有の宿主を選定し、特定の寄生場所に棲《す》み分けているのか？　何のために幼虫は体内移行するのか？　消化液や酵素から身を守る方法は？　そして体内の異物を排除しようとする免疫系の働きをどのような仕組みで回避しているのか？　など、その生態については、ナゾが多い。いずれその全容が明らかにされる日も近いと思うが、たかだか一〇〇年程の人間の学の積み重ねに比べて、何しろ相手は幾百万、幾千万年もの永い時間を生き抜いて来たツワモノである。

「宿主を倒さない」を鉄則に人類と共に進化と適応を重ね、研ぎ澄まされた身体に巧妙な知恵と技術を備えて、いまも「誇り高く、ひっそりと」息づく生きモノ、これが回虫である。現在、世界中でほぼ一〇億の人々が、この「歴史的遺産」を体内に抱えて共に生きている。

「日本回虫？」

温暖多湿、土壌肥沃、農業立国の日本は、回虫にとっては、暮らしやすい天国であった。最近の発掘調査によって、奈良県の纏向遺跡《まきむくいせき》（四世紀）、藤原京跡《ふじわらきょうせき》（七世紀）、岩手県平泉の柳之御所《やなぎのごしょ》（一二世紀）と、日本各地の遺跡の土坑や遺構から回虫卵が相次いで出土した（藤原京跡の遺構からは、「籌木《ちゅう》」、中国伝来の糞《くそ》かきべらとともに、土壌一立方センチあたり五〇〇〇個以上の回虫卵が発見されたことから、そこが便所跡と特定できるようになったように、卵の数やその種類の分析が当時の住居や街の構造や食習慣を解明するための有効な方法の一つとなってきた。回虫が思わぬところで考古学のお役にたっている）。また日本最古の医術書『医心方』（九世紀）には「長虫《ちょうちゅう》、食虫《しょくちゅう》、咬虫《こうちゅう》……」と九虫を挙げて、その総称として「寸白《すんぱく》」、江戸期の文献にも「疝気《せんき》の虫、腹の虫、おなかのみみず」や「あだ腹、虫湧き、虫腹」などの回虫や回虫症を示す表記がみられるように、回虫は昔から日本人にとっては、なじみ深い生きモノであった（鈴木了司、一九九六）。

戦前、戦中、戦後直後まで、回虫症は結核とならぶ「国民病」であった。国民の八割以上が回虫卵の保有者であり、回虫がおもに土を感染の場所とする寄生虫であるために、都市部よりも農村部、大人よりも子どもが高い感染率を示していた。食糧や生活物資をはじめ必要なモノが平等にいきわたらなかった戦後直後の混乱期、回虫だけはほぼ国民全員に平等にいきわたっていた。しかしこの栄華を誇る回虫のその後の運命を変えることになった一人の人物が、一九四五（昭和二〇）年八月三〇日、日本に降り立った。その男、サムス大佐（Crawford F. Sams 1902-94）。占領軍・公衆衛生福祉局（GHQ／SPHW＝Section of Public Health and Welfare）のトップに着任し、戦後日本の医療福祉制度の骨組みをつくった人物である。

サムスが日本担当を命じられたのは敗戦直前の四五年七月。事前の諜報活動によって敵国日本の現状を的確に把握していた軍政局は、軍医としてキャリアをつみ、中東地域のチフス対策に成果を挙げた「防疫」の専門家、サムスを必要とした。本土進攻にあたっての連合軍の最大の敵は、もはや長期の戦時体制に疲弊しきった日本の軍隊ではなく、食糧や薬の不足で弱りはてた日本人の間に拡がりつつあった伝染病（発疹《はっしん》チフス、マラリア、日本脳炎《にほんのうえん》、性病……）と、それらを媒介する病害虫、寄生虫（蚤《のみ》、ダニ、虱《しらみ》、蠅、蚊……）が蔓延《まんえん》する劣悪な衛生状態にあった。このような敵地において、如何にして自国の兵士の健康を守るのか、という「戦線の防疫」が、作戦上の最も重要な課題であった。この「日本殺菌」の命を請けたサムスは、来るべき日に備えて、殺虫剤「DDT（＝ディクロロ・ディフェニル・トリクロロエタン、有機塩素系）」の備蓄を始めたが、日本の敗戦が当初の予想より早まったため、手持ちの「DDT、ワクチン、ペニシリン」を携えて、同年八月三〇日、日本に上陸した（それに先立つ二四時間前に、上陸予定地であった横須賀港、厚木基地周辺地域の上空からDDTの空中散布が行われていた）。

大佐の「日本殺菌」

頭からDDTを噴霧され、全身白い粉だらけとなった上野の地下道の浮浪児、その光景に日本の戦後の始まりを象徴するものであった。「占領統治の成功の鍵はDDTにあり」とするサムスは、街頭、駅、学校と人の集まる場所で定期的な散布を行い、また地上だけでなく、東京をはじめ全国の主要都市の上空から油剤にしたDDTの散布を実施、一九四五（昭和二〇）年から翌年にかけての一年間に使用されたその総使用量は四〇万ポンド、石油一〇〇万ガロン。鳥取県のある小学校では、定期散布の日には「発疹チフス、みんな嫌いだ　大嫌い、そこで撒きましょう　DDT」の歌が合唱されたという。DDTは本土各地にいきわたり、日本人の体表に巣くう虱（発疹チフスの媒介）や藪にひそむ蚊（マラリアの媒介）、は確実にその数を減らし、外地からの引揚者や復員兵によって持ち込まれ、拡がりの兆候をみせていた伝染病の爆発的な流行をくいとめた（竹前栄治、一九八六）。

医薬品や医療器具などのモノを提供し、消毒殺菌を実際に行う衛生技師といったヒトを養成し、短期間に具体的な成果をあげていったサムスにとって、次の大きな課題は、「保健所機構の拡充強化」であった。食品衛生や伝染病の予防措置など、これまでは中央では内務省、地方では警察の業務と分かれていたものを統合し、栄養改善、母子保健、環境衛生、歯科衛生、保健婦や衛生士の育成、結核や性病などの伝染病の予防といった公衆衛生全般の業務を担うモデル保健所を各地に設置し、各都道府県にすでに設置されていた保健所の改善に取り組んだ。この「保健所制度」と「六・三制」の確立によって、サムス上陸後、しばらくは安泰の日々を送っていた回虫にも、いよいよ天敵、「検便《けんべん》」が現れることになった（村上陽一郎、一九九六）。

「検便デイ」と「駆虫デイ」

敗戦直後の「空腹日本」、国会議事堂の周りはイモ畑、焼け跡や空き地は自給のための野菜畑。二五万の「人民」のデモが皇居前に押し寄せた「食糧メーデー」。これに慌てたGHQは輸入による食糧放出と、日本各地から農作物を集めての食糧供出でこの「食糧危機」を乗り切ろうとしたが、日本の農業は「糞尿」を主な肥料とする「有機農法」であったため、農作物は回虫卵まみれであった。サムスはこの回虫からの防疫作戦として、化学肥料による「清浄野菜」作りを推進すると同時に、感染源の効率的な撲滅のため、まずは子どもたちの体内の回虫にターゲットを絞り込んだ。

一九四六（昭和二一）年の「学校衛生刷新、伝染病予防に関する件」の通達、四七年の「生徒児童……の健康増進を図るため、身体検査を行い、及び適当な衛生養護の施設を設けなければならない」と定めた「学校教育法」の制定と、ＧＨＱや「教育使節団」の指導の下で、「学校」が「保健所」と並ぶ「防疫の拠点」として位置づけられた。そして「集団検便、集団駆虫」、この防疫作戦の前線に立ったのは、戦後新たに創設された「養護教員」であった。五〇年前後、満足な装備もなく防疫の前線での、文字どおりの「マン闘」ぶりを、次の回想（『養護教諭制度五〇周年記念誌』一九九二）によって確かめることができる。

昭和十八年頃には、駆虫剤としてせんだんの樹皮や大麦の茎を煎じて飲ませました……戦後の検便の時は大変でした。何校も受け持ちで、理科室の顕微鏡を借りて、保健室とは名ばかりの倉庫のような部屋に山積みとなったマッチ箱、五日間も糞と格闘しますと体中に臭いが染み付きました。（愛知県・小学校）

昭和二四年当時は回虫寄生率七〇％、検査も初めての実施で通知もわかりやすいようにと、便の大きさは梅干くらいと書いたら、本当の梅干が入っていたという嘘のような話もあった。容器の貝殻を集めたり、袋は使い古しの封筒を裏返して家で作るように……ビニール

	駆虫剤							投与場所	
	サントニン	サントニンチョコレート	アスキス	マクニンS	マクニン	オーミン	その他	学校	家庭
	8	1	3				2	8	7
	10	2	6					10	6
	18	5	3	2				12	7
	23	6	1	3				15	13
	7	8	1	4		2	2	15	7
	66	22	14	9	0	2	4	60	40

袋がないころで、新聞紙で幾重にも包んで臭いを気にしながらバスで保健所へ運んだり、すべてはじめてのことで苦労が尽きなかった。（新潟県・小学校）

検便は保健所の係官が来校しての塗《と》抹法《まつほう》の実施だったが、その事後処理が大変だった。駆虫薬が出まわったのは、何年か後のことで、当時は海人草を服用させていた……これが実によく効き、昼食前に服用させたばかりなのに午後になるとトイレの周辺、廊下や教室の隅にと、みみず大の回虫が排泄されていて、この後始末も大変だった。（宮崎県・小学校）

蛤や赤貝に品よく盛られたウンコとは何とも雅び。それはさておき、検便の開始時期、年間の回数、駆虫の方法などに違いはあるが、五〇年前後には日本全土で集団での検便、駆虫が実施されていた。四九年発刊の『千葉県学校保健会会報』には「我が女子高では輸入サントニン一人一錠服用、結果良好。続いて入手の際には全校生に服用予定、配給を希望す」とあるように、高校生も

表4　1952〜57年度千葉市内小学校検便駆虫結果（『千葉市内小学校検便駆虫報告書』より）

年度	校数	実施回数	被検人員	蛔虫卵		鉤虫卵陽性数	他虫卵陽性数	検便法	
				陽性数	百分率			塗抹	浮遊
1952	15	16	13,052	7,095	54.1	10	106	13	1
1953	21	23	16,363	7,543	46.2	19	108	30	1
1954	24	31	26,684	10,321	38.5	95	161	27	2
1955	26	35	26,163	10,453	40.0	57	210	23	2
1956	21	222	19,318	6,577	34.0	95	303	17	5
合計	107	327	101,580	41,989	41.4	276	888	110	11

その対象だった。

回虫の快感（肛門から引き出す時の）に魅せられてその後の人生を決めた回虫博士は、当時の駆虫の様子をほのぼのと描き出す。

僕の通った三重県多気郡明星村立明星小学校。年三回の「駆虫デイ」……ほとんどの生徒がある種の興奮を覚えたものだった……用務員室の大釜のなかには「海人草」が、朝早くからグツグツ煮られていた。海人草の独特のにおいが学校中に充満し、先生も生徒もなんとなく落ち着かず、勉強に手がつかない状態だった……とにかく、苦くてクサイ海人草をみんなが大騒ぎして飲んだ。全員、鼻をつまみ、涙を流しながら、イッキに飲み干した……翌日は、また勉強どころではなかった。回虫を口から吐き出した者、肛門から引っ張り出した者、ウンコのなかから回虫を見つけて洗ってきた者……教室に回虫が山積みされるのだ。

（藤田紘一郎、一九九九）

歳とともに「昔」が薄れていくが、何故だか「検便」の光景は愉快な記憶となって私のなかに鮮明に残っている。「朝一番のホヤホヤを持ってくること、容れ過ぎないように、徳用マッチ箱じゃないぞ、フッーの……静かに！」、騒然となった教室で注意を受けた前日。下校時、「朝ちゃんと出るかなあ」、「うちは兄弟多いから、順番待ちや、嫌やなー」と不安な気分。当日は朝から家も学校も大騒動。登校時に「ケンベン弁当、ウンチ箱」と振り回し、はしゃぎ過ぎて池に落とす者、踏んづけてひしゃげた者、間違えて兄弟のモノを持って来た者、下痢フンを容れてきた者、「でませんでした」とべそをかく者。運悪く「検便デイ」に当たった週番や保健委員は、鼻をつまんで金バケツにマッチ箱を集める御役目を務めることになった。「センセー、コイツのん、箱からはみでてるでー、ゲェー」。

後日「陽性」と判定された者は、代金収納用の封筒に入った板チョコ状の駆虫剤、白と青のツートンカラーの紙に包まれた「アンテルミン・チョコレート」が手渡された。何しろ当時はあまり口にはできなかったチョコレート風味、多少粉っぽかったが、貴重な砂糖菓子に変わりはない。運悪く「陰性」となった者からの「ええなあ、お前ら、あーあ……」の嫉妬のコトバと羨望のキツイ視線を浴びることになった。ガキ大将が陰性の年には、校舎裏や帰り道での駆虫剤のカツアゲもあったのだ。「検便デイ」「駆虫デイ」は親や教師にとっては受難の日となったが、子どもにはケガレたハレの一日であった。

図30　アンテルミン・チョコレート（一般社団法人北多摩薬剤師会 平井有氏所蔵）

有効成分　…　日本薬局方「サントニン」0.03瓦含有
海人草製剤「カイニン」及び石榴皮を主剤とし各種の栄養剤を配合してあります

効能　…　蛔虫，蟯虫，鞭虫，虫腹痛み等に良く効きます

特徴　…　本剤はお菓子のように食べやすく栄養にもなり駆虫率は高率です

一九五八年施行の「学校保健法」。小・中学校では年一回の「検便」が義務づけられ、回虫は減少の一途をたどり、七五年前後には回虫保有率も一%を割り、蟯虫卵《ぎょうちゅうらん》を対象にしたセロハンテープの検査となった。現在では小学校一・二・三年生の蟯虫卵検査、「検便」は就学時の一回、それも蓋に棒が付いた完全密閉のプラスチック容器。検査も六〇年頃からは、「県民予防財団」（かつての「寄生虫予防協会」）の都道府県支部）が一手に引き受けることになった。今では「検便」よりも「検尿」や「血液検査」が主な検査だという。

子どもたちの前から「検便」が消えた。そして子どもの身体の中の生きモノ、回虫が消えた。回虫感染率、戦後直後の八〇%以上が五〇年後には〇・〇一%。着任六年後に日本を離れていったサムスも恐らく予想もしなかったほどの数値の激変である。「集団検便、集団駆虫」で一つの寄生虫を短期間でほぼゼロにしたのは、世界中で日本だけだ。「一つの同じ」に向かって一斉に走り出すこの国の習性のアヤウサの修正と変更を迫ったGHQも、「回虫撲滅」へ向かうこの国の集団行動には何の規制の手も加えなかった。ここに「日本回虫」の誤算と油断があったのだ。

消えてゆく「虫の働き」

身体の内と外から、身の回りの現実の虫が姿を消していった。しかし「虫の知らせ、虫酸《むしず》が走る、虫の居所」という時の「虫」はまだ生きながらえているのだろうか。私たち日本人は、はっきりと対象化、論理化できないが、確かなものとして自分のなかに現れてくる〈感じ〉や、自分とモノ、自分と他者とのかかわりの場で生まれてくる〈衝動、直観〉を「虫」というコトバで指し示し、明晰な意識、客観的な認識で世界を分けたり知ったりする以前の、無意識のレベルで行われている、自分の身体を基礎にした〈世界の意味づけ、価値付け〉（『哲学・論理用語辞典』一九九五）＝「〈身〉の構造」（市川浩、一九八四）を体内に息づく「虫の働き」に見立ててきた。

しかし出産、病、死といった基本的な生の営みさえもが、次第に日常から隔離されてきているように、生々しい、具体的、直接的なモノの成り立ちやコトの出来事のなかに身を置くことそのこと自体が難しくなってきた。

目の前に拡がるのはすでに意味づけられた、価値づけられた抽象的、間接的な世界、これが私たちの、とりわけ子どもたちの置かれている現在である。やがてコトバの「虫」も、そして生き物としての原初的な能力＝「虫の働き」も消えてゆく運命なのかもしれない。

この「身分けの構造」の衰退が、医療の現場で現実の弊害となって現れている。生々しい「回虫体験」のない若い医者は、最近の有機栽培、輸入野菜や海外赴任によって微増の傾向にある「回虫症」を見分けることができなくなった、という。この不幸な事態を生み出したのも、「回虫撲滅」へ極端に走り過ぎたせいだ、と回虫博士はこう警告する。

そもそもフツーの「回虫症」は、体内に数匹、時たま腹痛や下痢を起こす程度の、「病気」と呼べるようなものではない。もちろん、数百匹が塊りとなって腸閉塞、腸管を食い破って腹膜炎、幼虫が脳や臓器に迷い込んで重い障害を引き起こす、命にかかわる劇症となることもあるが、それは極めて稀なこと。回虫をはじめ寄生虫は宿主であるヒトと長い時間のなかで互いに進化と適応を重ね、adaptation tolerance「共存的寛容」を築き上げてきた。この調和の状態を一方の都合だけで、しかも短い時間で壊そうとするなら、その反作用は極めて大きなものとなる。回虫博士はその反作用の一つとして「戦後急激に増加する子どものアレルギー症」をあげて、それをもたらした要因の一つは「戦後急激に減少した子どもの体内の回虫」にある、との仮説を提起する。

回虫感染率の高いサルや途上国の人々、そこに暮らす在留邦人に花粉症やアトピー性皮膚炎が極めて少ないのは、体内に宿る回虫のオカゲである。ヒトの免疫系の働きは、侵入してきた異物が回虫のような強力な「抗原」であればあるほど、それを排除しようとして大量の「抗体」を産出する。スギ花粉（植生を無視した戦後の植林）やダニ（無理をして人工化を進めてきた戦後の住環境）のような弱い「抗原」をいちいち相手にする余裕もなく、また眼、鼻、喉《のど》の粘膜はすでに大量の「抗体」に覆われているためにアレルギー反応がおこらない、と指摘する。残念ながらこの説が実証済みではないので、「アレルギー退治に一日一個の回虫卵を！」という訳にはいかないが、「調和」や「共存」を短期間に一方的に崩すことのアヤマチを、消え行こうとしている回虫がヒトに教えてくれている。

消えたのは回虫だけではない。「青洟《あおばな》」も消えた。鼻の下に二本筋の「青洟」を垂らし、乾いた洟でテカテカにひかった袖口の少年少女、かつてはフツーの子どもの風景だったが、いまでは滅多に見られなくなった。

「青洟」、この鼻汁には緑膿菌を含む多数の細菌がいる。洟を垂らす子どもの副鼻腔に住みついた細菌に鼻や喉の粘膜に分布する免疫系は刺激され、この細菌感染の状態に免疫系は精一杯に働いて大量の抗体を産出し、花粉のような抗原に反応する余裕もない。しかし清潔教育、衛生の改善、抗生物質の普及でこれまで上気道に常在していた強力な抗原である雑菌が駆逐され、無菌状態となった結果、花粉などの抗原に反応してアレルギー症状を引き起こすことになる。

「汚い、みっともない、病気の膿《うみ》」と拭き取られていった「青洟」も、これまたヒトのお役に立っていたのだ。

「寄生虫主義」を！

ヒトの歴史は、汚いもの、害になるもの、役に立たないものを身のまわりから追放、排除してきた歴史でもある。近代以降、自ら築いてきた科学の力で「バイ菌」を殺し、「ウジ虫」を退治し、不潔から清潔、清潔から潔癖《けっぺき》への流れを加速して、いよいよヒトは「無菌社会」へと近づいてきた。

免疫の戦いは、先年の湾岸戦争のように、片方の一方的な破壊で終わるのではない。細菌やウイルスの侵入をあるボーダラインで抑え、微妙な共存関係を作り出すというのが免疫の働きである。その共存関係が急速に崩されていった。先進国は、人類始まって以来の無菌に近い状態となった。あとに残った論理は共存の拒否である。（多田富雄、一九九三）

分子や遺伝子のレベルでの新たな知見を積み重ねている今日の「免疫学」は、私たちの「自己」が決して固定化されたモノ、閉じられた体系ではなく、外界とのヤリトリの「意味のゆらぎ」に応じて絶え間なく変化するコト、開かれた体系であることを教えてくれる。しかし現実には「共存の拒否の論理」は着々と進展している。私たちの内部では、これまで共存（自己化）してきた雑菌という本来の敵を失った免疫系が外界の急速な人工的な変化に敏感に反応し、過剰の拒否（非自己化）の姿勢を示すアレルギーが急増してきた。そして同時に私たちの外部では、一方的勝利を目論むヒトへの敵意をむき出しに次々と突然変異を繰り返しながら、地球的規模で猛威をふるう新種、変奇種の細菌やウィルスが出現してきている（例えば、子どもや老人を死に至らしめる食中毒症を引き起こす「O―157」とは、大腸菌の一五七番目の変奇種）。これが「無菌化」に曝《さら》された私たちのアヤウイ現在である。「虐《しいた》げられたモノは、いつか反乱を企てる」、戦後六〇年、「共存の拒否」で絶滅寸前に追い込まれた「日本回虫」も、その時を待っているのかも知れない。

ヒトは地球の寄生虫である。水、光、土、熱、食、地球の恵みのなかで、ヒトは種としての命を保ってきた。それぞれの地で、それぞれの民が、それぞれのやり方で地球との「生理的な関係を樹立」してきたが、「豊かさと進歩」への信仰が深まるにつれ、ゆっくりと築いてきた「それぞれ」が「一つの同じ」やり方＝効率的な産業化に取って代わられている。もう取り返しがつかぬほど、ヒトは欲望のままに地球を汚し、傷つけ、壊してきた。

『笑うカイチュウ』（一九九九年）の解説で劇作家・平田オリザは、いまの私たちにとって大事なコトは、地球に「寄生」していることの自覚であり、「次の世代に何を残すのか」のために進化と適応を重ね、「共存の仕組み」を作り上げてきた生きモノ、この「小さき、弱きモノへの視線」であると書き記す。「誇り高く、しかしひっそり」という「寄生虫主義」が、私たちの暮らしの態度となるかどうかに、ヒトと地球の未来がかかっている。

（石谷二郎）

3　学校給食——子どもの食べモノ

カタカナのランチ

(月)　バターロール・ミートソース・オムレツ・コーンサラダ・野菜スープ
(火)　麦ごはん・さけのバター焼き・ポテトサラダ・ハムソテー・みそ汁
(水)　ごまチャーハン・春巻き・マーボー豆腐・中華サラダ・わかめスープ
(木)　チキンカレー・たこサラダ・フルーツポンチ
(金)　黒米入りごはん・さんま煮つけ・おでん・ほうれん草ごまあえ・みそ汁

これがある小学校の二〇一四年一〇月の一週間分の給食献立表である。毎日欠かさず牛乳パックがつき、摂取栄養量のエネルギーは六五〇キロカロリー、たんぱく質二五グラム前後の数値、アレルギーとなる食材名が記されている。田舎であれ都会であれ、北であれ南であれ、全国でほぼ同じようなモノを子どもたちは食べていると考えていいのだろう。「脱脂粉乳にコッペパン、丼に盛られた一品」の「定食」であった私たちの時代（一九五五年頃）に比べれば、和、洋、中華と色とりどり、デザートつきと随分とゴウセイな「ランチ」となったものだ。一九五四（昭和二九）年制定の「学校給食法」から半世紀を経て、全国の九五％以上の小学校で「完全給食」が、そして「完全、補食、ミルク給食」を含めれば、全国の八五％の中学校で、また養護、聾唖《ろうあ》、盲学校、定時制高校で「学校給食」が実施され、人数にすれば約一

図31　献立内容の移り変わり
上＝1952年，コッペパン，ミルク（脱脂粉乳），鯨の竜田揚げ，せんキャベツ，ジャム。下＝1987年，麦ごはん，牛乳，巻き蒸し，高野豆腐のあえもの，みそ汁，せんキャベツ（〈独〉日本スポーツ振興センター提供）

二〇〇万人の児童、生徒が給食を食べるようになった。徴収される給食費は、小学校では月額四〇〇〇円前後、中学校では一割り増しの四五〇〇円前後であった。

一九九二（平成四）年に埼玉県の庄和町《しょうわまち》（現・春日部市）の町長が、町立の小中校の「給食廃止」の方針をうちだした。欠食児童の救済として始まった学校給食の歴史的使命は終わりを迎え、これからの時代に相応《ふさわ》しい個性豊かな人格を育てるには、「画一的な給食」よりも母親の「愛情こもった弁当」を、と提唱した。しかしPTAを中心にした反対運動の盛り上がりによって町議会で否決され、「給食廃止」の方針が撤回されることになった。この一連の出来事が新聞やテレビのメディアに取り上げられたこともあって、「学校給食の存続か廃止か」は、単なる一自治体の抱える問題を超えて国民的な関心事となった。親、教師、栄養士、調理師、生産者（農、畜、漁）、食品業者、行政サイド、医師、法律家といろいろな立場から、また子育てと女性の社会進出、食の安全性、食糧自給率、インスタント食品、子どものアレルギー、給食センター方式、行財政改革といろいろな観点から、賛否の論議が巻き起こり、一自治体長の問題提起が、現行の「制度としての学校給食」の課題の検討へ、「日本の食文化」再考への一石を投じることとなった。

子どもの食べモノ、「学校給食」がどのように始まり、どのように変わってきたのか、現在に至るその流れを視つめてみたい。

「空腹日本」に給食を

「学校給食」の歴史は意外に古い。一八八九（明治二二）年、山形県鶴岡町の「私立忠愛小学校」で、「貧困児童」を対象に僧侶たちによって無料で実施された給食がその「発祥」とされている。そして一九二〇（大正九）年前後の第一次大戦後の恐慌期には、東京府の十数校で「栄養パン」が配られ、また十五年戦争体制下、食糧統制の強化に対応して都市部の「身体虚弱児、栄養不良児」を対象に「施《ほどこ》しの味噌汁、米飯」の給食がたびたび実施されたが、あくまでも臨時の、限定されたものであり、「制度としての学校給食」は、四五（昭和二〇）年の「戦後日本」の始まりとともに歩み出した。

一九四六年の『医事新報』によると、その年の四月の東京都内の変死者の数は三八〇名。遺体解剖の結果、その内の五〇名の死因は餓死。他は臓器に病変が見られるものの、ほぼ全員が栄養失調だった。焼け跡には自給のための野菜畑が拡がり、闇市には食を求める人が群がり、新聞や雑誌にはカエルやイナゴやタニシの調理法が掲載され、上野動物園の豚の食肉用処分が報じられると数百人が押しかける騒動が起きた戦後直後の「食糧危機」。当時、旧制高校生であった北杜夫は、栄養失調で顔や足が腫れ上がり、「食べられるものならどんな草でも食べようと、植物学の本をたよりに、クローバーを食べてみたら、すじばかりでやっぱりのどを通らなかった」（『どくとるマンボウ昆虫記』）と書くように、「配給」があったといっても、一食当たりお茶碗一膳の米かイモ、四日に一度の鰯だけでは、大人がただじっとして生きていける程度のカロリーしか得られない。五月には「朕《ちん》はたらふく食ってるぞ」とプラカード片手に数十万の「人民の波」が皇居前に押し寄せた「食糧メーデー」。日本全土には育ち盛り、食べ盛りの児童一三五〇万人、中学生五〇〇万人が腹を空かせていた（鶴見俊輔他、一九七八）。

一九四六年五月、アメリカ政府から「アジア食糧視察」の特命を受けて来日した元大統領H・フーバーは、食糧難に喘ぐ「瑞穂《みずほ》の国」の現状と、「占領国は被占領国の福祉厚生を保証せねばならない」という国際法上からも、「食糧の緊急輸入と学校給食の導入」をGHQ・マッカーサーに進言した。この進言を実現すべく動いたのがGHQ・公衆衛生福祉局長のサムス大佐である。着任以降、「占領統治」の成功の鍵を握るのは、社会不安を生み出す飢えと病を一掃する「福祉政策」と、日本の将来を担う人づくりの拠点となる「学校制度の充実」と考えていたサムスは、すぐに学校給食の実施へ向けての準備に取り掛かった。まずは日本政府に「国民栄養調査」を要請し、GHQ各局とともに日本全国の小学校と児童の数の動向の実態把握に努めた。しかし彼が思ったように事はすんなりとは運ばなかった。その一つは、日本は戦争を引き起こした当事者であり、食糧援助は何よりもヨーロッパやアジアなどの戦争被害国の人々を優先すべきだというアメリカ本土の「反日感情」のために、食糧の調達にメドがたたな

図32　学校給食（1949年．昭和館提供）

かったことと、第二には、「学校給食」の導入への日本政府の「主旨には賛成だが、そんな余裕はない」という消極的な姿勢、実質的には「NO」という回答であった。

一九四六年の秋を迎えて、その年のアメリカの小麦は豊作、日本の米も豊作という結果がでた。「どちらが給食物資を負担すべきか」をめぐってサムスと日本の官僚の思惑は対立し、双方のカケヒキが続いたが、いつ暴動が起きてもおかしくはない状況、飢える子どもたちを救うことで大人たちの気持ちを鎮める「民心宣撫《みんしんせんぶ》」のために一日でも早い給食の実施を考えていたサムスは、そのカケヒキの裏で、まずは旧日本軍から押収した五〇〇〇トンに及ぶ肉や魚の缶詰が使用可能かどうかの調査を始め、また米国の民間の救援団体「アジア救済連盟・ララ

(Licensed Agencies for Relief in Asia)」からの「脱脂粉乳」の提供を確認し、日本国内から味噌や野菜を占領軍の「食糧供出」によって調達していた。食糧以外にも鍋、釜といった調理器具、調理施設、燃料などの調達も大きな課題であったが、この年の冬を迎える前の実施を目論むサムスは日本政府と粘り強く交渉を重ね、文部省からは給食施設用の予算とPTAへの労働奉仕の依頼、厚生省からは生活保護法施行のための予算から一部転用、そして最後まで給食の実施に抵抗していた農林省にはアメリカからの輸入穀物、小麦の供与を確約して、協力をとりつけた（二至村菁、二〇〇二）。

脱脂粉乳とコッペパン

一九四六（昭和二一）年一一月、ようやく日本政府は「学校給食実施の普及、奨励について」の次官通達を発し、全国の児童を対象にした「学校給食」の方針を正式に決定した。一二月には都内の国民学校の机の上に「小さくきざまれた大根、人参、鮭の身、マカロニの入ったクリームスープ（脱脂粉乳を溶かした）」の温かいお椀が配られた。「学校給食」が始まったのだ。記者の取材にサムスは「これまでの米食偏重を改め、牛乳や牛肉などの動物性蛋白質《たんぱくしつ》を摂取して栄養改善を図り、この学校給食を通して親たちにも栄養献立を教えたい」と応えた。

年が明けて翌年には東京都の約四〇〇〇校の小学生約七万六〇〇〇人が週二回の「脱脂粉乳と

味噌汁」を、そして次第に範囲を拡大して東京だけでなく神奈川、千葉の都市部の三〇〇万人、四七年末には都市部の四〇〇万人、翌四八年には全国の六〇〇万人の児童が週二回以上、三〇〇キロカロリーの学校給食を食べるようになった。給食の導入が軌道に乗ると、一食につき一円五〇銭ほどの給食費を徴収していた日本政府の側から「給食無償化」の提案が出されたが、サムスは「パンは自らの労働によって得ること」を将来の日本を担う子どもたちに教えるべきと主張して、その提案を「社会主義化」として退けた。同時に「給食で食中毒になった」「余った古い小麦やミルクを売りつける米国の陰謀」といった給食に関わる「悪評、悪意に充ちた」報道や記事の検閲規制を緩めなかった。

四六年の一一月から四七年の一〇月までの一年間で、占領軍が放出した主食品、主食代替品の総量は約一六〇万トン、缶詰類は約四万五〇〇〇トンであった。これで「日本」は何とか食い繋ぐことができたのである。

サムスが言った「牛乳や牛肉」は、まだ子どもの口には入らなかったが、捕鯨再開によって時折「鯨肉」が椀の中で見つかるようになった。その後も野菜や果実の缶詰、ココア、味噌、塩などのGHQの国内外からの食糧調達、「ユニセフ」からのミルク寄付、「ガリオア（Government and Relief in Occupied Areas）」からの小麦粉援助、また日本側では文部省に「学校給食課」が設置され、各都道府県に「学校給食会」が設立され、そして栄養士（四七年に制定された「栄養士法」）への「粉食指導＝パンの調理」も実施されて、受入体制が整った。一九五〇年、ようやく「主食（一〇〇グラムのコッペパン、米飯）＋副食＋ミルク＋汁物」の「完全給食」となったのである。

しかし占領統治の終わりとともに、一九五一年にはガリオアからの援助物資の打ち切りによって「学校給食」の継続に危機が訪れることになった。給食費の大幅な値上がりに実施校の数が著しく減少したが、給食の継続と法制化を求める世論の高まりに、五二年度から政府は小麦粉に対する半額国庫補助、脱脂粉乳の関税免除を決めた。そして五四年には「今後の国民食生活は粉食混合形態が必要だが米食偏重是正等はなかなか困難なため、学校給食により幼少時代に教育的に配慮された合理的な食事に慣れさせる」と文部大臣の提案理由に記された「学校給食法」が制定され、戦後日本の高度成長の入り口でのこの法制化が、この後の「日本人の食生活、食文化」の流れを方向づけることになった。

食パン、揚げパン、マーガリン

戦後日本の体制が整い、いよいよ高度成長期に入る。一九五四（昭和二九）年に日米間で締結された「相互防衛援助（ＭＳＡ）協定」とともに、アメリカで生産された小麦や綿花などの余剰農産物を買い受けるという日本にとって不利な「農産物購入に関する一般協定」が調印された。そのオマケとして五六年四月から六〇年三月までの四年間、アメリカからの学校給食用小麦と脱脂粉乳の贈与が決まった。これでパンとミルクは当面安泰、というより日本を小麦の巨大市場にと目論むアメリカの長期的な戦略にすっぽり嵌まり、今後大量の小麦を抱え込むことになった日本にとっては、学校給食の主食を「米」ではなく「麦＝パン」とすることが「国策」に適うこととなった（高嶋光雪、一九七九）。

一九五六年には中学校にも導入が始まり、給食棟の増改築、栄養職員の配置、調理員の定数確保と整備も進み、五七年には国内生産量も伸びた牛乳が、一部の小学校では需要緩和期だけ脱脂粉乳に替わって出されるようになった。こうした現実の動きを支えるかのように「小麦と動物性蛋白の摂取率向上が食生活の近代化」とする「科学的啓蒙書」が、六〇年前後に相次いで出版され、「米食は頭が悪くなる、身体が弱くなる」と主張する慶応大学医学部の教授の書いた『頭脳』（林髞）はベストセラーになった。

戦後のベビーブームの「団塊の世代」の就学を迎えて学校給食は軌道に乗った。

「今日はカレーや」、毎日三時間目になると給食室の煙突から今日のオカズが匂ってくる。昼休みを告げるチャイムが鳴ると、糊の利いた真っ白な、かと思えば薄汚れた皺くちゃの白衣、エプロン、三角巾、マスクを纏った給食当番が一斉に廊下に躍り出る。一学年に五五人学級が一一クラス、これが六学年。一度に数百人もの当番が押し寄せる給食室。調理場に並ぶ大きな

図33　給食風景（1981年。持田晃氏撮影，昭和館蔵）

鉄釜からの湯気と先を競う子どもたちの熱気がムンムンするなかで交わされる、子どもと調理員のおばさんとのヤリトリ。「手を洗った？　割り込みはダメよ！」「このカレー、肉入ってる？」「肉は溶けて姿が見えんけど、野菜は一杯や」「溶けへん肉入れてや」「家のカレーにはようけ入ってんのやろ？」「お父んの皿しか入ってないんや」「コレーッ！　しゃもじでチャンバラしてんのは何組？　やけどするよ！」。

パンの箱、アルマイトの食器、脱脂粉乳と日替わりの副食と味噌汁が入った蓋つきのアルミのバケツを二人一組で教室に運ぶ。鉄筋建新校舎の三階となると、階段や滑りやすい床を通って教室にたどり着くまでが大仕事。大きなバケツをこぼさずに運ぶには、身丈の似通った者同士がペアを組むのが上手くいくコツだった。

パンを配り、汁を注ぎ、配膳が揃うと一斉に「いただきまーす！」。机の中に入れっ放しの箸箱は二、三日前の食べカスがこびり付いている。終る頃になると先生の見回りがあり、嫌いな野菜を慌てて机の中に隠す者、涙目で鼻をつまんで飲み込む者、七、八人の班の中には一人や二人、脱脂粉乳が好きな物好きがいて、苦手な者たちの引き受け役となった。全員の食器が空になってようやく「ごちそうさま！」。会話を交わす、ゆったりしたランチタイムではなく、たとえ五分でも残りの昼休みの時間を外で遊ぶために、「パンとけんちん汁」の変な組み合わせも苦にならず、黙々と飲み込んでいた。前の黒板の横には「残さない、偏食しない、今日も元気で良い子の学校給食」の標語が懸かっていた。これが六〇年前後の学校給食の風景だった。

大衆食堂での親子丼が七〇円の時代、徴収される給食費は月額三〇〇円。当日の欠席者には家の近い者が先生から半紙に包まれた「主食のパン（＝八〇グラム）」を託されたが、届けるのは、寄り道をして遊び終えて日が沈む頃。家人に手渡す時にはマーガリンが銀紙もろとも貼りついて、ひしゃげた無残な姿となっていた。高学年になってよく出るようになった「揚げパン」の時には、ランドセルのなかの教科書が油の吸い取り紙となったものだ。

一九六一（昭和三六）年、厚生省は「一日一回フライパン（油炒め）運動」を提唱、六四年、農林省は酪農振興のために「学校給食用牛乳供給事業要綱」の次官通達を出し、脱脂粉乳から牛乳への転換が逐次始められた。私たち「団塊の世代」は学校給食で「揚げパン」を食べることはできたが、残念ながら牛乳を口にすることはできなかった。そして「ランチ皿」も「先割れスプーン」にもお目にかかれなかった。

見えなくなった調理場

戦後体制から高度成長期に入った一九六一（昭和三六）年、池田内閣の「第一次臨調」の下での「学校給食制度調査会」が、各校別の自校給食よりも一地域を統括するセンター方式（共同調理場）がもっとも合理的、経済的であり、小学校は五年後に、中学校は一〇年後の計画で完全実施を図るべきとする「給食制度の改善」についての答申を出した。六四年から給食センター設置への国庫補助と、そこに配置される栄養職員の人件費補助、そして六七年には学校給食用物資の低温流通化促進の予算が計上され、給食センターを対象に冷凍保管庫等の補助が実施された（自校方式を対象にした補助は遅れることとその五年後から）。五五年に給食用物資の供給流通の一元化のために設立された「学校給食会」、この中央から地方へと見事な「タテワリ組織」と「補助金のバラマキ」といったこの国得意の行政の手法が、自校方式からセンター方式への転換に拍車を掛けた（荷見武敬他、一九九三）。

一九五八年発売の「チキンラーメン」が一年後には一億食を突破、六三年の「コーンフレーク」、六八年の「ボンカレー」、七一年の「カップヌードル」の登場と、七〇年代、家庭の食卓にはレトルト、冷凍食品が上り、街頭にはハンバーガーショップ（七一年、マクドナルド）、郊外にはファミリーレストラン（七〇年、すかいらーく）が出現した。

食料消費量の増大、輸入食材の多様化、大量生産・流通・消費に適《かな》った加工食品、外食産業、調理器具や台所用品の技術革新と、「三里四方」の食材から調理した「米飯と一汁三菜」を「箸と椀」を使って「座卓」で食する日本人の食生活は、高度成長とともに「食の合理化、洋風化」へと大きく変化した。五五年から七五年までの間で、肉類と乳製品の消費量は五倍になり、逆に国民一人当たり年間の「米の消費量」は一二〇キログラムから八〇キログラムへ、穀物自給率は八五％から四五％へと半減した。

大規模な「給食センター」ともなると、一日二万食以上の生産量の「食品工場」。一括購入の野菜や加工食品を積んだ冷凍車が次々と出入りし、出来上がった今日の献立が各学校へと配送車によって次々と運ばれていく。農村と都市を結ぶ全国の山道で両車がすれ違うのが、この時代の風景となった。

「学校給食」はこの時代の変化から自由ではなかった。というより「学校給食」がこうした変化を促す大きな要因となった。「学校給食を通して親たちに栄養献立を教えたい」とサムス大佐がいったように、子どもが持ち帰る栄養価やカロリーの数値が記載された献立表や「給食に出たクリームシチューを」とリクエストする子どもの「給食体験」が、家庭の食生活に大きな影響力を持つものとなった。

「米飯」登場！

日本で「米離《こめばな》れ」が進行する最中の一九七二（昭和四七）年、アメリカの上院「マクガバン委員会」が一つの報告書『アメリカ人の健康』を提出した。出っ張った腹のせいでハンドル操作の誤りが招く交通事故が多発するほどの「肥満症《ひまんしょう》のアメリカ」。「肥満」の原因を究明し予防策を講じるための国家的プロジェクトとして、二万人の調査員による一年間にわたる国内外での聞き取り調査、学際的な研究が実施され、公聴会が重ねられた。その結果「アメリカ人は牛肉（脂肪）、コーラ（砂糖）、フライドポテト（塩分）を食べ過ぎている」と警告し、理想的な食事は「米＋魚＋海草」の「日本食」と結論づけた。この報告書は出版されて、六〇〇〇万部を越すベストセラーとなり、そしてアメリカでの「健康食＝寿司」ブームが起こった（井上ひさし、一九九七）。

一九六三年をピークに下降する一方の米の消費量、七〇年度末の在庫は七二〇万トンに達し、「減反」政策を決めた日本。在庫調整に一役買おうと考えた文部省は、七〇年から学校給食において米飯《べいはん》、米粉混入パン、米加工品の利用の実験を指定校で開始した。そんな苦しい「米事情」を抱えていた日本政府にとって、「米こそ理想食」とする報告書『アメリカ人の健康』はまさに「渡りに船」であった。

一九七六年に文部省は学校給食に「米飯」の導入を正式に決定し、七七年には食糧庁は委託炊飯を実施する指定パン工場に助成金を出し、七九年からは給食用米価を消費者用の六割引きにし、八〇年に文部省は週二回の米飯の実施を各都道府県に要請した（といっても「白い飯」ではなく、ピラフ、チャーハン、オムライス……と加工された米飯給食が多い）。そして政府の各種の「米飯優遇政策」の結果、二〇〇七（平成一九）年には全国平均週三回を超えることになった。

「北緯三五度の栄養学」へ

「食の安全性」が問われて久しい。水、空気、大地、地球の汚染が深まるにつれ、そこに生きて育つ野菜、穀物、果実、魚、家畜の汚染も進行してきた。加えて大量生産・流通・消費の「食の産業化」のもとで、化学肥料、農薬、養殖魚、通年栽培、冷凍保存、保存添加物、遺伝子操作とますます人為的な加工が施されるようになった。生産地と消費地の距離が遠いほど「食の安全性」は低くなるが、もはや地球の裏側で獲れた食材も知らないうちに私たちの口に入っている。残念ながら、売られている食を買って食べて生命をつなぐ「消費者」としては、その「食の危険性」を免れることができないのだ。

「学校給食」の流れもこの時代の「効率化、低コスト化」の波を受けて、「センター方式」の大規模化へと、あるいは「学校給食」の企画、設置、運営の全てを「民営委託化」する動きが現実のものとなってきた。しかしこの大きな波に呑み込まれずに、「望ましい子どもの食べモノは？」に一義を置いて「学校給食」に取り組む自校方式や小規模のセンターも多い。限られた予算の内で、地元の米、国内産小麦のパン、有機野菜、近場の魚や牛乳、旬の素材と「地産地消」を目指し、また特産の木製の椀や漆器の箸を使用し、その地に伝わる料理を見直し、そして子どもたち自ら畑に出て農作業を手伝うような、栄養士、調理員、生産者、父母たちが連携を組んだ、「学校給食」を通しての「地域づくり」が、全国各地で起こっている。こうした「運動」は大きな救いとなるが、学校給食の政策を担う役人にも給食の現場を担う人々にも、「学校給食」の大前提、必須の要件となる「科学的な栄養学」そのものを問い直す視点は少ない。

学校給食が作られるプロセスはこうだ。まず初めに日本人の「栄養所要量」があり、それを基に年齢に応じた学校給食の「平均所要栄養量」が算出され、「標準食品構成表」から品目を選び出して献立が決まり、そして調理されて子どもたちの前に出てくるというわけだ。「栄養所要量」とは「国民が健康を維持し、十分な生活を営むために摂取することが望ましい量」であり、その国民の栄養改善や食糧計画政策の基礎となるものである。したがってその「所要量」は国によって違ったものとなり、その国が目指そうとする「国の在り方」に規定された「政治的、政策的」な数値である。

一八八五（明治一八）年に発行された『日本食志《にほんしょくし》』には「人ハ務メテ肉食ヲ為シ植物食ヲ用

イザルヲ要ス」とある。当時世界で最も進歩していた「独逸《どいつ》」の医学、歯学、薬学が、「文明開化」とともに日本に入り、「明治日本」のそれら諸科学は「独逸」を手本にして歩み始めた。現在の日本の栄養学の基礎は、「カール・フォン・フォイトの栄養学」。彼が唱えたのは「高タンパク、高脂肪、低糖分」。ベルリンは北緯五二度、東京は三五度で、アフリカのチュニジアのチュニスと同じ。この一七度の差を無視したことが、その後の「日本人の食生活」の悲劇の始まりだ、とある食物学者（島田彰夫、一九九八）は指摘する。

北の民イヌイットの主食は肉、南の民ニューギニアは穀物、アジアの民日本人は米と、それぞれの気候風土、自然環境にあった食べ物や食べ方があり、長い時間の中で進化適応を重ねて、それに対応する身体の構造機能をそれぞれに形づくってきた。そもそもヒトはデンプンを消化する酵素《こうそ》、アミラーゼ活性が高い動物であり（植物性食性）、また乳糖を分解する酵素、ラクターゼ活性が乳児期以降急激に低下するアジア人や日本人に比べて、成人になっても高い活性を維持する北ヨーロッパ人種。牛乳や肉食が日本人の生理、食性に適った食べ物ではないのに、「欧米並み」をモットーとする近代日本は「大きくなるための栄養改善」を「国策」と位置づけてきた。五年ごとに改訂される厚生省策定の現在の「栄養所要量」も依然として「高タンパク、高カルシウム」の志向は強く、その数値は「北緯五〇度」の国よりも高い。

「学校絶食の日」を

一九八二（昭和五七）年、文部省は「全国統一献立運動」を唱え、「カレーの日」を実施する。島国といえども南北に長く、裏と表、山と海がある日本。南に琉球、北にアイヌとそれぞれの地に適った多様な「食」を育んできた。しかし文明開化から一世紀余、戦後から半世紀余ですっかり単一、平板な「食」となり、短い時間のなかで進められた「栄養改善運動、食の西洋化」に日本人の身体が拒絶反応を示すかのように、初潮の早期化から、アトピー、喘息などのアレルギー症、肥満、糖尿病、循環器系疾患などの「子どもの成人病」も増えてきた。この「みんなが同じものを全て食べる」を目標とする「学校給食」には、その目標の故に「集団食中毒事故」や「アレルギー事故」がつねにつきまとう。二〇〇四～〇五年に実施された文科省の調査では、一二八〇万人の児童生徒の二・六％にアレルギー反応、〇・一四％にアナフィラキシー反応があったという数値が示された。また同時期に実施された全国の学校栄養士へのアンケート調査（国・相模原病院・今井孝成氏、二〇〇八年小児科学会発表）では、二年間で約六五〇件のアレルギー事故が報告されている。一二年には東京調布市の小学生が、アレルゲンの乳製品の過剰摂取によって亡くなった事故も、まだ記憶に新しい。また一方では、「給食費未納」が社会問題となりつつある。朝登校すれば今日の献立表と児童のアレルゲン一覧表を照らし合わせ、夜下校すれば給食費の取り立てに家庭訪問、「学校給食問題」の対処と責任を一手に負われているのは現場の教師であるというのが現状である。

「食文化の貧困」を嘆き、「食育」の必要を説く声が大きくなってきた。『学校給食法』には「①食事について正しい理解と望ましい習慣を養う……④食糧の生産・配分・消費について正しい理解に導く」とある。この空疎なお題目を真っ当（逆手）に受け止めて、地球の将来を担う「子どもの食べモノ＝学校給食」を、従来の枠組みを離れて再考してみることが必要だ。

何よりもまずは「栄養カロリーの数値表」を横に置くことと、昼食の時間にもっと余裕をもたせること。そして例えば、冷蔵庫の残り物で作った「家庭弁当の日」があってもいい。「給食の一日」を設けて買出しから調理までの一切を子どもに任せた給食があったら面白い。自ら包丁を手に飛び跳ねる魚を捌《さば》く体験ができればなおさらだ。祖父母たちが運営する給食センターが作れないものかしら。日曜参観日に「お父さんの作った料理コンテスト」を開催できれば……。北から南と日本各地の銘産品、伝統食、駅弁ディがあれば楽しそう。また教室、学校の外へ出て、病院での療養食の試食、減反で荒れ果てた農地、自動化された食品工場、抗生剤が撒かれる養殖場、給食の残飯が山積みとなったゴミ捨て場、食用に処分される家畜の叫び声が上がる屠畜《とちくじょう》場の見学も必要だ。そして現在、地球上には飢餓《きが》に喘《あえ》ぐ何億もの子どもたちがいる。真似事でもいい、何万分の一でも、「空腹」の苦しさ、切なさを身をもって感じるためにも、月に一度の「学校絶食の日」を。

（石谷二郎）

参考・引用文献（刊行年順）

I—1 オムツ

J・J・ルソー『エミール』今野一雄訳、岩波文庫、一九六二年
山住正己・中江和恵編『子育ての書1』東洋文庫、平凡社、一九七六年
牧野昇監修『現代ハイテク事典』平凡社、一九八八年
大藤ゆき「生と死のきもの」『女性と経験』⑭、女性民俗研究会、一九八九年
J・フェクサス『うんち大全』高遠弘美訳、作品社、一九九八年
古川元宣『赤ちゃんのうんちとおしっこ』池田書店、一九九八年
入来典『赤ちゃんの歴史』鳥影社、二〇〇〇年
M・モネスティエ『図説 排泄全書』吉田春美・花輪照子訳、原書房、二〇〇〇年
須藤功『祖父の時代の子育て』草の根出版会、二〇〇一年
天野正子・桜井厚『「モノと女」の戦後史』平凡社ライブラリー、二〇〇三年
日刊工業新聞社MOOK編集部『身近なモノの履歴書を知る事典』日刊工業新聞社、二〇〇二年
堀切辰一『布の記憶』新科学出版社、二〇〇三年

I―2　校舎

文部省『学制百年史』一九七二年
藤田省三『天皇制国家の支配原理』未来社、一九七四年
合田新介『木崎農民小学校の人びと』思想の科学社、一九七九年
中野光・高野源治・川口幸宏『児童の村小学校』黎明書房、一九八〇年
坂本清泉・坂本智恵子『近代女子教育の成立と女紅場』あゆみ出版、一九八三年
建築思潮研究所『建築設計資料16　学校』建築資料研究社、一九八七年
久田邦明『教える思想』現代書館、一九八九年
天野郁夫編『学歴主義の社会史』有信堂高文社、一九九一年
石附実編『近代日本の学校文化誌』思文閣出版、一九九二年
海原徹『学校――日本史小百科』東京堂出版、一九九五年
井上俊・見田宗介他編『こどもと教育の社会学』岩波書店、一九九六年
文部省『木の学校づくり』丸善、一九九九年
文部省『文部省統計要覧』二〇〇三年
工藤和美『学校をつくろう！』ＴＯＴＯ出版、二〇〇四年

I―3　子ども部屋

小川太郎『日本の子ども』金子書房、一九五二年

西山夘三「プライベートな部屋」『家庭科教育』一九五九年一一月号、家政教育社
中野重治『梨の花』新潮社、一九五九年
井上靖『しろばんば』中央公論社、一九六二年
宮本常一『日本の子供たち』（『宮本常一著作集8』所収）未来社、一九六九年
今和次郎「LDK方式の誕生」『住居論』ドメス出版、一九七一年（初出一九六九年）
今和次郎「子ども部屋不要論」『住居論』ドメス出版、一九七一年（初出一九六九年）
寺山修司『家出のすすめ』角川書店、一九七二年
千石保・飯長喜一郎『日本の小学生――国際比較でみる』日本放送出版協会、一九七九年
深谷和子「子ども部屋の意味を考える」『モノグラフ・小学生ナウ』四―一、福武書店、一九八四年
村田栄一「修学」高度成長期を考える会編『誕生から死までの物語』日本エディタースクール出版部、一九八四年
外山知徳編集・解説『現代のエスプリ　子ども部屋』二一〇、至文堂、一九八五年
前田尚美「住居」高度成長期を考える会編『家族の生活の物語』日本エディタースクール出版部、一九八五年
増淵宗一『リカちゃんの少女フシギ学』新潮社、一九八七年
安部磯雄「子供本位の家庭」湯沢雍彦監修『「家族・婚姻」研究文献選集③』クレス出版、一九八九年
米沢慧『事件としての住居』大和書房、一九九〇年
インゲボルク・ヴェーバー＝ケラーマン『子ども部屋』田尻三千夫訳、白水社、一九九六年（原著一九

九一年）
小川信子編『子どもと住まい』勁草書房、一九九一年
深谷昌志『子どもの生活史』黎明書房、一九九六年
藤原智美『「家をつくる」ということ』プレジデント社、一九九八年
小山静子『子どもたちの近代』吉川弘文館、二〇〇二年
藤原智美『「子どもが生きる」ということ』講談社、二〇〇三年
落合恵美子『21世紀家族へ〈第三版〉』有斐閣、二〇〇四年
北浦かほる『世界の子ども部屋』井上書院、二〇〇四年

I―4　学習机

物集高見『廣文庫』一九一六年
山折哲雄『坐の文化論』佼成出版社、一九八一年
白川静『字統』平凡社、一九八四年
海野弘『書斎の文化史』TBSブリタニカ、一九八七年
L・フロイス『ヨーロッパ文化と日本文化』岡田章雄訳注、岩波文庫、一九九一年
石附実編著『近代日本の学校文化誌』思文閣出版、一九九二年
秋山忠彌『ヴィジュアル〈もの〉と日本人の文化誌』雄山閣出版、一九九七年
青木俊也『団地2DKの暮らし』河出書房新社、二〇〇一年

矢田部英正『椅子と日本人のからだ』晶文社、二〇〇四年

Ⅱ―1　育児書

ベンジャミン・スポック、高津忠夫監修『スポック博士の育児書』暮しの手帖社、一九六六年（原著一九四六年）
J・ボウルビィ『乳幼児の精神衛生』黒田実郎訳、岩崎学術出版、一九六七年（原著一九五一年）
松田道雄『日本式育児法』講談社、一九六四年
松田道雄『育児の百科』岩波書店、一九六七年
『赤ちゃんの育て方百科――家庭の医学百科シリーズ1』保健同人社、一九六七年
E・F・ボーゲル『日本の新中間階級』佐々木徹郎訳編、誠信書房、一九六八年
武谷三男『武谷三男　現代論集3』（技術と科学技術政策）勁草書房、一九七六年
毛利子来『いま、子を育てること』筑摩書房、一九七七年
平井信義『子どもの精神衛生〈第二版〉』同文書院、一九七八年
久徳重盛『母原病――母親が原因でふえる子どもの異常』サンマーク出版、一九七九年
平井信義『失われた母性愛――子育てを楽しむために』黎明書房、一九八一年
牧野カツコ「育児における〈不安〉について」『家庭教育研究所紀要』二号、一九八一年
伊藤比呂美『良いおっぱい悪いおっぱい』冬樹社、一九八五年
横山浩司『子育ての社会史』勁草書房、一九八六年

男の子育てを考える会編『男の育児書』現代書館、一九八七年
田中喜美子『働く女性の子育て論』新潮社、一九八八年
小嶋秀夫『子育ての伝統を訪ねて』新曜社、一九八九年
江原由美子「リブの主張と母性観」グループ「母性」解読講座編『「母性」を解読する――つくられた神話を超えて』有斐閣、一九九一年
原ひろ子他編『母性から次世代育成力へ』新曜社、一九九一年
舩橋惠子・堤マサエ『母性の社会学』サイエンス社、一九九二年
田島みるく『あたし天使　あなた悪魔』全四巻、婦人生活社、一九九二～九八年（新版、PHP研究所、二〇〇三～〇四年）
天野正子「新たな子育て文化の創造へ」『講座　幼児の生活と教育5』岩波書店、一九九四年
汐見稔幸「育児・幼児教育産業と現代の育児」『講座　幼児の生活と教育5』岩波書店、一九九四年
秋山洋子「『暮しの手帖』を読みなおす――花森安治と松田道雄の女性解放」加納実紀代編『リブという〈革命〉』インパクト出版、二〇〇三年
天童睦子編『育児戦略の社会学』世界思想社、二〇〇四年

Ⅱ―2　制服

唐沢富太郎『学生の歴史――学生生活の社会史的考察』創文社、一九五五年
藤田昌士「制服」『教育経営事典　第三巻』帝国地方行政学会、一九七四年

朝日新聞社『いま学校で（4）』朝日新聞社、一九七六年
佐藤秀夫「学校における制服の成立史」『教育史学会紀要　第一九集』一九七六年
牧昌見・池沢正夫編『学校用語辞典』ぎょうせい、一九八五年
森伸之『東京女子高制服図鑑』弓立社、一九八五年（一九九四年まで刊行）
高野桂一『生徒規範の研究――生徒規則の法社会学的見方・考え方』ぎょうせい、一九八七年
平野裕二他編著『生徒人権手帳――「生徒手帳」はもういらない』三一書房、一九九〇年
本田和子『女学生の系譜――彩色される明治』青土社、一九九〇年
「特集　丸刈り校則を見直す」『月刊子ども論』一九九四年九月号、クレヨンハウス
宮台真司『制服少女たちの選択』講談社、一九九四年
佐藤秀夫『日本の教育課題2　服装・頭髪と学校』東京法令出版、一九九六年
柏木博『ファッションの20世紀――都市・消費・性』NHKブックス、一九九八年
苅谷剛彦・濱名陽子・木村涼子・酒井朗『教育の社会学』有斐閣、二〇〇〇年
片瀬一男『ライフ・イベントの社会学』世界思想社、二〇〇三年
木村涼子・小玉亮子『教育／家族をジェンダーで語れば』白澤社、二〇〇五年

Ⅱ―3　バリカン

K・コシーク『具体的なものの弁証法』花崎皋平訳、せりか書房、一九七七年
「千葉県理容史」編纂委員会編『千葉県理容史』千葉県理容環境衛生同業組合、一九八一年

劉香織『断髪』朝日選書、一九九〇年
J・ボードリヤール『消費社会の神話と構造』今村仁司・塚原史訳、紀伊國屋書店、一九九五年
佐藤秀夫『日本の教育課題2　服装・頭髪と学校』東京法令出版、一九九六年
歴史教育者協議会『日本の子どもたち5』日本図書センター、一九九六年
千葉市教育史編纂委員会編『千葉市教育史　史料編』一九九七年
荒俣宏『髪の文化史』潮出版社、二〇〇〇年
井上雅人『洋服と日本人』廣済堂出版、二〇〇一年
日本教育法学会『講座現代教育法II　子ども・学校と教育法』三省堂、二〇〇一年
下村哲夫『学校事件』ぎょうせい、二〇〇一年
下川耿史編『近代子ども史年表　I・II』河出書房新社、二〇〇二年
M・モネスティエ『図説　毛全書』大塚宏子訳、原書房、二〇〇五年

III―1　写真

S・ソンタグ『写真論』近藤耕人訳、晶文社、一九七九年
P・ブルデュー『写真論』山縣熙・山縣直子訳、法政大学出版局、一九九〇年
富岡多恵子『写真の時代』筑摩書房、一九九一年
亀井武編『日本写真史への証言　上・下』淡交社、一九九七年
木下直之他編『日本の写真家』岩波書店、一九九七年

西村清和『視線の物語・写真の哲学』講談社選書、一九九七年
飯沢耕太郎他編『別巻　日本写真史概説』岩波書店、一九九九年
小沢健志『幕末明治の美人図鑑』世界文化社、二〇〇一年
下川耿史編『近代子ども史年表　Ｉ・Ⅱ』河出書房新社、二〇〇二年
日刊工業新聞社ＭＯＯＫ編集部『身近なモノの履歴書を知る事典』日刊工業新聞社、二〇〇二年
下川耿史『日本エロ写真史』ちくま文庫、二〇〇三年
Ｊ・スペンス『私、階級、家族——自伝的写真』萩原弘子訳、新水社、二〇〇四年

Ⅲ—2　わらべ唄

町田嘉章・浅野建二『わらべうた』岩波文庫、一九六七年
平野敬一『マザーグースの唄』中公新書、一九七二年
横井清『中世民衆の生活文化』東京大学出版会、一九七五年
鶴見俊輔『戦後日本の大衆文化史』岩波書店、一九八四年
小泉文夫『子どもの遊びとうた』草思社、一九八六年
尾原昭夫『近世童謡童遊集』柳原書店、一九九一年
川崎洋『日本の遊び歌』新潮社、一九九四年
山住正己『子どもの歌を語る』岩波新書、一九九四年
加藤周一『梁塵秘抄・狂雲集』岩波書店、一九九七年

大塚英志『人身御供論』新曜社、一九九八年
鳥越信『子どもの替え歌傑作集』平凡社、一九九八年
鵜野祐介『生き生きごんぼ――わらべうたの教育人類学』久山社、二〇〇〇年
藤田圭雄『日本童謡史Ⅰ』あかね書房、二〇〇〇年

Ⅲ―3　おやつ

石橋幸作『駄菓子のふるさと』未来社、一九六七年
F・ブローデル『日常性の構造1』村上光彦訳、みすず書房、一九八五年（原著一九六七年）
斎藤次郎「子どもは本当に存在するのか」『思想の科学』一九七二年一一月号、思想の科学社
藤沢桓夫『大阪自叙伝』朝日新聞社、一九七四年
冨田博之「子どもとマスコミ文化」『日本子どもの歴史⑦』第一法規出版、一九七七年
安田常雄「衣食・住・暮らしの対照」『思想の科学』一九八六年五月号、思想の科学社
青木正美『昭和の子ども　遊びと暮らし』本邦書籍、一九九〇年
寺村紘二『浅草の小学生』下町タイムス社、一九九〇年
江成常夫「〝戦争花嫁〟のアメリカ」安田常雄・天野正子編『戦後体験の発掘』三省堂、一九九一年
佐藤健二「駄菓子屋」『大衆文化事典』弘文堂、一九九一年
鶴見俊輔「暮らしのなかのアマルガム」『思想の科学』一九九一年一二月号、思想の科学社
宮本順三『ぼくは豆玩（オマケ）』いんてる社、一九九一年

綱島理友『お菓子帖』朝日新聞社、一九九五年
加藤理『〈めんこ〉の文化史』久山社、一九九六年
深谷昌志『子どもの生活史』黎明書房、一九九六年
加藤理『駄菓子屋・読み物と子どもの近代』青弓社、二〇〇〇年
森永製菓株式会社『森永製菓一〇〇年史』二〇〇〇年
松田道雄『駄菓子屋楽校』新評論、二〇〇二年

Ⅲ—4　マンガ

図書館教育研究会『学校図書館学叢書　小学生の読書指導』学芸図書、一九五三年
図書館教育研究会『読書指導研究叢書　読書記録の指導』学芸図書、一九五六年
菅忠道「マス・コミ時代の児童文化」坪田譲治他編『マス・コミのなかの子ども』弘文堂、一九六一年
坪田譲治他編『マス・コミのなかの子ども』弘文堂、一九六一年
手塚治虫「私の児童漫画論」坪田譲治他編『マス・コミのなかの子ども』弘文堂、一九六一年
山主敏子「マス・コミと対決する母親」坪田譲治他編『マス・コミのなかの子ども』弘文堂、一九六一年
子ども調査研究所『現代子ども白書』三一書房、一九六七年
菅忠道『児童文化の現代史』大月書店、一九六八年
藤本浩之輔『子どもの遊び空間』日本放送出版協会、一九七四年

斎藤次郎『子どもたちの現在――子ども文化の構造と論理』風媒社、一九七五年
子ども調査研究所『中・高校生の本と生活――ヤング・カルチュアの実態調査』日本エディタースクール出版部、一九八〇年
毎日新聞社『学校読書調査二五年』一九八〇年
磯貝芳郎編『子どもの社会心理Ⅲ――社会』金子書房、一九八二年
副田義也『マンガ文化』紀伊國屋書店、一九八三年
NNS（日本テレビネットワーク協議会）調査委員会『こどもの生態系が変わった――データが語る七〇年代と八〇年代』日本テレビ、一九八五年
藤田英典『子ども・学校・社会――「豊かさ」のアイロニーのなかで』東京大学出版会、一九九一年
高橋勝・下山田裕彦編著『子どもの〈暮らし〉の社会史』川島書店、一九九五年
飯干陽『日本の子どもの読書文化史』あずさ書店、一九九六年
宮原浩二郎・荻野昌弘『マンガの社会学』世界思想社、二〇〇一年
中野晴行『マンガ産業論』筑摩書房、二〇〇四年

Ⅳ―1　母乳とミルク

大藤ゆき『児やらい――産育の民俗』岩崎美術社、一九六八年
D・モリス『裸のサル』日高敏隆訳、河出書房新社、一九六九年
伊藤比呂美『良いおっぱい悪いおっぱい』冬樹社、一九八五年

上野さち子『女性俳句の世界』岩波書店、一九八九年
首藤美香子「もの化する授乳」本田和子編『ものと子どもの文化史』勁草書房、一九九八年
小林登『子ども学』日本評論社、一九九九年
M・F・スモール『赤ん坊にも理由がある』野中邦子訳、角川書店、二〇〇〇年
西原克成『赤ちゃんの生命のきまり』言叢社、二〇〇二年
日刊工業新聞社MOOK編集部『身近なモノの履歴書を知る事典』日刊工業新聞社、二〇〇二年
M・モネスティエ『図説 乳房全書』大塚宏子訳、原書房、二〇〇三年

Ⅳ―2　回虫

佐々学『人体病害動物学』医学書院、一九七一年
市川浩『〈身〉の構造』青土社、一九八四年
C・F・サムス『DDT革命』竹前栄治編訳、岩波書店、一九八六年
『養護教諭制度五〇周年記念誌』ぎょうせい、一九九一年
多田富雄『免疫の意味論』青土社、一九九三年
思想の科学研究会『哲学・論理用語辞典』三一書房、一九九五年
鈴木了司『寄生虫の世界』NHKブックス、一九九六年
村上陽一郎『医療・二〇世紀の日本』読売新聞社、一九九六年
藤田紘一郎『笑うカイチュウ』講談社文庫、一九九九年

二至村菁『日本人の生命を守った男』講談社、二〇〇二年

Ⅳ―3　学校給食

鶴見俊輔他編著『日本の百年⑨　廃墟の中から』筑摩書房、一九七八年
高嶋光雪『アメリカ小麦戦略』家の光協会、一九七九年
荷見武敬・根岸久子『学校給食を考える』日本経済評論社、一九九三年
井上ひさし『井上ひさしの農業講座』家の光協会、一九九七年
島田彰夫『食と健康を地理からみると』農山漁村文化協会、一九九八年
幕内秀夫他『完全米飯給食が日本を救う』東洋経済新報社、二〇〇〇年
下川耿史編『近代子ども史年表　Ⅰ・Ⅱ』河出書房新社、二〇〇二年
二至村菁『日本人の生命を守った男』講談社、二〇〇二年

あとがき

哲学者の鶴見俊輔が「モノと子ども」の関係について、興味深いエピソードを紹介している。

わたしの子供が保育園のときに朝、急に鼻が痛いって言い出したんだ。そして血がものすごく出てくる。どうしたのかと見てみると、鼻のなかにプラスティックの指輪が入れてあるんだね。なぜそんなことになったのかと聞くと、落ちていてきれいだから、人にとられちゃいけないと思って、隠すところがないから、鼻に入れて、忘れちゃったという。

（「暮らしのなかのアマルガム」『思想の科学』一九九一年一二月号）

運動場に落ちていたプラスティックの指輪を見つけた瞬間、それは子どもにとって取り替え不可能な宝物となり、宝物であるがゆえに子どもはそれを自分の肉体の一部にしてしまったのだ。大人の世界に支配的な交換価値が介入してくる余地は、そこにはない。そうした「モノと子ども」の原初的な関係を、昭和、とくに戦後という時代は、交換価値だけでやりとりされる子ども市場をつくりあげ成長させながら、着実に侵食していく。

子どもの世界に登場するさまざまなモノは、その一つひとつをとってみれば、表情のない無機質のモノでしかない。しかし、そうしたモノがそれを使う子どもの意識下にひそむ感性をゆり動かし、身体感覚を変え、世界と子ども自身の関係性を再編していくのである。

しかし同時に、モノに意味（レリバンス）をあたえ、新しい価値や記号性を見出すのは、それを使う子どもでもあることを見落としてはならない。子どもにとって、自分の身体とモノとの「対話」や相互交渉から意図しないかたちで学んだことが、「わたし」を育てる酵母として作用する。

さまざまなモノが子どもの世界に登場してくる背景を探り、「モノと子ども」の相互の働きかけのダイナミックな過程を追いかけ、跡づける――その作業のなかで、昭和という時代の、とりわけモノの種類と量が急激に肥大化していく「戦後」という時代の、何がどのようにみえてくるのか。日常世界のそうした細部にこそ、歴史は確かな痕跡を残しているのではないか。「モノと子ども」の相互交渉が紡ぎだす昭和史は、教育「問題」や「あるべき子ども論」などイデオロギー中心の昭和史とは、ひと味もふた味も異なった等身大の子ども像をみせてくれるのではないか。本書の下地となったのは、そんな、大仰な思い込みからスタートした、しかし、軽いノリですすめられた作業である。

三人の執筆者は、歴史はもちろん社会史の本格的な素養もないままに、この主題に取り組んだいわば「アマチュア」である。正直なところ、どこまで成果を示すことができたのか、不安がないとはいえない。昭和という時代を生きた子どもをみる新しい視点を一つ付け加えることができたのか、その判断は読者に委ねたいと思う。できうればこの「試み」を踏み台に、新しい想像力にもとづいた仕事が現れることを願っている。

最後になったが、このテーマで本を書くという冒険を許して下さった吉川弘文館の編集者、一寸木紀夫さんと重田秀樹さんに心からお礼を申し上げたい。

二〇〇七年初春

著者を代表して
天野正子

平凡社ライブラリー版 あとがき

孫が通う保育園の行事の動画がメールで送られてきた。三歳児たちの演技が写っている。習い覚えたとおりキッチリやる子、間違えても即興で乗り切る子、隣の後追いでテンポがズレる子、照れてモジモジする子、演目そっちのけではしゃぎまわる子、途中で転んで泣きだす子、親を見つけて舞台を降りてくる子……それぞれ、いろいろ、バラバラが、実に面白い。まさに「……遊ぶ子供の声聞けば、我が身さへこそ動《ゆる》がるれ」である。

その中に一人だけ最初から最後まで、壇上の椅子に座ったまま絵本を見開く男の子がいた。「孤立を恐れず我が道を、か、お主《ぬし》、やるな」と魅せられて、繰り返し見ていると、絵本は上下逆さまで、しきりに上目横目でチラチラとコトの運びを窺っている様子だ。「歌も踊りも苦手、今日はそんな気分ではない、みんなを試してみよう……」、彼が参加を拒む理由は知る由もないが、彼の内部で起きているマヨイ、ユラギ、モガキ——To be or not to be, that is the question——が伝わってくる。

子どもは大人に比べて、より自然に近いところで生きている。虚と実、善と悪、聖と俗の間に漂いながら、その間を自在に往還する生きものである。しかし残念なことに、小学生、中学生、高校生……と年齢を重ねるにつれ、自分を取り囲む規律が増えてくる。子どもの生きる根源である内なる混沌も、外からの規律に制御され、次第にその力を弱めてゆく。混沌から秩序へ、多様から同一へと子どもを方向づけること、このことが「教育」という名の下で家庭や学校が担う「健全な発達、順調な成長」の実質なのかも知れない。

人が生きてゆく上で、何かしら規律は必要だが、規律の支配は強まる一方である。罰則や制裁を伴う強権的なものから、自発的な同意に基づく柔軟なものまで、暮らしの隅々にまで浸透し、規律の支配が及ばないスキマは、ますます狭くなってきた。「豊かな国＝金儲け」という目的への合理性が追求され、形式の整合性が高められるにつれて、大事な中身が失われていっている。これがこの国に暮らす私たちの現在である。

大事なものを取り戻す、この観点から子どもの文化、ひいてはその型枠となる大人の文化を捉え直すには、一体どこにその根拠地を求めればいいのだろうか。幸いなことに、規律の支配が及びにくいスキマは、辛うじてまだ残っている。それは人という生きものに自然に備わった「子どもの混沌」と「老人の混沌」であり、もう一つは、大人一人一人の「自分のなかの子どもの領域」である。

かつては誰もが子どもであった。また幼い生命に向き合って、小さな驚きが連続する日々の子育ての時代もあったはずだ。この忘れかけている、忘れてしまった「自分のなかの子ども」に今一度立ち戻り、そこから、知らずのうちに「習慣の束」となってしまった自分に不信の目を向けてみると、これまで重ねてきた思考や行為が、「そうすることがフツー、当たり前」とされている世の中の「常識」にどれほど準拠していたのか、も見えてくる。「自分のなかの子ども』が活動し始める時、そこに自分の人生を立て直すチャンスも生まれてくるはずだ。

昭和初頭のこの国には、長きにわたる「戦時期」があった。戦況が厳しくなるにつれて、身の廻りから次第にモノが姿を消してゆき、やがて人もモノも焼き払われる結末を迎えることとなった。そして焦土からの復興とともに、新しいモノが次々と目の前に現れるようになり、やがてモノを手に入れることが「豊かな生活」の実質となった。

「昭和日本」という大きな転換期において、子どもは出会ったモノから何を受けとめ、何を学び、どんな想いを託し、どんな会話を交わしながら、モノと共に生きてきたのだろうか。この転換期に「子ども時代」を生きた書き手の私たちが、それぞれの「自分のなかの子ども」に寄り添いながら、この「モノと子ども」の間で交わされてきたやりとり、相互交渉の歴史の断面を明らかにすることで、こうあるべきを説く従来の「子ども観」や、子どもを大人によって保護・指導・管理される対象に留め置く既成の「子ども論」から離れて、より生々しい等身大の「子ども像」を浮かび上がらせることができるのではないか。これが私たちの出発点であった。

『モノと子どもの戦後史』の初版から、ほぼ八年の年月を経た。この度、平凡社ライブラリーの一冊に加えられる機会を得て、この時の経過と凄まじい変わりようを呈するモノの現在へのつながりを考慮して、本文に最小限の修正・加筆と、写真の一部割愛・差し替えを施し、同時により内容に即したタイトルを、と『モノと子どもの昭和史』と変更して再刊されることになった。

再刊を機に、より数多くの新しい読者に出会えたら、と思う。そしてこれを手に取ってくださった読み手の人々がそれぞれの生活の場で、「子どもの混沌」「自分のなかの子ども」に向き合い、未だ隠された「子ども像」を発見するキッカケの一つ、世の中の大きな流れに疑いの目を向ける拠点の一つを、本書が提供できれば……そう願っている。

最後になりましたが、鋭い洞察と独自の構想を基に、新たな「読み」の厚みと深さを加えて、『モノと子どもの昭和史』の核心をドキッとするほど鮮やかに指し示す解説を届けてくださった本田和子さんに、心から感謝したい。そして数多くの適切なアドバイスによって再刊の実現へ導いてくださった編集長の竹内涼子さん、橋渡しをしてくださった首藤憲彦さんに、改めてお礼を申し上げたい。ありがとうございました。

二〇一四年初冬

石谷二郎

解説——『モノと子どもの昭和史』——モノと歩む子どもの日常

本田和子

「モノ」は、言葉である。ただし、物と人とが濃密な結び付きを持たぬ間は、それは単なる一個の無機的な物質に止まっている。それらが人と結び付き、切り離し得ない関係の相手と化したときにのみ、その物は単なる物質であることを止める。そして、その人の分身に変化して、その人にとっての自分を、さらには自分と結び付いたその人について、極めて雄弁に語り始めるだろう。その人の「現在」にとって自分がどう位置づくかを、さらに、そのことがその人の「生き方」にどんな意味を持ち得るかを……。本書は、近代社会が「子ども」と位置づけた「小さい人」について、「モノ」の言葉を借りて語らせようとする野心的な試みである。

ところで、なぜ「モノ」が選ばれたのか。著者たちは、「モノ」の言葉を借りることで、人の言葉が説き明かし得ぬ何を明らかにしようというのだろうか。それについて著者たちは、可能な限り、「子ども」を客体視することを避けようとする「ねらい」からだと言う。確かに、

「もう子どもではない」大人が「子ども」について語ろうとするとき、「客体」としての彼らの輪郭と、「客体」としての彼らの存在様式を語るのが精一杯であるし、その際の語りは、それぞれの時代が中心に位置させた文芸・学術の様式に依拠して、その世界の言語で語られるのが常態であろう。しかし、本書の著者たちは、この方法論上の制約を、何とか乗り越えてみようと試みる。なぜなら、「子ども」とは、大人にとっての「客体」であるだけではなく、大人と同様に、自身の欲望と自身の意志を持って生きる生活者に他ならないからである。

そのために、彼らに近づく手段として選ばれているのが、本書においては、さまざまな「モノ」たちであった。もちろん、「モノ」が無生物としてある間は、人について語ることはしない。しかし、「モノ」と「人」がかかわるとき、「モノ」は、かかわりを持つその人に「主体的」に振る舞うことを要請する。従って、人と不可分にかかわった「モノ」は、「その人」について「語り手」となる資格を獲得するということになろう。となれば、本書において「モノ」の選択は、極めて重い意味を持つことになる。何しろ、無数の「モノ」のあふれ返る環境を生きているのが、現在の「子ども」であり、彼らが意識すると否とを問わず、それらの「モノ」たちは彼らの生き方を支え拡張させ、同時に規制し抑圧しさえするのだから。

本書においては、選択される「モノ」たちもまた興味深く、著者たちの目的と方法の表現物として存在している。すなわち、「子どもの身体をつつむ容れモノ」「子どもと大人の関係を紡ぐモノ」「子ども期を彩るモノ」「子どもの身体をつくるモノ」の四つのカテゴリーから、三〜四の具体的な「モノ」が選び出されているのである。

ところで、一般に「子どもとモノ」が話題とされるとき、必ず顔を出す幾つかが選に漏れて、その代わりに「バリカン」とか「回虫」などが選び出されたりしている。著者たちの選択の基準は、子どもとの関係で時代を超えて普遍的と考えられる「モノ」でありながら、敗戦で占領下という激動の時代に変化の著しい「モノ」や、あるいは、姿を消してしまった「モノ」など、主として戦後を象徴するとみなされる「モノ」たちであるらしい。新規参入の「モノ」たちの幾つかも取り上げられてはいるが、それらもこの基準に適合したということらしい。

そして、これら選び出された「モノ」たちに関しては、単に「子ども」とのかかわりだけに視点を合わせるのではなく、その「モノ」自体の変遷の様態にも丁寧な視線が注がれる。「モノ」と「人」が、道具であれ玩具であれ、何らかのかかわりを持ち始めるなら、その人は、その「モノ」に対して不断に変容を迫り、その働きを目的に相応しく変えようと意志するのが当然であろう。より使いやすくとか、より興味深くとか、その人の欲求の赴くままに、モノには手が加えられるのである。その結果、「モノ」も変容を余儀なくされる。従って、「モノ」と「人」のかかわりについて語ることは、「人」のありようを明らかにするだけでなく、「モノ」自体の歴史をも語ってしまうことになろう。著者たちが、時に「子ども」にもまして「モノ」

の変遷史を語っているのは、恐らくその所以であろうし、モノと人は、ことほどさように分かち難く一体化して人間の歴史を紡いできたのであろう。

ところで、選ばれている「モノ」たちは私どもの思いを超えて数奇な運命をたどっている。彼らモノたちは、時に時代の動きに呼応し、時にその波にもて遊ばれつつ、変転極まりない運命をたどり、そのことを「子ども」のこととしても、また、モノ自身の身の上としても、興味深く語って見せているではないか。しかも、変転する彼らの運命は、単に「子ども」にかかわることのみとは言い難く、私どもの現在にも、また、地球の未来にもかかわりの深い事柄であると知らせて、前途を漠たる不安と危惧の念で一杯にしたりもする。たとえば、「オムツ」が古布から紙へ、紙からポリマーへと変遷したことで、焼却炉の温度を低下させ、ダイオキシンの発生を招いて環境汚染につながるなど、「いま、子どもである人」とだけかかわるかに見えつつ、その実、「大人になった彼ら」にも、「まだ生きているかも知れない私たち」にも、延いては人類と地球の未来にも深く関係しているということになるのだ。

同様のことは、取り上げられている他のモノたちにも言えるだろう。「子ども部屋」が引きこもりのアジールと化したこの変化は、家族の崩壊を象徴するであろうし、おやつがフリースタイル化した現状は、家庭内ルールの崩壊を物語るものでもあるのだ、と……。そして、よくも悪くも、これが、昭和という時代の「モノと子どもの戦後史」なのだ、と……。

ところで、私たちのような戦中世代は、「モノのない時代のモノと子ども」についても、より踏み込んで語ってみて欲しいとの思いに駆られる。第二次大戦の激化とともに、日毎に「モノ」は姿を消して、生き延びるための三度の食事にさえ事欠く日々が続いた。しかし、大方の子どもは何とか生き延びたのだし、勉強も少しはしたし、将来に関しても戦時中なりの夢を紡いではいた。飢えた身体で遊び呆けることもあったし、しばしば兄弟や友人と喧嘩もしたのだった。まともな「モノ」は何一つ無かったけれど、子どもなりに「子どものモノ」はあって、彼らはそれと付き合いつつ「子ども時代」らしからぬ「子ども時代」を過ごしたのではなかったか。

しかし、本書の著者たちは、可能な限り、著者自身の体験を無駄にしない方針で事態と向き合っているように見える。「育児書」の項ではそれに頼ろうとした若い母親の体験が、「母乳とミルク」の項では乳を持たない父親の体験が、それぞれ巧みに生かされてその項の語りを導入し、かつ語り自体に重みを持たせることに成功している。とすれば、戦時下の「モノと子ども」を語ることは非体験者たる著者たちの営みの外にあるということになるのだろうか。もしそうであるなら、そのことが、本書が、この本に触れた人たちのために用意し提供してくれた貴重な贈り物なのかも知れない。すなわち、人は、それぞれの時代に置かれた自身の子ども期を忘れ去ることは許されないという、戒めであり重い課題でもあると言えないだろうか。

（ほんだ ますこ／児童文化論・児童社会史）

平凡社ライブラリー　827

モノと子《こ》どもの昭和史《しょうわし》

発行日…………2015年3月10日　初版第1刷

著者……………天野正子・石谷二郎・木村涼子
発行者…………西田裕一
発行所…………株式会社平凡社
〒101-0051　東京都千代田区神田神保町3-29
電話　東京(03)3230-6579[編集]
東京(03)3230-6572[営業]
振替　00180-0-29639

印刷・製本 ……中央精版印刷株式会社
DTP…………株式会社光進＋平凡社制作
装幀……………中垣信夫

ISBN978-4-582-76827-5
NDC分類番号384
B6変型判（16.0cm）　総ページ360

＊参照図版のうち、出典または著作権者の連絡先がわからないものがあります。お心当たりのある方は編集部までご連絡ください。

平凡社ホームページ http://www.heibonsha.co.jp/

平凡社ライブラリー　既刊より